SCHAUM'S OUTLINE OF

RUSSIAN VOCABULARY

•

ALFIA A. RAKOVA
Kandidat of Philology
Russian Language Instructor and Translator
Translation Laboratory
University of Iowa

RAY PARROTT
Professor and Chair
Department of Russian
University of Iowa

•

SCHAUM'S OUTLINE SERIES
McGRAW-HILL

New York   San Francisco   Washington, D.C.   Auckland   Bogotá   Caracas   Lisbon
London   Madrid   Mexico City   Milan   Montreal   New Delhi
San Juan   Singapore   Sydney   Tokyo   Toronto

ALFIA A. RAKOVA, a Russian language instructor, linguist, and translator at the University of Iowa, has taught the language at all levels from elementary to advanced linguistic courses. She is also project coordinator for translation projects, terminologist (English–Russian medical database), and translator of Russian and Polish at the University of Iowa Translation Laboratory. She has published numerous articles on Slavic linguistics, teaching methodology, and the cultural aspects of translation.

RAY PARROTT has taught Russian language and literature classes at the Universities of Iowa and Michigan for many years and currently holds the rank of Professor and Chair, Department of Russian, at the University of Iowa. He has authored, edited, and translated numerous books and articles on literary and pedagogical issues, in addition to serving actively in his field's major professional associations. For the past decade he has edited the *AATSEEL Newsletter* for the American Association of Teachers of Slavic and East European Languages, a major forum for language instructors.

Schaum's Outline of
RUSSIAN VOCABULARY

5 6 7 8 9 10 11 12 13 14 15 16 17 18 19 20 2 CUS / 2 CUS 0 9 8 7

ISBN 0-07-038211-5

Sponsoring Editor: Barbara Gilson
Production Supervisor: Pamela A. Pelton
Editing Supervisor: Stephen M. Smith
Project Supervision: Keyword Publishing Services Ltd.

Library of Congress Cataloging-in-Publication Data

Rakova, Alfia A.
    Schaum's outline of Russian vocabulary / Alfia A. Rakova, Ray Parrott.
        p.   cm.
    ISBN 0-07-038211-5
    1. Russian language—Conversation and phrase books—English.
    2. Russian language—Vocabulary. I. Parrott, Ray. II. Title.
PG2121.R25   1999
491.783'421—dc21
                                                        98-53368
                                                        CIP

McGraw-Hill

A Division of The McGraw-Hill Companies

Preface

The purpose of this book is to provide the learner with the vocabulary needed to communicate effectively in Russian about everyday topics. It is aimed specifically at the intermediate- and advanced-level student of the language, although beginning learners will encounter many words and phrases common to any basic text. While *Russian Vocabulary* may be used as a reference book, a review text, or as a companion to introductory texts, it primarily seeks to reinforce theme-focused vocabulary; it also enriches the learner's knowledge of the language by providing words and expressions essential for communicating comfortably about a given situation.

Russian Vocabulary is divided into 28 chapters organized according to themes. The content of each chapter is focused on a real-life situation, such as making a telephone call, traveling by plane or train, staying at a hotel, shopping for food, using public transportation, or attending the theater and movies. Each chapter in turn is divided into subtopics. Numerous exercises afford many opportunities to learn and retain the new vocabulary: as the student acquires new words and expressions about a specific topic, (s)he is immediately directed to practice them extensively in a large variety of exercises. Answers are provided at the back of the book so that the student can make prompt self-correction. A number of footnotes furnish the learner with useful information.

At the end of each chapter there is a Russian to English reference list that contains the key words presented in that chapter. Appendices present words and expressions related to the telling of dates and time, the basic forms of ordinal and cardinal numbers, as well as a special list of foods. At the very end of the book a Russian–English and an English–Russian glossary contains all the key words and expressions introduced in *Russian Vocabulary*.

For grammar reference and practice, the student can consult *Schaum's Outline of Russian Grammar*.

ALFIA A. RAKOVA
RAY PARROTT

Contents

1   **At the airport—В аэропорту**   **1**

     Getting to the airport   1
     Checking in   1
     Speaking with the airline agent   2
     Listening to announcements   5
     Changing an airline ticket   6

2   **On the airplane—На борту самолёта**   **10**

     Welcome on board   10
     Announcements on board   11
     Safety on board   11
     Services on board   14

3   **Passport control and customs—Паспортный и таможенный контроль**   **18**

     Passport control   18
     At customs   18

4   **At the train station—На вокзале**   **20**

     Getting a ticket   20
     Different types of trains   21
     Waiting for the train   21
     Checking your luggage   22
     Getting on the train   23
     On the train   23

5   **The automobile—Автомобиль**   **26**

     Renting a car   26
     Checking out the car   27
     At the gas station   29
     Some minor car problems   30

6   **Asking for directions—Как пройти?**   **32**

     Asking for directions while on foot   32
     Asking for directions while in a car   34

7   **A telephone call—Разговор по телефону**   **37**

     Making a local call   37
     Making a long-distance call   38
     Using a public telephone   38
     Speaking on the telephone   39
     Some things that may go wrong   40

8   **Public transportation—Городской транспорт**   **43**

     Types of public transportation   43
     At the bus (trolley-bus, tram) stop   44

In the bus (trolley-bus, tram)   45
Announcements in the bus (trolley-bus, tram)   45
At the metro   46
Announcements   47
Taxi   47

9   At the hotel—В гостинице   50
Checking in   50
Speaking with the maid   53
Some problems you may have   55
Checking out   56

10   At the bank—В банке   61
Exchanging money   61
Making change   62
A savings account   63
A checking account   64
Getting a loan   64

11   At the post office—На почте   67
Sending a letter   67
Sending a package   69
Other words you may need   69

12   At the hairdresser's/salon—В парикмахерской/салоне красоты   71
For men   71
For women   72

13   At the clothing store—В магазине «Одежда»   74
Buying shoes   74
Buying men's clothing   76
Buying women's clothing   78

14   At the dry cleaner (laundry)—В химчистке (прачечной)   81

15   At the restaurant—В ресторане   83
Getting settled   83
Looking at the menu   84
Ordering meat or fowl   86
Ordering fish or seafood   87
Some problems you may have   88
Getting the check   88

16   Shopping for food—Покупка продуктов   92
Types of stores   92
Speaking with the vendors   92

17   At the farmer's market—На рынке   96
To the market   96
Shopping at the market   97

18 **At home—Наш дом   100**

    The kitchen   100
    Washing the dishes   100
    Cooking   101
    The bathroom   103
    The dining room   104
    The living room   106
    The bedroom   107
    Housework   110
    Some minor problems around the home   111

19 **At the doctor's office—На приёме у врача   115**

    I have a cold   115
    A physical examination   117
    The vital organs   117
    I had an accident   119

20 **At the hospital—В больнице   123**

    Admission to the hospital   123
    In the emergency room   123
    Surgery   124
    In the recovery room   126
    In the delivery room   126

21 **At the theater and the movies—В театре, в кинотеатре   129**

    Seeing a show   129
    At the ticket window   129
    At the movies   131

22 **Sports—Спорт   133**

    Cross-country skiing   133
    Soccer   133
    Hockey   135

23 **The weather—Погода   137**

24 **Education—Образование   140**

    Elementary school   140
    Secondary school   140
    University   141

25 **Government and politics—Государство и политика   144**

    Political organizations   144
    Rights of the people   145
    Procedures   145

26 **Crime—Преступность   148**

    At the police station   149

27 Business—Бизнес   151
        Marketing   152
        Accounting   152

28 The computer—Компьютер   154
        Computer parts   154
        Computer functions   154
        More computer functions   156
        Some useful computer expressions   157

Appendices—Приложения

1   Days of the week—Дни недели   160
2   Months of the year and dates—Месяцы года и числа   161
3   Time and expressions of time—Время и выражения времени   162
4   Numbers—Числа   164
5   Foods—Пища, питание, еда   166

Answers to exercises—Ответы к упражнениям   169
Key words: Russian–English—Ключевые слова: Русский–Английский   185
Key words: English–Russian—Ключевые слова: Английский–Русский   205
Glossary: Russian–English—Словарь: Русско–Английский   225
Glossary: English–Russian—Словарь: Англо–Русский   241

Chapter 1: At the airport
Глава 1: В аэропорту

GETTING TO THE AIRPORT

В аэропорту есть два **зала ожидания**.	waiting room
Зал ожидания **международных рейсов**.	international flights
Зал ожидания **внутренних рейсов**.	domestic flight
Брать, взять такси до аэропорта. Можно **доехать** до аэропорта **на такси**.	take a taxi, go by taxi
Доехать до аэропорта **на автобусе**.	take a bus, go by bus
Автобус **отправляется с главного вокзала** города.	leaves from the main railway station

1. Complete.

Я не хочу брать такси до аэропорта. Это очень дорого. Лучше я поеду на

_____ . Автобусы отправляются с _____ . Автобусы ходят часто. Они
     1   2

_____ с главного вокзала каждые 15 минут.
     3

2. Complete.

—В какой зал ожидания Вам нужно?

—Сколько _____ в аэропорту?
               1

—Два. Зал ожидания А для _____ и _____ Б для _____ .
                          2   3   4

—Я лечу в Лондон. Это _____ . Мне нужен _____ А.
                              5   6

CHECKING IN (Fig. 1-1)

Это **стойка регистрации**.	check-in counter
Длинная очередь.	long line
Ваш **билет**, пожалуйста	ticket
Покажите, пожалуйста, Ваш **паспорт и визу**.	show; passport; visa

3. Complete.

Когда Вы приедете в аэропорт, Вам нужно подойти к _____ . Часто
                                                            1

бывает _____ , так как многие пассажиры ждут около _____ . Вы
         2   3

должны показать Ваш _____ . Для _____ нужно предъявить также
                            4   5

_____ .
     6

Fig. 1-1

SPEAKING WITH THE AIRLINE AGENT (Fig. 1-2)

—Ваш билет, пожалуйста.

—Вот. Вот он.   here, here it is

—Вы летите в Лондон? Ваш паспорт, пожалуйста.
Спасибо.

—Вы хотите сидеть **в салоне для курящих** или   smoking,
некурящих?   no-smoking section

—Да, я бы хотел сидеть в салоне для некурящих, **у
прохода**.   aisle seat

—Ваше место В, в **ряду** 22. У Вас есть **багаж**?   in row; luggage

—Да, у меня есть **чемодан и сумка**.   suitcase; bag

—У Вас есть **ручная кладь**?   carry-on luggage

—Только **портфель**.   briefcase

—Хорошо. Нужно, чтобы Ваша ручная кладь **уместилась
под сиденьем**.   fit under the seat

—Вот Вам **жетон** на ручную кладь.   tag, label

Fig. 1-2

—Спасибо.
—Всё в порядке. Вот Ваш **посадочный талон** на рейс   boarding pass
    номер 22 в Лондон, место В, ряд 22, для некурящих. И
    вот две **багажные квитанции для получения багажа**.   baggage claim tickets
    Ваш чемодан **будет доставлен** в Лондон. Информация о   checked through
    Вашем рейсе **будет объявлена** в течение получаса.
    Приятного полёта!   will be called, announced

4. Complete.
1. Господин Иванов летит из Москвы в Лондон. Это _____.
2. Он у _____.
3. Он разговаривает с работником аэропорта. Он должен предъявить _____.
    Поскольку это международный рейс, он также должен предъявить свой
    _____.
4. Господин Иванов не курит. Он бы хотел сидеть _____.
5. _____ 22 находится в _____.
6. В салоне самолёта _____ должна уместиться под сиденьем. Для господина
    Иванова это не проблема, так как у него только _____.
7. Работник аэропорта даёт ему _____ для портфеля.
8. Чтобы сесть в самолёт нужен _____.
9. Господин Иванов летит рейсом 406 в Лондон. У него _____ В, _____
    22 в _____.
10. Его чемодан будет доставлен в Лондон. У него есть _____, и он сможет
    _____ чемодан в Лондоне.

Fig. 1-3

5. Answer on the basis of Figs. 1-3 and 1-4.
   1. Где стоит эта госпожа?
   2. С кем она разговаривает?
   3. Что она показывает служащему аэропорта?
   4. Где эта госпожа хотела бы сидеть?
   5. Сколько у неё чемоданов?
   6. У неё есть ручная кладь?
   7. Что у неё есть?
   8. Её портфель уместится под сиденьем?
   9. Что ей даёт служащий аэропорта?
   10. Какой у неё рейс?
   11. Куда она летит?
   12. Какое у неё место?
   13. Где это место?
   14. Сколько чемоданов она сдаёт в багаж?
   15. Где она получит багаж?

Fig. 1-4

6. Choose the appropriate word.
   1. Пассажиры должны показать служащему аэропорта паспорт, так как это (*a*) международный рейс, (*b*) внутренний рейс, (*c*) длительный полёт.
   2. Место С (*a*) у окна, (*b*) у прохода, (*c*) в середине.
   3. Чтобы получить мой багаж, мне нужнь: (*a*) место, (*b*) чемодан, (*c*) багажные квитанции.
   4. Чтобы сесть в самолёт, нужно иметь: (*a*) посадочный талон, (*b*) жетон, (*c*) багажные квитанции.
   5. Моё место в _____ 22. (*a*) стойка, (*b*) ряд, (*c*) салон для некурящих.

LISTENING TO ANNOUNCEMENTS

Объявляется вылет рейса. Рейс   is being announced
Аэрофлота номер 406 по маршруту
Москва-Лондон готов к вылету.
Пассажиров просят пройти к **выходу**   gate;
18 для **досмотра** ручной клади.   security check

7. Complete.
   1. Рейс 406 готов _____ .
   2. Объявляется _____ .
   3. Объявляется вылет рейса 406 в _____ .
   4. Пассажиров просят пройти _____ .

6   В АЭРОПОРТУ   [CHAP. 1

5. Их _____ прошла _____.
6. Пассажиры идут к _____ 18.

8. Complete.
1. Самолёт готов к вылету. _____ объявлен.
2. Это _____ в Лондон.
3. Пассажиры должны пройти _____.
4. Пассажиры идут к _____ 18, зал ожидания А.

Объявляется прибытие самолёта рейса 306 из Парижа.   is being announced
Зал ождания Б.

9. —Я не понял объявления. О нашем рейсе уже объявили?

—Нет, это _____ о другом рейсе.
                1

—О каком?

—О _____ 306 _____ Парижа _____ Москву.
       2   3   4

CHANGING AN AIRLINE TICKET

Я **опоздал** на рейс Москва-Вашингтон.   missed
Есть другой рейс авиакомпании «Люфтганза».
Есть **свободные места** на этот рейс.   seats available
Самолёт не **заполнен**.   full
Есть ещё **свободные места**?   seats available
Это **беспосадочный полёт**.   nonstop flight
Прямой рейс с **посадкой** в Париже.   stopover
Нам не надо **делать пересадку**.   change planes
Цена такая же.   fare
Нет **разницы в цене**.   difference in price
Сделают отметку в билете.   will endorse

10. Complete.
—Из-за пробки на дороге я _____ на самолёт в Вашингтон. Есть другой
                                1

_____ в Вашингтон?
    2

—Да, есть рейс в семь часов. Вы летите один?

—Да, один.

—Посмотрим, _____ самолёт, есть ли свободные_____? Нет, самолёт
                  3   4

не _____.
     5

—Мне повезло. Есть разница в цене?

—Нет, _____ такая же.
       6

—Вы можете обменять мой билет или дадите мне новый билет?

—Мы должны _____ в вашем билете.
                      7
—Это _____?
           8
—Нет, это прямой рейс с _____ в Париже.
                                    9
—Хорошо. Это не так важно. Спасибо.

Госпожа Иванова приехала в аэропорт и увидела, что там два зала ождания. Один для международных рейсов и другой для внутренних. Так как она летит за границу, она идёт в зал ожидания международных рейсов. Она идёт прямо к стойке регистрации и показывает служащему аэропорта свой билет. Служащий аэропорта просит её показать паспорт. Всё в порядке. Госпожа Иванова сдаёт в багаж два чемодана. Служащий прикрепляет к её билету две багажные квитанции и объясняет госпоже Ивановой, что она сможет получить багаж по прибытии в Нью-Йорк. Служащий также даёт ей жетон на ручную кладь. Ручная кладь должна уместиться под сиденьем. Госпожа Иванова говорит служащему, что она забронировала место у прохода в салоне для некурящих. Однако, компьютер не может подтвердить эту информацию. Нет проблем! Есть свободные места, даже у прохода. Госпожа Иванова получает свой посадочный талон. Её место С, ряд 22 в салоне для некурящих. Выход на посадку на рейс 406 в Нью-Йорк—28. Госпожа Иванова хотела бы знать—это беспосадочный полёт? Нет. Есть посадка во Франкфурте, но не нужно делать пересадку. На этом же самолёте продолжится полёт в Нью-Йорк.

Вскоре госпожа Иванова слышит объявление: «Объявляется посадка в самолёт рейса 406 в Нью-Йорк. Просим пассажиров пройти на посадку не к выходу 28, а выходу номер 18».

11. Complete.
1. В аэропорту есть два _____. Один для _____, а другой для _____.
2. _____ работает за _____.
3. Пасссажиры должны показать служащему аэропорта свои _____. Если они летят за границу, они должны показать свои _____.
4. Госпожа даёт служащему аэропорта свой _____. У неё два чемодана.
5. Служащий аэропорта прикрепляет к билету _____. _____ будут нужны госпоже, чтобы получить багаж в Нью-Йорке.
6. Госпожа берёт в салон самолёта _____. _____ должна уместиться под сиденьем.
7. Госпожа Иванова хотела бы сидеть _____ в салоне для некурящих.
8. Компьютер не может подтвердить бронь госпожи Ивановой. В самолёте есть _____.
9. Госпожа смотрит на свой _____. У неё _____ С, _____ 22.
10. Самолёт летит с _____ во Франкфурте, но госпоже Ивановой не надо делать _____.
11. Объявляется _____ рейса 406 _____ Нью-Йорк с посадкой во Франкфурте.
12. Пассажиров, вылетающих рейсом 406, просят пройти к _____ 18.

12. Answer.
1. Куда приезжает госпожа Иванова?
2. Сколько там залов ожидания?
3. Почему два зала?

4.   Куда сразу же идёт госпожа Иванова?
5.   Что нужно показать служащему аэропорта?
6.   Сколько у госпожи Ивановой чемоданов?
7.   К чему служащий аэропорта прикрепляет багажные квитанции?
8.   Где госпожа Иванова может получить свой багаж?
9.   Что она берёт с собой в салон самолёта?
10. Куда нужно положить ручную кладь?
11. Есть ли у госпожи Ивановой забронированное место?
12. Почему это не является проблемой?
13. Где будет сидеть госпожа Иванова?
14. К какому выходу на посадку ей нужно идти?
15. Это беспосадочный полёт?

13. Complete.

Госпожа   Иванова   летит   _____   406   _____   Нью-Йорк.
                                    1   2
_____ будет во Франкфурте, но госпоже Ивановой не надо будет делать
        3
_____. Она будет сидеть на _____ С, в _____ 22 в
        4   5   6
_____.
        7

Key Words

авиабилет   plane ticket
авиалиния   airline
автобус   bus
аэропорт   airport
багаж   luggage, baggage
багажная квитанция   baggage
                            claim-check
беспосадочный полёт   nonstop flight
брать-взять с собой   to take along
брать-взять такси   to take a taxi
бронирование места   seat reservation
бронировать-забронировать   to reserve
в (пункт назначения)   to (destination)
виза   visa
внутренний рейс   domestic flight
вокзал   railway station
вылет   departure (takeoff) of planes
вылетать-вылететь   to leave, depart,
                            take off (planes)
выписывать-выписать билет   to issue a
                                    ticket
выход на посадку   gate

главный вокзал   main railway station
готов   ready
делать-сделать   to change
    пересадку   (planes, trains)
досмотр   security check
ехать на автобусе   to take a bus
жетон (на ручную   tag, label
    кладь)   (identification)
из (прибывающий из)   arriving from
курить   to smoke
летать-лететь   to fly, travel by air
международный рейс   international flight
место   seat
место у прохода   aisle seat
на посадку   on board
объявление   announcement
объявлять вылет   to announce a flight's
    рейса   departure
объявлять-объявить   to announce
очередь   line
окно   window
опаздывать-опоздать   to be late

отправляться- to leave, depart
  отправиться (trains, buses)
паспорт passport
пассажир passenger
под under
подтверждать-подтвердить to confirm
поездка trip
показывать-показать to show
полёт flight
полный (самолёт) full
получать-получить to claim, pick up
портфель briefcase
посадка stopover
посадочный талон boarding pass
прибывать-прибыть to arrive
прибытие arrival
прикреплять-прикрепить attach, affix
пробка на дороге traffic jam
проходить-пройти регистрацию check in

проходить-пройти to check one's
  регистрацию багажа luggage
проход aisle
прямой рейс direct flight
разница в цене difference in price
рейс flight
ряд row
ручная кладь carry-on luggage, carry-on
салон для некурящих no-smoking section
самолёт airplane
стоимость fare
стойка counter
сумка bag
свободные (места) available
такси taxi
транзитный пассажир transit, through
                                                      passenger
умещаться-уместиться to fit
чемодан suitcase

Chapter 2: On the airplane
Глава 2: На борту самолёта

WELCOME ON BOARD (Fig. 2-1)

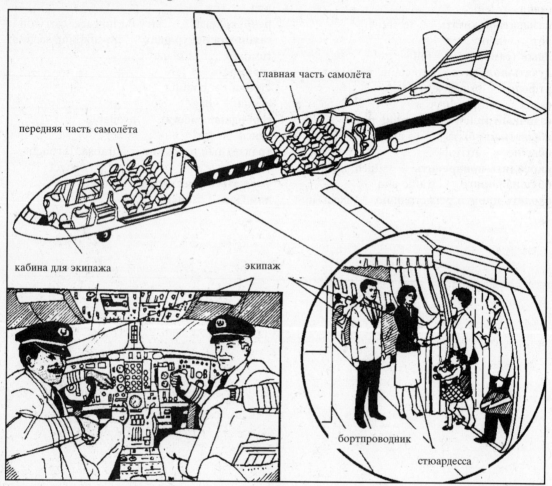

главная часть самолёта

передняя часть самолёта

кабина для экипажа

экипаж

бортпроводник

стюардесса

Fig. 2-1

Командир корабля и **экипаж несут ответственность** за
безопасность пассажиров.
Стюардессы/бортпроводницы/бортпроводники
работают на борту самолёта.
Они **приветствуют** пассажиров и **обслуживают**
их. В **передней части** самолёта находится салон
первого класса.
В **главной части** самолёта находится салон
экономического класса.
Во время полёта пассажиры не должны
заходить в **кабину для экипажа**.
Пассажирам **запрещается заходить** в кабину
для экипажа./ Вход в кабину для экипажа **воспрещён**.

pilot; crew
are responsible for the safety
stewardesses; flight attendants

greet; take care of their needs
in front

main section, larger cabin

cockpit

no admittance, off limits
prohibited, forbidden

10

Самолёт **готов к взлёту**.	ready for departure, takeoff
Самолёт **взлетает**.	is taking off
Самолёт **приземляется** в Москве.	is landing

1. Complete.
1. Те, кто работают на борту самолёта, это _____.
2. _____ приветствуют пассажиров на борту самолёта.
3. _____ находится в _____.
4. Экономический класс находится в _____.
5. Во время полёта вход в _____ воспрещён.
6. _____ обслуживают пассажиров.
7. В начале полёта самолёт _____.
8. В конце полёта самолёт _____.

ANNOUNCEMENTS ON BOARD

Время полёта нашего самолёта семь часов пятьдесят минут.	flying time
Продолжительность нашего **полёта** семь часов пятьдесят минут.	duration of flight
Высота полёта 12000 метров.	altitude
Скорость полёта 700 км **в час**.	airspeed; per hour

2. Complete.

Уважаемые дамы и господа! Командир корабля и _____ _____ Вас
                                                        1   2

на борту самолёта, выполняющего рейс по маршруту Москва–Чикаго. Наш самолёт

_____ через пять минут. _____ из Москвы в Чикаго двенадцать часов.
        3   4

Полёт будет проходить на _____ 12 000 километров. _____ полёта 800
                                    5   6

километров _____.
                7

SAFETY ON BOARD (Fig. 2-2)

В экстренном случае:	in case of emergency
Под Вашими сиденьями имеется **спасательный жилет**.	life jacket, flotation device
В случае **падения давления** в салоне самолёта, из потолка автоматически вылетят **кислородные маски**.	loss of air pressure; oxygen masks
На борту самолёта имеются два **запасных выхода** в **передней и хвостовой части** самолёта.	emergency exits; front and back sections
Кроме того, имеются четыре запасных выхода около **крыльев** самолёта.	in addition; wings

3. Answer.
1. Где в самолёте находятся спасательные жилеты?
2. Что происходит в случае падения давления в самолёте?
3. Где находятся запасные выходы?

спасательный жилет

кислородная маска

запасной выход

Fig. 2-2

Пассажиры **остаются на своих местах** с **пристёгнутыми ремнями**.	remain seated; seats belts fastened
Во время **взлёта** и **посадки** пассажиры должны **пристегнуть ремни безопасности**.	takeoff; landing; fasten; seat belts
Пассажиры должны **оставаться на своих местах** с **пристёгнутыми ремнями** в течение всего полёта.	remain seated; seat belts fastened
Во время полёта самолёт **может попасть** в зону **неожиданной турбуленции, болтанки**.	experience, encounter unexpected turbulence
Турбуленция может вызвать **тряску** всего самолёта.	bounce, shake

4. Complete.

Во время _____ и _____ пассажиры _____ оставаться на
                     1   2   3

своих местах. Они не должны ходить в проходах. Они не только должны оставаться

на своих местах, но также они должны пристегнуть _____. Пассажирам
                                                        4

рекомендуется оставаться на своих местах с _____ в течение всего полёта.
                                                     5

Неизвестно, когда самолёт попадёт в зону неожиданной _____. Турбуленция
                                                             6

вызывает _____ самолёта.
         7

На табло **загорелась надпись «Не курить»**.	turned on; no-smoking sign
Табло с надписью «Не курить» **горит/включено** во время взлёта и посадки.	is lit, on
Пассажирам не разрешается курить при включённом табло «Не курить».	
Не разрешается, **запрещается** курить даже **в салоне для курящих**.	not permitted, forbidden; smoking section
Запрещается курить в проходах.	
Запрещается курить в туалетах.	

5. Complete.
   1. На борту самолёта пассажирам запрещается курить в _____, в _____ и в _____.

отделение для ручной клади над сиденьем

спинка кресла

под сиденьем

Fig. 2-3

   2. Запрещается курить, когда _____ _____.
   3. _____ включено при взлёте и посадке.

Ручную кладь нельзя ставить в проходе.	carry-on luggage
Ручная кладь должна **уместиться под сиденьем**.	fit under the seat
Если ручная кладь не умещается под сиденьем, она	overhead baggage

должна уместиться **в отделение для ручной клади над**   compartment
сиденьем.

Во время взлёта и посадки спинки кресел должны быть   upright position
приведены в **вертикальное положение**.

6. Complete.

У многих пассажиров в салоне самолёта есть ручная кладь. Им не разрешается ставить

ручную кладь в _____ . Ручная кладь должна _____ под _____

                         1   2   3

или _____ . В целях безопасности, во время _____ и _____

                4   5   6

_____ должны быть приведены в _____ положение.

        7   8

SERVICES ON BOARD (Fig. 2-4)

Во время полёта:
Вам будут предложены **напитки**.   drinks
Имеются **газеты и журналы**.   newspapers; magazines
Вам будет предложено **питание, еда**.   meal
До посадки будет предложен **завтрак**.   breakfast

Fig. 2-4

Пять **стерео каналов**.	stereo channels
Не хотите ли **наушники**?	a headset (or headphones)
Мы **покажем** Вам фильмы.	show
Стоимость/оплата использования наушников $3.50.	fee, charge
Наушники платные. Платная услуга.	
Имеются также **одеяла и подушки**.	blankets; pillows
В **кармане переднего сиденья** есть гигиенический пакет. / В случае укачивания, Вы можете взять **гигиенический пакет**, который находится в кармане переднего сиденья.	seat pocket; in front of you; bag, airsickness bag

7. Complete.

Во время полёта Вам будет предложено _____. Перед посадкой Вам будет

1

предложен _____. Во время полёта можно слушать музыку в _____.

2   3

Есть пять _____, и пассажиры могут выбрать классическую музыку, популярную

4

и т.д. После еды, будет показан _____. Если Вы хотите слушать музыку или

5

смотреть фильм, _____ $3.50 за _____. Стюардессы принесут Вам

6   7

_____ и _____, если Вы захотите спать.

8   9

8. Complete.

Я очень устал. Я ничего не хочу есть, не хочу слушать музыку или смотреть фильм. Я

только хочу спать. Принесите, пожалуйста, мне _____ и _____.

1   2

Тысячи самолётов летают по всему миру каждый день. Когда пассажиры приходят на борт самолёта, их приветствуют стюардессы и помогают найти места. Сиденья первого класса обычно находятся в передней части самолёта, а сиденья экономического класса-в главной части самолёта.

Во время полёта можно услышать много разных объявлений. Стюардессы должны способствовать приятному и безопасному полёту пассажиров. Они объясняют, как пользоваться кислородными масками и спасательными жилетами. Они показывают, где находятся запасные выходы и туалеты. Существует много важных правил безопасности, которые пассажиры должны соблюдать. Ручная кладь должна уместиться под сиденьем или в отделении для ручной клади над сиденьем. Не разрешается курить во время взлёта и посадки, в салоне для некурящих, в проходах и туалетах. Курение также запрещено, если включено табло с надписью «Не курить». Во время взлёта и посадки пассажиры должны пристегнуть ремни безопасности и привести спинки кресел в вертикальное положение. Экипаж рекомендует пассажирам оставаться на своих местах с пристёгнутыми ремнями в течение всего полёта. Неизвестно, когда самолёт может попасть в зону турбуленции и тряски.

Во время полёта стюардессы предлагают напитки и еду. Тем, кто хочет спать, они приносят одеяла и подушки. Во время многих продолжительных полётов пассажирам предлагают разные стерео каналы и фильмы. Тем, кто хочет слушать музыку, предлагают наушники. В экономическом классе использование наушников платное.

Вход в кабину экипажа в течение всего полёта запрещён. Пассажиров часто информируют о продолжительности полёта, о маршруте и скорости полёта. Командир корабля и экипаж желают приятного полёта пассажирам.

9. Complete.

1. Как правило, в самолётах две _____. Передняя часть-это _____.
Большая _____ это _____.

2. _____ приветствуют пассажиров на борту самолёта.

3. В случае падения давления _____ вылетят из потолка.

4. _____ должна уместиться под сиденьем или в отделении для ручной клади
над сиденьем.

5. Во время _____ и _____ курить запрещено.

6. Не разрешается курить, когда на табло горит надпись _____.

7. Во время взлёта и посадки пассажиры должны привести _____ в
вертикальное положение.

8. Командир корабля и экипаж рекомендуют пассажирам оставаться с пристёгнутыми
_____ в течение всего полёта.

9. Во время продолжительных полётов стюардессы всегда подают _____ и
_____.

10. Если пассажиры захотят слушать музыку или смотреть фильм, стюардесса принесёт
_____. В экономическом классе эта услуга _____.

10. Match.

1. все те, кто работают на борту самолёта
2. автоматически вылетают из потолка над сиденьем в случае падения давления
3. это нужно пассажирам для посадки в самолёт
4. должны быть в вертикальном положении во время взлёта и посадки
5. то, что пристёгивают пассажиры
6. те, кто обслуживает пассажиров в самолёте
7. в случае аварии пассажиры покидают самолёт через эти
8. то за, что нужно платить
9. там находится ручная кладь
10. самолёт может попасть в

(*a*) ремни безопасности
(*b*) спинки сидений
(*c*) запасные выходы
(*d*) сумка на сиденье
(*e*) экипаж
(*f*) посадочный талон
(*g*) высота
(*h*) отделение над сиденьем для ручной клади
(*i*) кислородные маски
(*j*) стюардессы, бортпроводники
(*k*) маршрут полёта
(*l*) оплата за услуги
(*m*) турбулентная зона

11. Answer.

1. Кто приветствует пассажиров?
2. Сколько салонов в самолёте?
3. Чем пассажиры должны уметь пользоваться?
4. Куда пассажиры должны положить ручную кладь?
5. Где в самолёте запрещено курить?
6. Что должны делать пассажиры во время взлёта и посадки?
7. Почему пассажирам рекомендуется оставаться с пристёгнутыми ремнями на протяжении всего полёта?
8. Что предлагают стюардессы пассажирам во время полёта?
9. Что ещё они приносят пассажирам?
10. Какие объявления делает командир корабля?

Key Words

авария   emergency, accident

атмосферное давление   air pressure

безопасность   security, safety

быть ответственным за, нести ответственность за   to be responsible for

вертикальный   upright (vertical)

весь   entire, whole

взлёт   takeoff

включено, зажжено   to be lit up, to shine (turned on)

включено, горит   lit, turned on

в хвостовой части   in the rear section

в случае   in case, in the event of

в передней части   in the front section

в час   per hour

воспрещён, запрещён, не разрешается   forbidden, not permitted, prohibited

впереди   in the front

время в полёте, продолжительность полёта   flying time (duration of flight)

вход воспрещён   no admittance, off limits

выбирать-выбрать   to choose

выпадать-выпасть, вылетать-вылететь   to come down, fall down

выполнять (инструкции)   to follow (instructions)

высота   altitude

журналы   magazines

завтрак   breakfast

запасной, аварийный выход   emergency exit

зона   zone

класть-положить, размещать-разместить   to put, place

напитки   drinks

наушники   headset, headphones

находиться   to be located

объявление   announcement

объявлять-объявить, делать объявление   to announce

обслуживать-обслужить   to take care of

одеяло   blanket

оплата, плата за   fee, charge

оставаться на местах с пристёгнутыми ремнями   remain seated with seat belts fastened

отделение для ручной клади над сиденьем   overhead (baggage) compartment

падение атмосферного давления   reduction in, loss of air pressure

первый класс   first class

перед   in front (of)

питание, еда   meal

платить-заплатить   to pay

под   under, underneath

подушка   pillow

покидать-покинуть   to leave

полёты на дальние расстояния   long-distance flights

посадка   landing

правила безопасности   safety regulation

приветствовать   to greet, welcome

приземляться-приземлиться   to land

пристёгивать-пристегнуть ремни   to fasten seat belts

приятный   pleasant

проход   aisle

работать   to work

рекомендовать-порекомендовать   to recommend, advise, suggest

ремень   belt

ремни безопасности   seat belts

ручная кладь   carry-on luggage

скорость   speed, airspeed

случаться-случиться   to happen

сообщать-сообщить, информировать   to tell, inform

спасательный жилет   life jacket, flotation device

спинка сиденья   seat back, backrest

ставить-поставить   to stand, put

стерео   in stereo

стерео музыка   stereo music

сталкиваться-столкнуться, испытывать-испытать   to encounter, experience

стюардесса, бортпроводник   flight attendant (stewardess/steward)

трясти, качать   to bounce, shake

туалет   toilet, lavatory

турбуленция   turbulence

укачивание   airsickness

умещаться-уместиться   to fit

фильм, кинофильм, кино   film, movie

экипаж   crew

экипаж рейса   flight personnel

экономический класс   economy class

Chapter 3: Passport control and customs
Глава 3: Паспортный и таможенный контроль

PASSPORT CONTROL

Вот мой **паспорт**.	passport
Вот моя **виза**.	visa
Вы **надолго** приехали?	(for) how long
Только на несколько дней.	only for a few days
на неделю	for a week
на месяц	for a month
Вы приехали **в командировку**?	on business
Вы приехали **на отдых**?	for pleasure
Я **проездом**.	passing through
Где Вы будете **ночевать**?	stay overnight

1. Complete.
   Паспортный контроль

   —Ваш _____, пожалуйста.
            1

   —_____ он.
     2

   —Вы _____ приехали?
        3

   —Только на _____.
          4

   —Где Вы будете _____?
           5

   —Я буду ночевать в гостинице «Москва».

   —Вы приехали _____ или _____?
          6   7
   —На _____. Я в отпуске.
      8

AT CUSTOMS

Мне **нечего заявить в декларации**.	nothing to declare
У меня есть **о чём заявить в декларации**.	something to declare
Если Вам **нечего заявить в декларации**, пройдите через «**зелёный коридор**».	nothing to declare; green signs
Если у Вас **есть о чём заявить в декларации**, пройдите через «**красный коридор**».	something to declare red signs
Товары для заявления в декларации.	goods to declare
Таможенник спросит Вас:	customs agent
У Вас есть **сигареты (табак), виски**?	cigarettes, tobacco; whiskey
Фрукты, овощи?	fruits; vegetables
У меня с собой только **личные принадлежности**.	personal effects
Больше у меня ничего с собой нет.	nothing more with me
Можно посмотреть Вашу **таможенную декларацию**?	customs declaration

У меня есть **бутылка** виски.   bottle
Откройте, пожалуйста, **эту сумку**.   open this bag
                        этот чемодан.   this suitcase
Если у Вас больше одного литра виски, Вам надо пройти
   через таможенный досмотр. Виски **надо внести в**
   декларацию. Вы должны **заплатить таможенную**   be declared,
   пошлину.   pay duty

2. Complete.
   1. В этом аэропорту не весь багаж проверяют. Пассажиры, которым нечего заявить в
      _____, могут пройти через _____. Те, у кого есть о чём заявить в
      _____, могут пройти через «красный коридор».
   2. В эту страну разрешается беспошлинно ввозить только два литра виски. Если у Вас три
      литра с собой, то информацию о третьем литре нужно _____/за третий литр
      Вы должны заплатить _____.
   3. Таможенник хочет посмотреть мою _____.
   4. Мне нечего заявить в декларации, потому что у меня с собой только _____.

Key Words

в командировку on business	**переночевать** to lodge, stay overnight
виза visa	(short time)
виски whiskey	**проверять-проверить** to check, examine
надолго? (for) how long?	**проездом** to be passing through
овощи vegetables	**сигареты** cigarettes
отдых, туризм pleasure	**табак** tobacco
открывать-открыть to open	**таможенная декларация** customs
отпуск vacation	declaration
паспорт passport	**таможенная пошлина** duty (customs)
паспортный контроль passport control	**таможенник** customs agent
	таможня customs

Chapter 4: At the train station
Глава 4: На вокзале

GETTING A TICKET (Fig. 4-1)

Fig. 4-1

билет	ticket
билет с оборотом, в оба конца	round-trip ticket
Мне, пожалуйста, билет из Москвы в Киев **в одну сторону**.	one way
Из Москвы в Казань **с оборотом**, пожалуйста.	return
Я еду из Москвы в Казань. Я не вернусь обратно в Москву. Мне не нужен билет с оборотом. Мне нужен **билет в один конец**.	one-way ticket

1. Complete.

На главном вокзале в Казани:

Пассажир: Мне, пожалуйста, один _____ до Москвы.

1

20

Кассир: В один конец или _____?
                                                        2

Пассажир: _____, пожалуйста. Мне не надо возвращаться в Казань.
                    3

2. Complete.

На Белорусском вокзале в Москве:

Пассажир: Один _____ до Минска, пожалуйста.
                                    1

Кассир: С оборотом или _____?
                                                    2

Пассажир: Мне надо быть в Москве через два дня. _____, пожалуйста.
                                                                                    3

DIFFERENT TYPES OF TRAINS

Я бы хотел купить билет.	
Вам надо пойти в **билетную кассу**.	ticket window
Там **продаются** билеты.	sold
Вы должны **больше** заплатить/**дополнительную** сумму за **поезд-экспресс**, **скорый поезд**.	extra, supplement; intercity, express
Пассажирский поезд **чаще останавливается**, делает больше остановок.	local train; stops more often, makes more stops
Нам не надо **делать пересадку**	change trains

3. Complete.

Я еду в Москву, но пока у меня нет билета. Мне надо пойти _____. Там
                                                                                                1

можно купить билет. Но где _____? А, вот она, и очередь маленькая.
                                            2

4. Complete.

На _____ в Казани.
            1

—Пожалуйста, _____ до Москвы.
                            2

—Вы хотите _____ или _____?
                            3   4

—Мне не надо возвращаться. _____, пожалуйста. Сколько это стоит?
                                                    5

—Вы хотите билет на скорый поезд или пассажирский?

—Не на пассажирский, на _____, пожалуйста.
                                            6

—_____ на скорый поезд стоит на 20 рублей больше.
        7

WAITING FOR THE TRAIN

расписание	timetable, schedule
в (пункт назначения)	to (destination)
отправление	departure
прибытие	arrival
задержка, опоздание	delay
Поезд из Москвы в Сочи должен **отправиться** в два часа.	to leave (depart)

Поезд отправится не **по расписанию**.   on time
Задержка поезда 50 минут. Поезд **опаздывает** на 50   delay (is 50 minutes late),
  минут.   is late
Пассажиры должны ждать. Они ждут в **зале ожидания**.   waiting room

5. Answer.
1. Когда должен отправиться поезд из Москвы в Сочи?
2. Поезд будет по расписанию?
3. Когда он отправится?
4. Поезд не опаздывает?
5. На сколько опаздывает?/На сколько задержка?
6. Где пассажиры ждут?

6. Complete.
  Поезд не отправится по расписанию. Он _____. Поезд отправится в 2 часа 50
                                          1
минут, а не в 2 часа. Он опаздывает на _____ минут. Пассажиры могут ждать
                                            2
поезд в _____.
          3

CHECKING YOUR LUGGAGE

У меня много **багажа**.   luggage
У меня много **чемоданов**.   suitcases
Я не могу **нести** все чемоданы.   carry
Носильщик может нести мои вещи.   porter
Вещи можно **сдать** в **камеру хранения**.   check; baggage room
Носильщик может принести вещи в камеру хранения.
  В камере хранения мне дают **багажную квитанцию**.   baggage claim-check, ticket stub
Багаж можно **получить**, забрать только, если у Вас есть   pick up (claim)
  багажная квитанция.

7. Complete.
1. У меня много чемоданов. У меня много _____.
2. Я не могу нести чемоданы. _____ будет нести их.
3. Мне надо ждать час. Я хочу сдать _____.
4. Я могу сдать чемоданы в _____.
5. Там Вы получите _____.
6. Прежде чем я сяду в поезд, я должен _____.

8. Complete.
  Господин Соколов приехал на главный вокзал. У него много _____, и он не
                                                                1
может всё нести сам. Он зовёт _____. _____ может нести все чемоданы.
                                  2   3
До отправления поезда ещё три часа, поэтому он хочет сдать багаж в _____.
                                                                        4
Носильщик несёт его вещи в _____. Господин хочет _____ там свой
                              5   6
багаж. Там ему дают _____. Он _____ свой багаж только, если у него
                        7   8
будет _____.
        9

GETTING ON THE TRAIN

Носильщик приносит багаж на **платформу**.	platform
Скорый поезд до Казани отправится через пять минут.	
Он отправляется с седьмого **пути**.	track
Моё **место** в вагоне **забронировано**.	reserved seat
У меня есть **бронь** (на место).	seat reservation
Мой **вагон**-номер 13.	car
Моё **место номер** 2 в первом **купе**.	seat number; compartment

9. Complete.
1. Скорый поезд до Казани отправится с _____.
2. У меня есть _____, но я не знаю номера места.
3. Моё место номер 2 в _____ номер 1, _____ номер 13.

10. Complete.
1. Скоро поезд отправится. Нам надо пойти на _____.
2. В каждом _____ четыре места.

ON THE TRAIN

Вот идёт **проводник**.	conductor
Он будет **проверять** наши билеты.	check
Пассажиры едят в **вагоне-ресторане**.	dining car
Пассажиры сидят в **общем вагоне**.	general-seating car
Пассажиры спят в **плацкартном вагоне**.	sleeping car (with 6 berths)
Пассажиры спят в **купейном вагон**.	sleeping car
Пассажиры спят в **спальном мягком вагоне** (специальном вагоне, СВ)[1]	special sleeping car

11. Complete.
1. Тот, кто проверяет билеты—это _____.
2. Спать можно в _____.
3. Пассажиры могут обедать в _____.

Госпожа Лебедева хочет поехать на поезде. Она выходит из такси на вокзале. У неё много чемоданов. Ей нужна помощь, и она зовёт носильщика. На вокзале она узнаёт, что поезд не отправится вовремя. Будет задержка на час, поэтому она сдаёт вещи в камеру хранения. Потом она идёт в билетную кассу, покупает билет. Она покупает билет в Москву с оборотом. Потом она сидит в зале ожидания. Через час она идёт в камеру хранения и получает свой багаж. Она опять зовёт носильщика. Носильщик несёт её багаж на платформу. Поезд уже стоит на десятом пути. Госпожа Лебедева и носильщик ищут вагон номер семь. Она платит носильщику и садится

---

[1]In Russia, there are four kinds of train accommodations: the **общий вагон** has only general seating; the **плацкартный вагон** has sleeping accommodations for 6 individuals, i.e., six fold-down berths, and one must order and pay for one's sleeping linen. The **купейный вагон** has sleeping accommodations for 4 individuals, i.e., four fold-down berths, and linen is ordered. Compartments in a **спалъный вагон** have two berths and, again, one must order one's linen.

в поезд. Потом госпожа Лебедева ищет своё место. Она забронировала место номер 23 в купе, в купейном вагоне номер 7.

Так как ей надо ехать всю ночь, она не забронировала место в общем вагоне. После отправления поезда, приходит проводник проверять билеты. Всё в порядке. Потом она спрашивает, где находится вагон-ресторан. Вагон-ресторан находится в девятом вагоне.

12. Based on the story, decide whether each statement is *true* or *false*.
1. Госпожа Лебедева едет на поезде.
2. Она приезжает на вокзал на автобусе.
3. Ей не нужна никакая помощь, потому что у неё только один чемодан.
4. Поезд отправляется вовремя.
5. Она покупает билет в один конец.
6. Она забронировала место в общем вагоне.
7. Госпожа Лебедева сдаёт багаж в камеру хранения.
8. Госпожа Лебедева показывает проводнику свою багажную квитанцию.

13. Answer.
1. На чём госпожа Лебедева приехала на вокзал?
2. Сколько у неё чемоданов?
3. Кого зовёт госпожа Лебедева?
4. Поезд отправится вовремя?
5. На сколько часов задержка поезда?
6. Куда она сдала свой багаж?
7. Где она покупает билет?
8. Она хочет купить билет в один конец?
9. Она едет в купейном вагоне или общем?
10. Куда она идёт получить свой багаж?
11. Куда носильщик несёт её багаж?
12. Какой вагон они ищут?
13. Какое у неё место?
14. Почему она не забронировала место в общем вагоне?
15. О чём просит её проводник?

14. Match.
1. багаж   (*a*) где пассажиры могут сдать свой багаж
2. путь   (*b*) все сумки и чемоданы пассажира
3. билетная касса   (*c*) не по расписанию
4. носильщик   (*d*) откуда отправляется поезд
5. камера хранения   (*e*) где покупают билеты
6. задержка   (*f*) тот, кто помогает нести багаж

Key Words

багаж	luggage	**билет в один конец**	one-way ticket
багажная	ticket stub (luggage),	**билетная касса**	ticket window
квитанция	baggage claim-check	**билет с оборотом**	round-trip ticket
билет	ticket	**вагон**	car

вагон-ресторан　dining car
вовремя, по расписанию　on time
вокзал　railroad station
всё в порядке　all right, OK
выходить-выйти　to get off
забирать-забрать,　to pick up,
　получать-получить　call for
забронировано　reserved
задержка, опоздание　delay
зал ожидания　waiting room
звать-позвать　to call
купейный вагон　sleeping car
место　seat
номер места　seat number
носильщик　porter
носить-нести　to carry
ночной поезд　night train
опаздывать-опоздать　to be late
отправление　departure
отправляться-отправиться　to leave
платить-заплатить　to pay

платформа　platform
плацкартный　sleeping car (6 berths)
поезд　train
поезд местного назначения　local train
поездка на поезде　train trip
получать-получить　to get, receive
получить обратно　to get back
прибывать-прибыть　to arrive
прибытие　arrival
проверять-проверить　to check
　(билеты)　(as tickets)
проводник　conductor
путь　track
расписание　schedule, timetable
садиться-сесть в (поезд)　to get on (train)
сдавать-сдать (багаж)　to check
(baggage)
узнавать-узнать　to find out
чаевые　tip
чемодан　suitcase

Chapter 5: The automobile
Глава 5: Автомобиль

RENTING A CAR

Я бы хотел **взять** машину **напрокат**.	rent
Я бы хотел взять машину напрокат с **оплатой в день, за день/в неделю, за неделю**.	by the day, by the week
Я должен платить **за пробег (в километрах)**?	mileage (in kilometers) charge
Сколько стоит за один километр?	
Бензин входит в стоимость?	gasoline; included
У Вас есть машина с **автоматической трансмиссией**?	automatic transmission
Задаток нужно платить?	leave a deposit
Я бы хотел **полную страховку**.	full-coverage insurance
Вот мои **водительские права**.	driver's license
Я буду **платить кредитной карточкой**.	pay; credit card
Пожалуйста, **подпишите контракт**.	sign the contract

(handwritten annotations: оплата–payment; cost; страховка; кредитная карточка)

1. Complete.
   1. Я не хочу ехать на поезде, лучше _взять напрокат_ машину.
   2. Можно взять машину напрокат _____ или _с оплатой в день или в неделю_.
   3. Это _стоит_ 50 рублей в день. _В неделю_ стоит 300 рублей.
   4. Иногда нужно также платить за _пробег в километрах_.
   5. _Бензин_ не входит в стоимость.
   6. В некоторых странах нужно иметь международные _водительские права_, чтобы взять машину напрокат.
   7. Так как всегда возможны аварии, хорошо иметь _полную страховку_.

2. Complete.

   —Я бы хотел _взять напрокат_ машину.
                1

   —Какую машину Вы хотите?

   —Маленькую _машину_, пожалуйста.
               2

   —На какое время Вам нужна машина?

   —А сколько стоит _в день_ и сколько стоит _в неделю_?
               3   4

   —50 рублей _в день_ и 300 рублей _в неделю_. И ещё стоимость за
              5   6

   пробег в километрах.
    7

   —Сколько стоит _за пробег_?
               8

   —50 копеек, и _бензин_ не входит в стоимость.
              9

   —Хорошо. Я бы хотел машину на неделю.

   —Я советую Вам купить _полную_ (на случай аварии.
              10
     страховку

26

—Хорошо.

—Покажите, пожалуйста, Ваши _водительские права_.
                                                    11

—Вот, пожалуйста. _Задаток_ нужно платить?
                        12

—Если Вы платите _____, то нет. Но если Вы не платите кредитной карточкой,
                   Кредитной карточкой
                        13

то нужно.

—Хорошо. Я буду платить _кредитной карточкой_
                              14

—Вот Ваши водительские права. Пожалуйста, _подпишите_ контракт.
                                              15

CHECKING OUT THE CAR (Figs. 5-1 and 5-2)

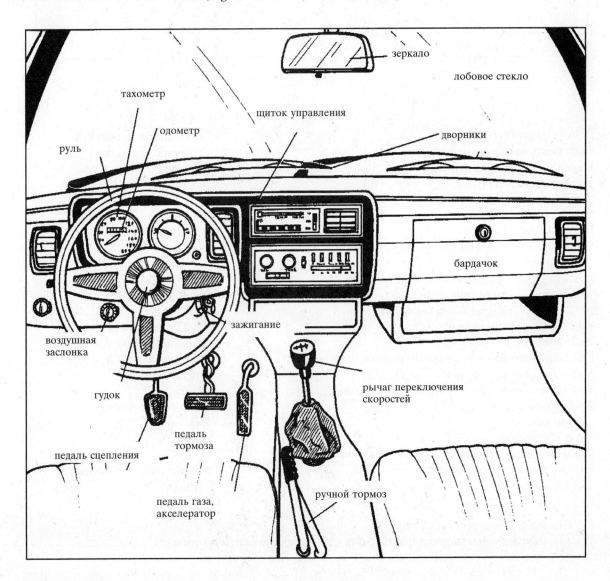

зеркало

лобовое стекло

тахометр

щиток управления

одометр

дворники

руль

бардачок

воздушная
заслонка

зажигание

гудок

рычаг переключения
скоростей

педаль
тормоза

педаль сцепления

педаль газа,
акселератор

ручной тормоз

Fig. 5-1

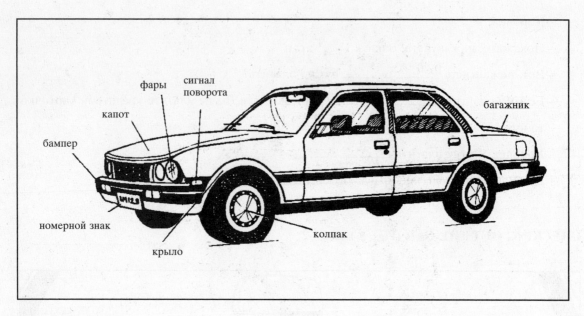

Fig. 5-2

Я могу **тормозить**.	brake, apply the brakes
Выжимать-выжать сцепление.	disengage the clutch
Переключить передачу, скорость.	shift gears
Включить **передачу**.	put the car into gear
Я могу **переключить** на другую передачу, скорость.	shift gears (into different gear)
Я могу **остановиться**.	stop
Я могу **заводить/завести** машину.	start the car
Что нужно **использовать** при **знаке поворота**, при **повороте**?	operate, use; turn, directional sign
Как работают фары на **ближний свет**?	low beams
передние фары?	headlights
фары на **дальний свет**?	high beams
Как работают **дворники**?	windshield wipers
Лобовое стекло грязное.	windshield; dirty
Как **переключить на первую передачу, скорость**?	shift into first gear
Как **переключить на задний ход**?	put into reverse
Как переключить на **нейтральную передачу**?	neutral
В «**бардачке**» есть карта?	glove compartment
А **домкрат** есть?	jack
Он в **багажнике**?	trunk
В багажнике есть **запасная шина, запасное колесо**?	spare tire
Нет **колпака ступицы колеса**.	hubcap (wheel covering) is missing

3. Choose the apprropriate word(s).
  1. Прежде чем переключить скорость, нужно нажать на/выжать _____. (*a*) тормоз, (*b*) сцепление, (*c*) газ
  2. Чтобы остановиться, нужно _____. (*a*) нажать на тормоз, (*b*) завести мотор, (*c*) выжать сцепление

3. При повороте нужно использовать _____. (*a*) щиток управления, (*b*) сигнал поворота, (*c*) гудок
4. Вечером нужно _____. (*a*) включить фары, (*b*) использовать сигнал поворота, (*c*) руль
5. Кто-то стоит на улице. Я должен _____. (*a*) переключить скорость, (*b*) тормозить, (*c*) гудеть
6. Прежде чем завести мотор, я вставляю ключ в _____. (*a*) воздушная заслонка, (*b*) зажигание, (*c*) руль
7. Я ничего не вижу, потому что _____ грязное. (*a*) крыло, (*b*) лобовое стекло, (*c*) бампер
8. _____ показывает сколько проехано километров. (*a*) руль, (*b*) одометр, (*c*) щиток управления
9. Чтобы остановить машину, надо нажать на _____. (*a*) ручной тормоз, (*b*) газ, (*c*) тормоз
10. Когда я еду ночью по шоссе и движение небольшое, я включаю _____. (*a*) ближний свет, (*b*) дальний свет, (*c*) сигнал поворота

4. Complete.
1. Я должен знать, как переключать на первую скорость или задний ход. Я должен знать, как переключать _____.
2. Когда я поворачиваю, я должен включить _____.
3. Я не знаю этот город. Надеюсь, что в _____ есть карта.
4. Запасная шина в _____.

5. Put the following actions in starting a car in the proper order. Omit any items that do not belong.
1. нажать на тормоз
2. заводить мотор нажимая на газ
3. гудок
4. вставлять-вставить ключ зажигания
5. включить сигнал поворота
6. переключить на первую скорость

AT THE GAS STATION

Это **бензозаправочная станция**, **автозаправочная станция**, **бензоколонка**	gas station
Мне нужен **бензин**.	gas, gasoline
Бензобак, бак почти **пустой**.	tank; empty
Наполните, пожалуйста, бак на двадцать рублей.	fill the tank; twenty rubles' worth
Двадцать литров бензина, пожалуйста.	twenty liters
Заполните, пожалуйста, бак.	fill it up
Проверьте, пожалуйста,	
воду в радиаторе	check; water in the radiator
аккумулятор	battery
тормозную жидкость	brake fluid
уровень масла	oil level
свечи зажигания	spark plugs
Не могли бы Вы проверить **давление в шинах**?	tire pressure
Не могли бы Вы	

поменять эту шину?	change this tire
помыть лобовое стекло?	clean the windshield
отрегулировать зажигание?	adjust the ignition system
заменить тормоза?	replace the brake system
заменить выхлопную систему?	replace the exhaust system
отрегулировать карбюратор?	adjust the carburetor
смазать подшипники колеса	grease, oil, lubricate the wheel bearings

6. Complete.

1. _____ почти пустой. Мне надо поехать на _____.
2. Я не хочу заполнять весь _____. Мне нужно только _____ литров бензина.
3. Проверьте, пожалуйста, _____.
4. Проверьте, пожалуйста, _____.
5. Мне надо помыть _____. Я ничего не вижу, потому что оно грязное.
6. Когда машина проехала несколько сотен километров, нужно проверить _____ и _____.

SOME MINOR CAR PROBLEMS

У меня **сломалась** машина.	break down
Машина **заглохла**.	has stalled
не едет.	doesn't go
не заводится.	doesn't start
Вода в радиаторе слишком **горячая**.	radiator water; hot
Мотор **перегрелся**.	overheated
Мотор **шумит**, **стучит**.	knocks
вибрирует.	vibrates
Нет **запасной шины**.	spare (tire); is missing
Бак **протекает**, бак **течёт**, из бака **капает**.	leaking, dripping
Тормоза скрипят.	brakes are noisy, make a lot of noise
Колесо, шину спустило.	flat tire
Не могли бы Вы **взять на буксир**?	tow truck
Буксир **отбуксирует** машину.	tow
Вы можете **сразу** же **починить** машину?	immediately; repair
Вы можете сразу же **найти запчасти**?	get; spare parts
Вы можете **отремонтировать** машину?	make repairs

7. Complete.

Мы ехали по шоссе, и вдруг наша машина _____. Машина _____.
                                                                    1   2
Она не заводилась. Надо было взять на _____, который _____ машину
                                                              3   4
к ближайшей бензоколонке.

8. Complete.

1. Когда машина _____, она производит шум.
2. В радиаторе осталось мало _____, и я думаю, что мотор перегрелся.
3. Я должен вызвать _____, поскольку машина не заводится.
4. Когда мне нужно несколько _____, я надеюсь, что их сразу же можно найти.
5. Механик говорит, что машину можно _____ сразу же.

Key Words

авария	accident
автоматическая трансмиссия, коробка передач с автоматическим управлением	automatic transmission
аккумулятор	battery
акселератор	gas pedal, accelerator
багажник	trunk
бампер	bumper
бардачок	glove compartment
бензин	gasoline
бензозаправочная станция, автозаправочная станция, бензоколонка	gas station
ближний свет	low beams
брать-взять напрокат	to rent
буксир	tow truck
буксировать-отбуксировать, брать-взять на буксир	to tow
вибрировать	to vibrate
включать-включить (свет)	to turn on (light)
вода в радиаторе	water in radiator
водительские права	driver's license
воздушная заслонка	choke
входить в, включено в	included
выжимать-выжать сцепление	to disengage the clutch
заводить-завести (машину)	to start (a car)
заглохнуть	to stall
задаток	deposit
задний ход	reverse gear
зажигание	ignition
заменять-заменить	to replace
запасная шина	spare tire
запасные части, запчасти	spare parts
заполнять-заполнить	to fill up
зеркало заднего вида	rearview mirror
класть-положить	to put
кредитная карточка	credit card
крыло	fender
лобовое стекло	windshield
ломаться-сломаться	breakdown
масло	oil
машина	car
на первой скорости	in first gear
нажимать-нажать	to step on

находить-найти, доставать-достать	to get, procure, obtain
нейтральный	neutral
номерной знак	license plate
одометр	odometer (reading in kilometers)
оплата в день	daily charge
оплата за пробег (в километрах)	mileage (kilometer) charge
оплата за/в неделю	weekly charge (by the week)
останавливаться-остановиться	to stop
отсутствовать, не хватать	to be missing
педаль тормоза	brake pedal
передача, скорость	gear
перегреваться-перегреться	to overheat
переключать-переключить	to shift into (a gear)
подписывать-подписать, расписываться-расписаться	to sign
подшипники колеса	wheel bearings
полная страховка	full insurance coverage
при повороте	turning
проверять-проверить	to check
пустой	empty
радиатор	radiator
регулировать-отрегулировать	to adjust
ремонт, починка	repairs
ремонтировать-отремонтировать, чинить-починить	to repair
ручной тормоз	hand brake
руль	steering wheel
рычаг переключения скоростей	gearshift lever
свечи зажигания	spark plugs
сигнал поворота	directional signal
скрип	squeak
смазывать-смазать	to grease, lubricate
спущенная шина, колесо спустило	flat tire
стартёр	starter
сцепление	clutch
тахометр	tachometer
течь-протекать, капать	to leak, drip out
тормозить	to brake
тормозная жидкость	brake fluid
уровень масла	oil level
шина	tire
шум	noise
щиток управления	dashboard

Chapter 6: Asking for directions
Глава 6: Как пройти?

ASKING FOR DIRECTIONS WHILE ON FOOT (Fig. 6-1)

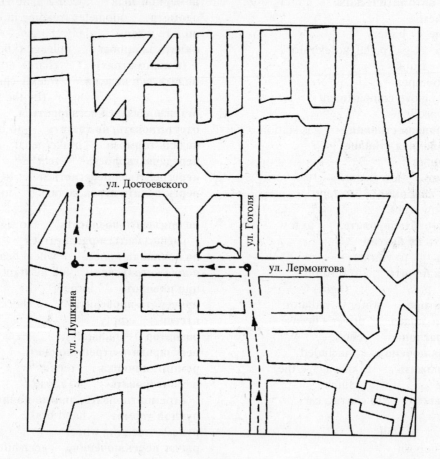

ул. Достоевского

ул. Гоголя

ул. Лермонтова

ул. Пушкина

Fig. 6-1

Извините, пожалуйста, я **заблудился, потерял направление**.	am lost, lost my way
Вы не скажете, где **улица** Пушкина?	street
Как пройти на **улицу** Пушкина?	
Какой Вам нужен **перекрёсток**?	intersection
Перекрёсток улицы Пушкина и **Проспекта** Мира.	avenue
Это **далеко отсюда** или **близко, рядом**?	far from here; near, nearby
Пешком далеко?	on foot
Вам надо **повернуть в обратную сторону**, **пройти назад один квартал**.	turn around and walk back one block
Вам надо **повернуть направо (на углу)**.	turn to the right (at the corner)
Вам надо **повернуть налево на углу**.	turn left
Идите, продолжайте идти прямо несколько кварталов.	go, continue straight for a few blocks

1. Complete.

—Извините, я не знаю, где я. Я _____.

1

—Может быть я могу Вам помочь. Какая Вам нужна _____?

2

—Улица Пушкина.

—Но улица Пушкина очень длинная. Она тянется через город. Какой номер дома/адрес Вам

нужен?

—Я не знаю. Мне нужен _____ улицы Пушкина и Достоевского.

3

—Я знаю, где это.

—Это очень далеко?

—Нет. Это не очень _____ отсюда. Вы можете дойти _____. Но это в

4   5

другом направлении. Вам надо пойти _____ по улице Гоголя. Через три

6

квартала поверните _____ на углу. Третья улица- _____ Лермонтова.

7   8

Потом идите прямо три квартала. Третья улица-улица Пушкина. Потом поверните

направо на углу. Следующая улица-это _____ улицы Пушкина и улицы

9

Достоевского.

—Спасибо. Можно я повторю всё? Я иду _____/_____. Через три квартала я

10

поворачиваю _____ на углу. Потом я должен пройти _____ квартала

11   12

прямо. На перекрёстке улицы Лермонтова и Пушкина мне надо повернуть

_____ на углу. Следующая улица-это _____ улицы Пушкина и

13   14

Достоевского.

—Правильно.

—Скажите, пожалуйста, где улица Пушкина?
—Это далеко отсюда. Вам надо **сесть**
   на автобус, поехать туда на автобусе.   take the bus
   Остановка автобуса на следующем углу.   bus stop; next corner
   Вам нужно **выйти** на шестой остановке.   get off
   Это улица Пушкина.

2. Complete.

—Извините, Вы не скажете, где улица Пушкина?

—Да, но это _____ _____. Вам надо сесть на _____.

1   2   3

—Где можно сесть на автобус?

—_____ на следующем _____. Вам нужен автобус номер 10.

4   5

_____ нужно на шестой остановке. Это улица Пушкина.

6

—Спасибо.

—Пожалуйста.

ASKING FOR DIRECTIONS WHILE IN A CAR (Fig. 6-2)

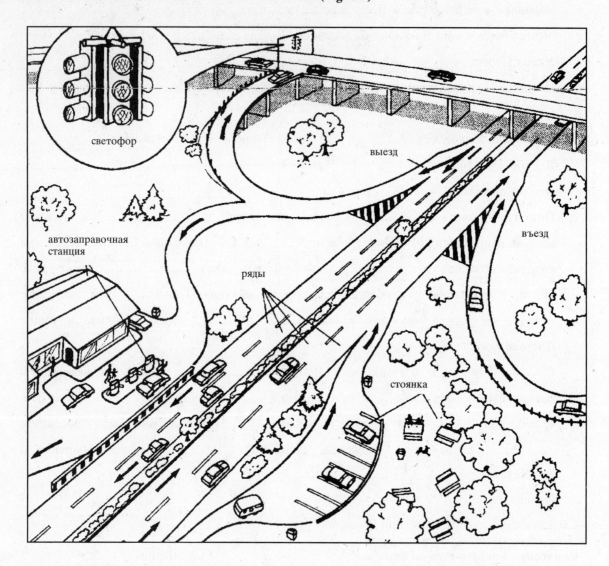

Fig. 6-2

Как **проехать** до Зеленоградска?	does one get
Зеленоградск-это **пригород** Москвы.	suburb
Надо ехать по **шоссе в** Зеленоградск.	highway; to
Это шоссе номер 4.	
Вы также можете ехать до Зеленоградска по **трассе**, **автостраде**.	highway, turnpike
Как проехать к автостраде?	
Езжайте до второго **светофора**.	traffic light
На втором светофоре **поверните** налево, а потом езжайте **прямо**.	turn; straight
Эта улица с **односторонним движением**.	one-way street
Оставайтесь в правом **ряду**.	lane
Большое движение.	traffic

Это **час пик**.   rush hour

Надо **выехать** с автострады на втором выезде.   get off; exit

3. Complete.
   1. Зеленоградск — это _____ Москвы.
   2. До Зеленоградска можно доехать по _____.
   3. На дороге много автомобилей, грузовиков, автобусов. На автостраде _____.
   4. Все едут домой в одно и то же время. Это _____.
   5. Будет быстрее, если поехать по _____, а не по шоссе.
   6. На автостраде _____ в каждом направлении.
   7. Я должен ехать в правом _____, потому что мне надо выехать с автострады на следующем _____.
   8. Мы не можем ехать по этой улице. Это _____.
   9. Ты не видишь _____? Красный свет, надо остановиться.

4. Identify each item in Fig. 6-3.

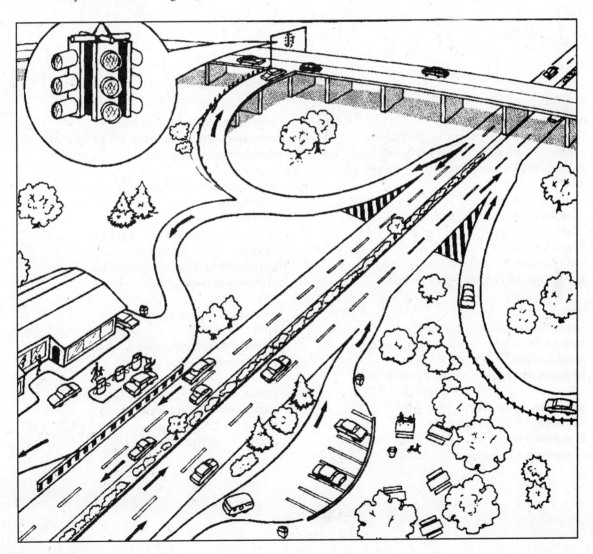

Fig. 6-3

5. Match.
    1. *световой знак для остановки машин*   (*a*) пригород
    2. *улица, по которой нельзя ехать в оба направления*   (*b*) перекрёсток
    3. *там, где пересекаются две улицы*   (*c*) час пик
    4. *время большого движения*   (*d*) светофор
    5. *не в городе, но и недалеко от города*   (*e*) прямо
    6. *не налево и не направо*   (*f*) улица с односторонним
                                                            движением

6. Complete.
    1. Мне нужен _____ улицы Пушкина и Достоевского.
    2. Улица Гоголя через три квартала _____.
    3. Зеленоградск—это три километра _____.
    4. Езжайте _____ Зеленоградска по шоссе.
    5. Зеленоградск—это по дороге _____ Шумилово.

Key Words

автострада turnpike
близко, рядом near, in the vicinity
въезд entrance; access onto
выезжать-выехать, съехать to get off
выезд exit
движение traffic
доезжать-доехать, to reach
  доходить-дойти
ехать за кем-то to follow
заблудиться to lose (one's way)
идти обратно, назад to go back,
                        walk back
левый left
место для отдыха rest area
налево за углом left around the corner
направление direction
направо за углом right (around the
                      corner)
ни … ни neither … nor
окраина outskirts
остановка автобуса bus stop
остановка для отдыха rest stop

перекрёсток intersection
поворачивать-повернуть to turn off
поворачивать-повернуть to turn to
  налево   the left
поворачивать-повернуть to turn to
  направо   the right
правый right
противоположный opposite
прямо straight ahead
разворачиваться- to make a U-turn
  развернуться
ряд lane
светофор traffic light
угол corner
улица с односторонним one-way street
  движением

улица, квартал street, block
ходить-идти to walk
час пик rush hour
шоссе highway

Chapter 7: A telephone call
Глава 7: Разговор по телефону

MAKING A LOCAL CALL (Fig. 7-1)

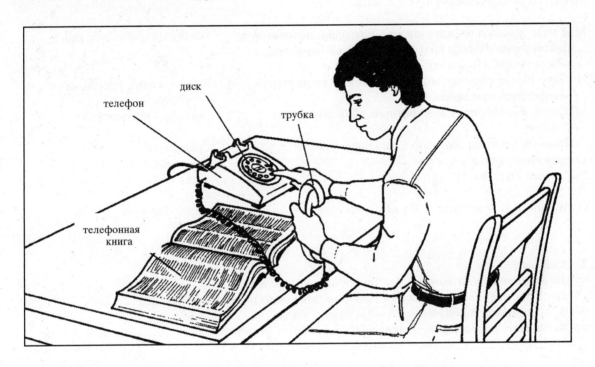

Fig. 7-1

Можно **позвонить**?	use the telephone
Я не знаю **номера телефона**.	telephone number
Мне надо **посмотреть** в **телефонной книге**.	look; telephone book, directory
Можно **прямым набором**?	dial directly
Для звонков в пределах города, можно пользоваться прямым набором.	when making a local call
Я **поднял, взял** трубку.	pick up, answer
Потом я ждал **длинного гудка**.	dial tone
Я **набирал** номер.	dial
Звонит.	ringing

1. Complete.

Господин Иванов хотел бы _____. Он хотел бы позвонить своему другу, но

не знает его _____. Ему надо посмотреть в _____. Там есть номер
        1   2   3

телефона. Это 82-22-2233. Так как его друг живёт в том же городе, то это звонок

_____. Он может _____ ему позвонить. Господин Иванов _____
        4   5   6

трубку. Он ждёт _____. Потом он набирает номер телефона. Ему повезло.
      7
Звонит.

MAKING A LONG-DISTANCE CALL

Мне надо **заказать междугородний разговор, позвонить в другой город. Чтобы позвонить в другой город**, надо набирать прямым набором.	make; long-distance call
Но если нужна помощь, можно позвонить **диспетчеру**/в **телефонную компанию**.	the operator, telephone company
Мне надо поговорить с **конкретным абонентом**.	person-to-person call
—Слушаю.	
—**Примите заказ на разговор** с Зелёным Бором.	place a call
Соедините меня с абонентом 23-23-45.	to connect
Вы знаете **код** города?	area code
Да. 8432.	
Одну минутку, пожалуйста. **Не вешайте трубку**.	don't hang up

2. Complete.
1. Мне не нужно звонить внутри города. Мне нужно _____.
2. Я не могу звонить прямым набором. Мне надо позвонить _____.
3. Для междугороднего разговора нужно знать _____.
4. Я хочу поговорить с Николаем Ивановым. Соедините меня с _____.
5. _____ меня с абонентом 44-33-55.

USING A PUBLIC TELEPHONE (Fig. 7-2)

Где **телефонная будка, телефон-автомат**?	telephone booth
Вам нужны **монеты**.	coins
Нужно сделать следующее:	
1. **снимите трубку**	pick up the receiver
2. **опустите монету**	deposit coin
3. ждите **длинного гудка**	dial tone
4. **наберите номер**	dial the number
5. ждите **соединения**	wait for connection
Теперь можете разговаривать.	

3. Complete.
1. Я стою в _____.
2. Я первый раз пользуюсь _____.
3. Что я должен знать? О, я знаю. Вот мои _____.
4. Сначала я должен _____.
5. Так, я снимаю трубку, опускаю монету и жду _____.
6. Потом я набираю _____. Когда кто-то отвечает, можно говорить.

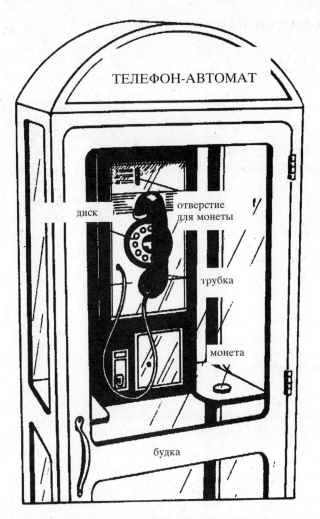

Fig. 7-2

SPEAKING ON THE TELEPHONE

—Слушаю.
—Здравствуйте, это Волков. Позовите, пожалуйста, Андрея.
—Минуточку, пожалуйста. Извините, его сейчас нет.
—Вы можете ему **передать сообщение**?   leave; message
—**Конечно**.   of course

4.   Use the following as a guide to make up your own telephone conversation.
        — Иванов слушает.

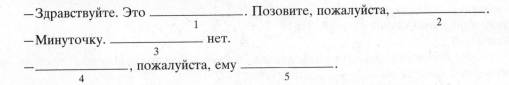

—Здравствуйте. Это _____. Позовите, пожалуйста, _____.
                        1   2

—Минуточку. _____ нет.
               3

—_____, пожалуйста, ему _____.
    4   5

SOME THINGS THAT MAY GO WRONG

Нет длинного гудка.	no dial tone
Телефон **сломан**.	broken
Телефон **не работает**.	out of order; does not work
Я **неправильно набрал номер**.	dial, have a wrong number (misdial)
Линия занята.	line; busy
Нас **разъединили**.	cut off
Я попытаюсь **перезвонить/дозвониться попозже**.	to call back later/to get through later
Какой **добавочный номер**?	extension
Мне бы хотелось поговорить с диспетчером **коммутатора, телефонной компании**.	switchboard, telephone company

5. Complete.
1. Я не могу набрать этот номер. Нет _____ .
2. Я думаю, что этот телефон _____ .
3. Я слышу сигнал «занято». _____ .
4. —Нет, госпожа Волкова здесь не живёт.
    —Извините, я _____ .
5. Никто не берёт трубку. Я попытаюсь _____ .
6. Мы разговаривали и вдруг—ничего не слышим. Нас _____ .
7. Госпожа Григорьева? Да, она здесь работает. Это _____ . Вы хотите её _____ ?

Госпожа Иванова звонит по междугородней линии. Ей не надо искать номер в телефонной книге, потому что она знает номер телефона своей подруги. Она знает и код города. Она снимает трубку, ждёт длинного гудка и набирает номер. Отвечает диспетчер коммутатора, а не её подруга.
—Институт физики.
—Соедините меня, пожалуйста, с номером 325.
—Минуту. Не вешайте трубку. Извините, линия занята.
—Да, я слышу гудок «занято». Спасибо, я перезвоню попозже.
    Через пять минут госпожа Иванова звонит опять. Она опять снимает трубку, ждёт длинного гудка и набирает номер. Слышит гудки.
—Извините. (Диспетчер опять на линии).
—Никто не отвечает. Линия была занята пять минут, а теперь никто не отвечает.
    Через час госпожа Иванова опять позвонила через диспетчера коммутатора. Госпожа Иванова начала разговаривать. Невероятно! Теперь диспетчер неправильно соединила! Госпожа Иванова опять набирает номер и объясняет, в чём дело. Диспетчер соединяет госпожу Иванову с нужным абонентом. Кто-то отвечает:
—Петрова слушает.
—Здравствуй, Анна. Это Ольга.
—Ольга! Как дела?
    И всё, конец. Длинный гудок. Их разъединили. Кажется, госпожа Иванова никогда не сможет поговорить с подругой.

6. Write in Russian. Mrs. Ivanova had four problems with her phone call. What were they?
  1.
  2.
  3.
  4.

7. Put the following in the proper order for making a phone call.
  1. Снять трубку.
  2. Положить трубку.
  3. Набрать номер.
  4. Найти нужный номер в телефонной книге.
  5. Ждать длинного гудка.
  6. Ждать ответа.
  7. Разговаривать/говорить по телефону.

8. Complete.
  1. Я не слышу длинного гудка. Телефон _____.
  2. Я слышу гудки «занято». Линия _____.
  3. Я должен дать диспетчеру коммутатора добавочный номер абонента. Мне надо позвонить _____.
  4. Абонента, с которым мне надо поговорить, нет на месте. Я могу оставить _____.
  5. Женщина, с которой я хотел поговорить, там не живёт. Я _____.

9. Answer on the basis of the story.
  1. Какой телефонный разговор нужен госпоже Ивановой?
  2. Почему ей не надо искать номер в телефонной книге?
  3. Что ещё она знает?
  4. Что она поднимает?
  5. Кто отвечает?
  6. Почему госпожа Иванова не может поговорить с подругой?
  7. Почему она не может дозвониться во второй раз?
  8. Кто-нибудь ответил, когда она позвонила в третий раз?
  9. Это её подруга?
  10. Почему это не её подруга?
  11. Ответила ли её подруга, когда она позвонила в четвёртый раз?
  12. Поговорили ли подруги?
  13. Почему они не смогли закончить разговор?

Key Words

город	town	**ждать**	to wait
длинный гудок	dial tone	**занято**	busy
добавочный номер	extension	**звонить-позвонить**	to ring, to call
дозваниваться-дозвониться	to get through	**звонить прямым набором**	to dial directly
ещё раз	again	**звонок в пределах города**	local call

класть-положить,   to hang up
  вешать-повесить трубку
коммутатор   switchboard (office)
линия   line
междугородний разговор   long-distance
                                         call
монета   coin
набирать-набрать   to dial
набрать   to dial a wrong
  неправильный номер   number (misdial)
не работает   out of order
Не вешайте трубку/   Don't hang up
  Не кладите трубку
неправильно соединили   be wrongly
                                    connected
номер телефона   telephone number
общего пользования   public
отвечать-ответить   to answer
отверстие для монеты   coin slot
пользоваться-воспользоваться   to use

позже/попозже   later
пытаться-попытаться   to try
разъединили   cut off
разъединять-разъединить   to cut off
разговор с конкретным   person-to-person
  абонентом   call
связь   connection
сдача   change
снимать-снять,   to pick up
  поднимать-поднять   (receiver)
  (трубку)
соединять-соединить   to connect,
                                 put through
сообщение   message
телефонная будка,   telephone booth
  телефон-автомат
телефонная книга,   telephone book
  телефонный справочник
телефонный звонок   telephone call
трубка   receiver

Chapter 8: Public transportation
Глава 8: Городской транспорт

TYPES OF PUBLIC TRANSPORTATION

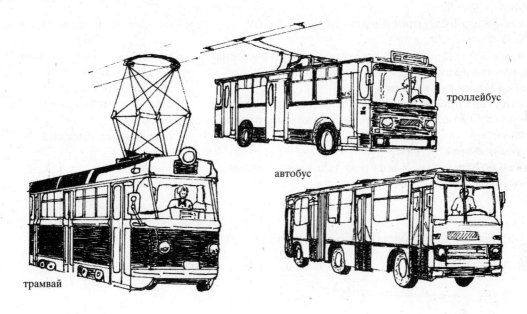

троллейбус

автобус

трамвай

Fig. 8-1

Скажите, пожалуйста, где **автобусная остановка**?	bus stop
остановка автобуса номер 705?	
троллейбусная остановка?	trolley-bus stop
остановка пятого троллейбуса (троллейбуса номер пять)	
трамвайная остановка?	tram/streetcar stop
остановка трамвая номер шесть?	
станция метро?	metro station
Скажите, пожалуйста, как **доехать до** музея?	get to
Быстрее всего **на метро**.	by metro
Можно и **на автобусе (автобусом)** номер 3.	by bus
Можно и **на троллейбусе (троллейбусом)**	by trolley-bus;
номер 61, но надо **ехать с пересадкой (сделать пересадку).**	to transfer
Можно доехать и **на трамвае (трамваем)** номер 10, но это **займёт целый час.**	by tram; it will take a whole hour

1. Complete.
    Сегодня я еду в музей. Быстрее всего туда доехать на ———————. ————————
                                                         1   2

    метро находится около моего дома. Можно доехать до музея и ——————— номер 3.
                                                                                       3

Можно доехать и _____ номер 61, но с _____ . А _____ номер
                          4   5   6
10 это _____ целый час.
                7

AT THE BUS (TROLLEY-BUS, TRAM) STOP

Скажите, пожалуйста,

> **на каком автобусе (троллейбусе, трамвае)** я доеду до   on which bus, trolley-bus, tram
> бассейна?
> какой автобус (троллейбус, трамвай) идёт до бассейна?   which bus, trolley-bus, tram

Сколько остановок на автобусе до бассейна?   how many stops
На какой остановке выходить?   at which stop; to get off
Сколько стоит проезд в автобусе (троллейбусе, трамвае)?   How much is the fare?
За проезд нужно платить **водителю или компостировать**   bus-driver;
талоны.   to punch bus coupons
Где можно купить талоны?
В **киоске** на остановке. У водителя талоны продаются   kiosk
книжечкой—по 10 талонов в книжечке.   booklet

2. Complete.

   —Скажите, пожалуйста, как доехать до бассейна?

   —Вы можете _____ до бассейна на пятом автобусе.
                        1

   —А где _____ автобуса?
                   2

   —Здесь.

   —Сколько _____ до бассейна?
                     3

   —Три _____ .
            4

   —На какой остановке надо _____ ?
                                      5

   —На остановке «Бассейн».

   —Сколько стоит _____ в автобусе?
                           6

   —Один рубль.

   —Надо _____ водителю?
                  7

   —Лучше купить талоны в _____ на остановке.
                                    8

   —А у водителя продаются талоны?

   —Да, но только _____ по 10 _____ .
                           9   10

   —А, вот и автобус номер пять. Спасибо Вам большое.

   —Не за что.

3. Answer.
   1. Как доехать до бассейна?
   2. Сколько остановок до бассейна?

3. Сколько стоит проезд в автобусе?
4. Где можно купить талоны?

IN THE BUS (TROLLEY-BUS, TRAM)

Пассажиры **входят** в автобус.	to enter
Вам надо **сесть** на другой автобус.	to take
Вам надо **пересесть** на другой автобус.	to transfer
Вам надо ехать в **обратную сторону**, в **другую** сторону.	opposite (another) direction
Пройдите вперёд, пожалуйста.	Please, move to the front.
Извините, разрешите пройти.	Excuse me, please let me through.
Какая следующая остановка?	What is the next stop?
Вы выходите на следующей (остановке)?	Are you getting off?
Передайте, пожалуйста, водителю на талоны (на билет).	Please pass this (money) up to the driver for a bus-coupon (ticket).
Передайте, пожалуйста, на компостер.	Please, punch my bus-coupon.
Закомпостируйте, пожалуйста.	punch, please
Кто передавал на талоны?	Who wanted a bus-coupon (passed on money for)?
Кто передавал на билет?	Who wanted a ticket?

4. Complete.
  1. Пассажиры _____ в автобус.
  2. Пройдите _____, пожалуйста.
  3. Скажите, пожалуйста, какая _____ остановка?
  4. Вы _____ на следующей остановке?
  5. Разрешите _____.
  6. _____ пожалуйста, на билет.
  7. _____, пожалуйста, талон.
  8. Кто _____ на билет?

5. Complete.
  —Это автобус _____ в центр?
  1
  —Нет, вам надо _____ на другой автобус и ехать в _____
  2   3
  направлении.

ANNOUNCEMENTS IN THE BUS (TROLLEY-BUS, TRAM)

Пассажиры, проходите **в середину салона**.	move toward the center
Пассажиры, **не стойте в проходах**.	don't stand in the aisles
Пассажиры, **оплачивайте за свой проезд вовремя. Не дожидайтесь проверки.**	Pay for your trip in timely fashion; Don't wait to be caught, checked.
Пассажиры на **задней площадке, поднимитесь** с **подножки**.	rear exit; move off the steps

На выход (к выходу) **готовьтесь заранее**, проходите вперёд.	get ready to exit ahead of time
Выход с **передней площадки**.	front exit
При выходе **предъявляйте** талоны, билеты и **проездные конторолёрам** или водителю.	to show; passes; ticket-collector, inspector
Сохраняйте талоны и билеты **до конца поездки**.	to save; to the end of the trip

6. Complete.
1. Пассажиры,_____ вперёд.
2. Пассажиры, _____ за свой проезд вовремя.
3. Пассажиры, выход с передней _____.
4. При выходе _____ талоны.
5. _____ талоны и билеты до конца поездки.

7. Answer true or false?
1. Пассажиры должны проходить вперёд.
2. Пассажиры не должны оплачивать за свой проезд.
3. Пассажиры должны выходить из автобуса с задней площадки.
4. Пассажиры не должны подниматься с подножки.
5. Пассажиры должны предъявлять талоны, билеты, проездные контролёрам или водителю.

AT THE METRO

Скажите, пожалуйста, где **станция метро**?	metro station
Где **вход** в метро?	entrance
Где **касса**?	ticket window
Сколько стоит проезд в метро?	
Где можно купить **жетоны**?	tokens
Где **автомат для размена монет (разменный автомат)**?	coin changer
Вам надо **подняться/спуститься** по эскалатору вверх/вниз.	go up/go down; escalator
Вам надо **сделать переход**.	make a transfer
Поезд въехал в **тоннель, и стало темно**.	tunnel; became dark
В **вагоне** много пассажиров.	car
Где можно купить **схему метрополитена/метро**?	map/diagram of the metro
Где можно купить **единый проездной билет**?	unified (metro, bus, trolley-bus, tram) monthly or weekly pass
Кольцевая линия метро.	circular route
Радиальная линия метро.	radial route

8. Complete.
1. Вот станция _____.
2. _____ в метро очень красивый.
3. Чтобы войти в метро, надо купить _____.
4. К поездам метро надо спуститься на _____.
5. Мы _____ на эскалаторе вверх.
6. Когда поезд въехал в _____, в поезде стало темно.
7. На схеме метро можно найти _____ линию.

9. Choose one correct answer:
   1. Чтобы ехать на метро, нужно купить _____.
      (*a*) жетон, (*b*) эскалатор, (*c*) переход
   2. Мне надо купить на весь месяц _____.
      (*a*) жетон, (*b*) тоннель, (*c*) единый билет
   3. Чтобы знать, куда ехать, нужна _____.
      (*a*) схема метро, (*b*) станция метро, (*c*) касса
   4. _____ поднимает и спускает людей.
      (*a*) эскалатор, (*b*) тоннель, (*c*) вход

ANNOUNCEMENTS

Осторожно, двери закрываются. Следующая станция Лесная.	Be careful, the doors are closing.
Станция Лесная. **Выход справа/Выход слева**.	Exit to right/Exit to the left.
Переход на кольцевую линию.	

10. Complete.
   1. Осторожно, двери _____.
   2. _____ станция Лесная.
   3. _____ справа.
   4. _____ на кольцевую линию.

TAXI

Скажите, пожалуйста, где **стоянка такси**?	taxi stand
Вы **свободны**?	free
Таксист, водитель, шофёр.	taxi driver
Если на такси есть **зелёный огонёк**, значит такси свободно.	green light
Отвезите меня, пожалуйста, в гостиницу./В гостиницу, пожалуйста.	take me to
На **счётчике** десять рублей. **Оплата** по счётчику.	on the meter/payment
Вещи надо положить в **багажник**.	trunk
Такси занято.	taxi is occupied
Я хочу **взять такси**.	to take a taxi
вызвать такси.	to call a taxi
Остановите здесь, пожалуйста.	Please, stop here.
Сколько с меня?	How much do I owe you?
Где остановка **маршрутного такси**?	fixed-route taxi
Часто ли ходит маршрутное такси, маршрутка?	how often
Очередь на такси, маршрутное такси.	line for the taxi

11. Complete.
   1. Где стоянка _____?
   2. Это _____ на такси? Кто последний?
   3. Если есть зелёный огонёк, то значит такси _____.
   4. У нас мало времени. Нам надо _____ такси.
   5. _____ меня, пожалуйста, в гостиницу.

6. Мои вещи—в _____ .
7. _____ здесь, пожалуйста.
8. Сколько с _____ ?

12. Read and answer the questions.

Ольге нужно поехать в театр. У неё мало времени. Она хочет взять такси. Она идёт на стоянку такси и видит две очереди. Одна очередь на такси, а другая—на маршрутное такси. Ольга решила ехать на такси, потому что это быстрее. Она стоит в очереди десять минут. И вот подъезжает свободное такси, на котором есть зелёный огонёк. Ольга садится в такси. Водитель спрашивает Ольгу, куда ей надо ехать. Ольга просит отвезти её в театр. Через десять минут водитель останавливает машину около театра. Ольга спрашивает: «Сколько с меня»? Водитель говорит ей, что оплата по счётчику. Ольга платит и выходит из такси. Она успела в театр!

1. Куда Ольге нужно поехать?
2. Почему она хочет взять такси?
3. Какие две очереди она видит?
4. Почему она решила ехать на такси, а не на маршрутном такси?
5. О чём спрашивает водитель?
6. Что Ольга отвечает?
7. Где останавливает водитель машину через десять минут?
8. Сколько Ольга должна водителю?

Key Words

автобус	bus
автобусная остановка, остановка автобуса	bus stop
брать-взять такси	to take a taxi
водитель	driver
входить	to enter
вызывать-вызвать такси	to call a taxi
выходить-выйти	to exit
доезжать-доехать до	get to
единый проездной билет	unified monthly/weekly pass
жетон	token
задняя площадка	rear exit
займёт целый час	will take a whole hour
занято	occupied
зелёный огонёк	green light
извините	excuse me
касса	ticket window
киоск	kiosk
книжечка	booklet
кольцевая линия	circular route
компостер	punching machine
компостировать-закомпостировать	to punch
контролёр	inspector, ticket-collector
маршрутное такси	fixed-route taxi
метро	metro
на автобусе (троллейбусе, трамвае)	by bus (trolley-bus, tram)
оплата	payment
останавливать-остановить (такси)	to stop
отвозить-отвезти	to take to
очередь	line
передавать-передать	pass
передняя площадка	front exit
пересаживаться-пересесть	to transfer
платить-заплатить	to pay for
подниматься-подняться	go up
предъявлять-предъявить	to show
проездной	monthly pass
проходите-пройдите (вперёд)	move (to the front)
радиальная линия	radial route
разменный автомат	coin changer

садиться-сесть на   to take a
   (автобус)   (bus)
свободен   free
сделать переход   to make a transfer
следующий   next
спускаться-спуститься   go down
станция метро   metro station
стоянка такси   taxi stand
схема метро   map, diagram of the metro
счётчик   meter

талон   coupon
трамвай   tram
трамвайная остановка,   tram stop
   остановка трамвая
троллейбус   trolley-bus
троллейбусная остановка,   trolley-bus
   остановка троллейбуса   stop

эскалатор   escalator

Chapter 9: At the hotel
Глава 9: В гостинице

CHECKING IN (Figs. 9-1 and 9-2)

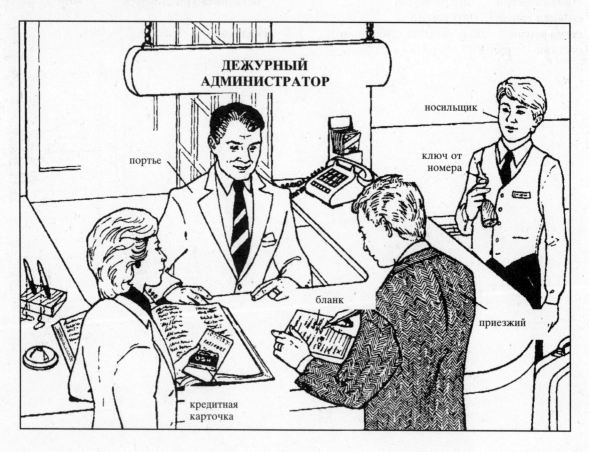

ДЕЖУРНЫЙ АДМИНИСТРАТОР

носильщик

ключ от номера

портье

бланк

приезжий

кредитная карточка

Fig. 9-1

Мужчина стоит около **стойки портье**.	reception desk
Мне нужен **одноместный номер, номер на одного**.	single room
Двухместный номер/номер на двоих с двумя кроватями.	double room; twin beds
Мне нужна комната с **двуспальной кроватью**.	double bed
Мне нужна комната с **видом на море**.	sea view
с видом на двор.	facing the courtyard
с видом на улицу.	facing the street
с видом на бассейн.	view of the swimming pool
с видом на горы.	mountains
Комната **отапливается**?	heated
В комнате есть **отопление**?	heat
радио?	radio
балкон?	balcony
телевизор?	television set

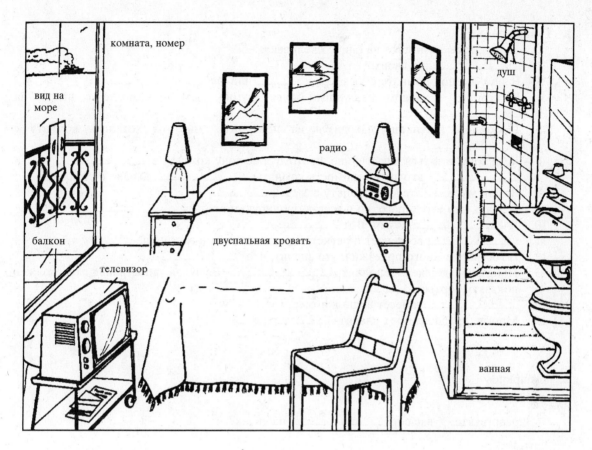

комната, номер
вид на море
балкон
телевизор
двуспальная кровать
радио
душ
ванная

Fig. 9-2

В номере есть **ванная**?	(private) bath
душ?	shower
Питание (обед и ужин) входят в стоимость номера?	room and board (lunch and dinner)
Обед или ужин входят в стоимость номера?	room with lunch or dinner
Завтрак входит в стоимость номера?	breakfast; included
Обслуживание входит в стоимость?	service
Мы **остановимся** в гостинице.	stay
Мы **забронировали** комнату.	made a reservation
Подтверждение брони.	confirmation
Портье.	desk clerk
Мест нет. **Все номера заняты**.	full
Есть места.	available
Предъявите, пожалуйста, **паспорт**.	passport/identification
Заполните, пожалуйста, **бланк регистрации**.	fill out; registration form
Вы будете платить **кредитной карточкой**?	credit card
Носильщик (в гостинице) принесёт Ваши вещи в номер.	bellboy/bellhop
Оставьте, пожалуйста, **ключ от номера** портье (при выходе из гостиницы).	leave; room key

1. Complete.

    1.   _____ только на одного человека.

    2.   _____ на двоих.

    3.   В двухместной комнате есть _____ или две _____.

    4.   В комнате с видом на улицу более шумно, чем в комнате с видом на _____.

    5.   Поскольку гостиница находится на побережье, мне бы хотелось комнату с _____.

    6.   Я не хочу питаться в гостинице, поэтому я не хочу комнату с _____.

    7.   _____ входит в стоимость комнаты. _____ входит в стоимость?

    8.   Зимой мне бы хотелось комнату с _____.

    9.   Я знаю, что это дорого, но я всегда бронирую номер с _____.

  10.   Я _____ номер. Вот _____.

  11.   _____ встречает и регистрирует приезжих в гостинице.

  12.   В гостинице много приезжих, это значит, что _____.

  13.   Приезжий должен заполнить _____. Если он иностранец, он должен показать портье _____.

  14.   _____ отнесёт вещи в номер.

  15.   Многие предпочитают платить _____.

2. Complete.

—Здравствуйте.

—Здравствуйте. У вас есть _____ на двоих?
                               1

—Вы _____?
        2

—К сожалению, нет.

—В гостинице почти все номера _____. _____ три двухместных номера.
                                        3   4

  Какой номер Вы хотите—с _____ или _____.
                              5   6

—Номер с двумя _____, пожалуйста. Эта комната с видом на _____ или
                 7   8

  на _____?
      9

—Остались только комнаты с _____.
                           10

—Хорошо. Сколько _____ номер?
                    11

—50 долларов в сутки.

—Включая _____?
         12

—Да, _____ входит в стоимость, но завтрак—нет.
      13

—Хорошо.

—Вы надолго?

—До _____. На улице очень холодно. Комнаты _____?
      14   15

—Да, в комнате есть _____.
                 16

—Хорошо.

— _____ анкету   и   _____ её. Покажите,   пожалуйста,   Ваш
        17   18
  _____.
      19

—Вот он.

—Спасибо. _____ принесёт Ваши чемоданы в номер.
              20

—Спасибо.

—Пожалуйста.

SPEAKING WITH THE MAID (Fig. 9-3)

Горничная.	maid/housekeeper
Войдите, **входите**!	come in
Можно мне **постирать**? Здесь есть **прачечная**?	washed; laundry service
Вы можете **постирать/отдать в химчистку/погладить эти вещи**?	wash; clean; iron; things
Я бы хотел **отдать в химчистку** некоторые вещи.	have something cleaned
Когда **будет готово**?	When will it be done?
Если хотите, чтобы было **готово сегодня**, надо **доплатить**.	Have it back today; pay an extra fee.

Fig. 9-3

Не могли бы Вы **убрать комнату** завтра?	make up, clean
Мне нужна **другая подушка**.	another pillow
Мне нужно другое **одеяло**.	blanket
другое **полотенце**.	bath towel
Мне нужно **мыло**.	bar of soap
Мне нужна **туалетная бумага**.	toilet paper
Мне нужно **больше вешалок**.	more hangers
Мне нужно **больше туалетной бумаги**.	more toilet paper
Где **розетка** для **электробритвы**?	outlet; (electric) razor
для **фена**?	(electric) hair drier
Какое напряжение, **сколько вольт**?	What is the voltage?

3. Complete.

1. В комнате надо убрать/Мне бы хотелось, чтобы в комнате убрали. Я позову _____.
2. У меня много белья для стирки. Посмотрим, есть ли здесь _____.
3. Не могли бы Вы _____ и _____ эти вещи?
4. Можно ли отдать это платье в _____?
5. Я не могу пользоваться электробритвой. Я не знаю, где _____.
6. Вчера ночью было холодно. Дайте, пожалуйста, ещё одно _____.
7. Большое полотенце-это _____. Или _____-это большое полотенце.

Fig. 9-4

8.　Я бы хотел принять душ, но нет ни _____ , ни _____ .
9.　У меня много одежды. В гостиницах всегда мало _____ .
10.　Обычно всегда есть лишний рулон _____ в туалете.

4.　Identify each item in Fig. 9-4.

SOME PROBLEMS YOU MAY HAVE (Fig. 9-5)

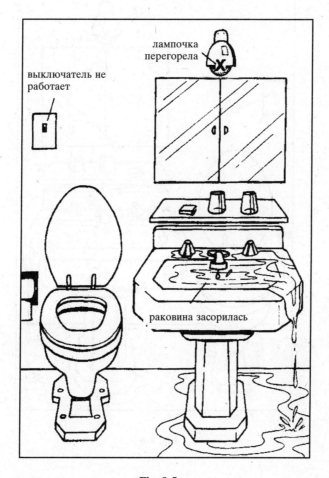

лампочка перегорела

выключатель не работает

раковина засорилась

Fig. 9-5

Кран не работает.	faucet; doesn't work
Свет не включается.	light
Унитаз не работает.	toilet
Выключатель не работает.	light switch
Лампочка перегорела.	(light) bulb; burned out
Раковина засорилась.	sink/drain; clogged
Нет **горячей воды**.	hot water

5. Complete.
   1. Я не смог включить свет. Думаю, что _____ перегорела или _____
      не работает.
   2. Я открыла _____, но воды не было.
   3. В раковине вода. Наверное, она _____.
   4. Я не могу принять душ, потому что нет _____.

6. Identify each numbered item in Fig. 9-6.

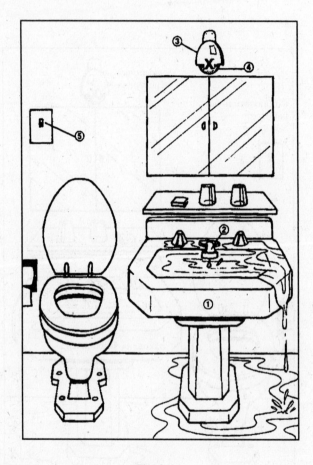

Fig. 9-6

CHECKING OUT

Приезжий говорит:
Когда я должен **освободить** комнату?   vacate, leave
Дайте, пожалуйста, **счёт** за 21 номер.   bill
Вы **неправильно посчитали**.   wrongly charged
Вы принимаете **кредитные карточки**?   credit cards
Портье отвечает:
Вы **что-нибудь ещё заказывали** сегодня утром?   ordered anything else

Вы **звонили по телефону**?

Вот **счёт**.

Итого/всего

made telephone calls

bill

total bill

7. Complete.

—Дайте, пожалуйста, счёт за номер 21.

—Вы _____ сегодня утром?
                1

—Да, завтрак.

—Вы _____ утром?
           2

—Нет.

—Хорошо. Вот _____. _____ $100.
                    3   4

—Извините, но я ничего не _____. Вы по ошибке _____ мне за вино.
                             5   6

—Извините, это счёт за номер 22.

—Вы принимаете _____?
                    7

—Да, какая у Вас _____?
                    8

8. Complete.

1. Когда приезжий прибывает в гостиницу, он идёт к _____.
2. Обычно он должен _____ бланк и показать портье свой _____.
3. Одному приезжему нужен _____. Двоим приезжим нужен _____.
4. _____ входит в стоимость.
5. В комнате, окна которой выходят на _____, более шумно, чем в _____, окна которой выходят _____.
6. Прежде чем остановиться в гостинице, многие люди _____ номер.
7. Когда в гостинице все номера заняты, это значит, что _____.
8. _____ принесёт Ваши вещи в номер.
9. _____ убирают в номерах.
10. Некоторые предметы ванной комнаты: (назовите три) _____.
11. Зимой все номера _____.
12. Если в номере холодно, то нужно взять дополнительное _____.
13. Одежда висит на _____.
14. Во многих гостиницах есть _____, чтобы постирать грязную одежду.
15. Если Вам нужно что-нибудь _____, надо позвонить дежурному гостиницы.
16. Как правило, нужно _____ номер до полудня.
17. По прибытии и отбытии из гостиницы нужно подойти к _____.
18. Многие сейчас предпочитают платить _____.

9. Answer on the basis of Fig. 9-7.

1. Окна номера выходят на улицу?
2. Там есть балкон?
3. Какая кровать в номере?
4. Какой это номер?
5. В номере есть ванная?
6. Что есть в ванной?

Fig. 9-7

10. Look at Fig. 9-8 and correct each false statement.
    1. Мужчина и женщина стоят около стойки портье.
    2. Они выезжают из гостиницы.
    3. Они разговаривают с горничной.
    4. Женщина заполняет бланк регистрации.
    5. В руках у портье ключ.
    6. У мужчины в руке кредитная карточка.

11. Answer on the basis of Fig. 9-9.
    1. Какой это номер?
    2. Что на кровати?
    3. Кто работает в комнате?
    4. Что она делает?
    5. Что висит в шкафу?
    6. В номере есть ванная?
    7. В номере есть душ?
    8. В ванной висят полотенца? Сколько?
    9. Сколько рулонов туалетной бумаги в ванной комнате?

Fig. 9-8

Fig. 9-9

Key Words

банное полотенце   bath towel
бассейн   swimming pool
бланк регистрации   registration form
бритва   razor
бронировать-забронировать   to reserve
вешалка, плечики   hanger
вид на море   sea view
включать-включить   to turn on (light)
включен(о)   turned on
входит в стоимость;   included in the
   включено в стоимость   price
входить-войти   come, go in
выключатель   light switch
выходить на, с видом на   facing
гладить   to iron
горничная   maid
горячая вода   hot water
двухместный номер,   double room
   номер на двоих
есть свободные места   rooms available
завтрак   breakfast
заполнена   filled up
заполнять-заполнить   to fill out
заказывать-заказать   to order
ключ   key
ключ от номера   room key
комната, номер   room
кран   faucet
кредитная карточка   credit card
кровать   bed
кусок мыла   bar of soap
лампочка   light bulb
мне холодно   I am cold
море   sea
мыло   soap
мыть   to wash
напряжение   voltage
неправильно посчитать,   to charge
   обсчитать   wrongly (to
                        overcharge)
номер с односпальной   twin-bedded room
   кроватью
носильщик (в гостинице)   bellhop
обслуживание   service
одеяло   blanket

одноместный номер/   single room
   номер на одного
односпальные кровати   twin beds
окошко кассира   cashier's window
освобождать-освободить   to leave, vacate
останавливаться-остановиться   to stay
отапливается   is heated
отдавать-отдать в   to have dry-cleaned
   химчистку
отопление   heating
перегорать-перегореть   burned out
                        (light bulb)
переночевать   to stay overnight
подписывать-подписать   to sign
подтверждние   confirmation
подушка   pillow
полотенце для рук   hand towel
просить-попросить   to ask for
портье, дежурный   desk-clerk
   администратор
прачечная   laundry
предлагать-предложить   to offer
предметы, вещи   things
приезжать-приехать   to arrive
приезжий   guest
проживание   room and board (includes
   и питание   lunch and dinner)
работать   to work (function)
раковина   basin, sink
рулон   roll
с видом на двор   facing the courtyard
сутки   24-hour period
счёт   bill
стойка портье, дежурного   reception desk
   администратора
свет   light
туалетная бумага   toilet paper
убирать-убрать комнату   to make up
                        the room
улица   street
унитаз   toilet
фен для волос   electric hair drier
холодный   cold
электрическая розетка   (electric) outlet

Chapter 10: At the bank
Глава 10: В банке

EXCHANGING MONEY (Fig. 10-1)

Fig. 10-1

Скажите, пожалуйста, где находится **банк**?	bank
Где находится **пункт обмена валюты**?	exchange bureau
Мне нужны российские **деньги**.	money
Мне нужно **обменять** сто долларов.	to exchange
Я бы хотел **обменять** сто долларов на российские рубли.	
У Вас **дорожные чеки** или **наличные**?	traveler's checks; cash
Какой **курс обмена**?	rate of exchange
Один **доллар стоит шесть российских рублей**.	the dollar is worth six Russian rubles
один к шести	six to the dollar
Какая **пошлина** за обмен?	fee/charge
Идите в **кассу**.	cashier's window

61

1. Complete.

Господин Джонс приехал в Россию, у него нет российских _____. Он хочет

₁

обменять сто долларов на _____. Он не хочет обменивать деньги в гостинице,

₂

потому что там _____ больше. Он хочет обменять деньги в _____. Он

₃ ₄

знает, что _____ в банке меньше, чем в гостинице.

₅

2. Complete.

—Я бы хотел _____ сто долларов.

₁

—Хорошо.

—Какой курс обмена?

—У Вас _____ или наличные?

₂

—Дорожные чеки.

—Сегодня _____ один к шести.

₃

—Хорошо.

—У Вас есть паспорт?

—Да, вот он.

—Пройдите в _____. Там получите деньги.

₄

MAKING CHANGE

Я оплатил **счёт наличными**.	bill; cash
У меня **больше нет наличных**.	no more cash
Мне надо **обналичить чек**.	cash a check
У меня только **крупные купюры**.	large bills
Разменяйте, пожалуйста, **100-рублёвую купюру**.	100-ruble bill
У меня нет **сдачи**.	change
У меня нет **мелочи**.	coins

3. Complete.
1. Господин Иванов оплатил счёт не чеком, а _____.
2. Теперь у него нет _____.
3. Он должен пойти в банк и _____.

4. Complete.

Извините, у меня нет _____. Вы не _____ мне 100-_____?

₁ ₂ ₃

5. Complete.

В банке.

—Я бы хотел обналичить дорожный чек.

—Чек в долларах или рублях?

—В _____.
      1

—Но я не могу Вам дать доллары.

—Я знаю. Я бы хотел обменять дорожные чеки на российские рубли. Какой

_____?
   2

—Один доллар _____ 6 рублей или один _____ шести.
             3   4

—Хорошо.

—Пройдите к _____.
            5

У кассы.

—Итого шестьсот рублей. Вот Вам шесть сто-рублёвых _____.
                                            6

—Извините. Не могли бы Вы _____ одну сто-_____ купюру на более
                                  7   8

мелкие?

—Вот Вам десять десяти-рублёвых _____.
                                  9

—Извините. У меня нет _____. Не могли бы вы разменять одну десяти-рублёвую
                           10

_____?
   11

—Вот пять рублей и мелочи на пять рублей.

—Большое спасибо.

A SAVINGS ACCOUNT

Я бы хотел **открыть срочный вклад**.	open a savings account
Я бы хотел **положить на счёт**.	make a deposit
Я бы хотел **положить на счёт** сто долларов.	to deposit
Я не хочу **снимать** деньги с моего **счёта**.	withdraw; account
Я иду к **окошку** банка.	window
Я даю **кассиру** мою **сберегательную книжку**.	cashier, teller; bankbook
Я **коплю, откладываю** деньги.	save, I am saving
Мои **сбережения растут**.	savings; grow, are growing

6. Complete.

Я откладываю деньги. У меня есть _____ в банке. Завтра я _____ на
                                                        1   2

мой счёт сто рублей. Я стараюсь класть _____ на счёт каждый месяц. Я даю
                                                  3

кассиру мою _____. Мне нравится _____ деньги, но мне не нравится
                        4   5

_____ деньги. Я бы хотел, чтобы мои _____ росли.
  6   7

A CHECKING ACCOUNT[1]

У меня есть **чековый счёт** в банке.	checking account
Мне бы хотелось **обналичить** чек.	to cash
Я должен **подписать** чек, **расписаться** на чеке.	to sign
У меня **больше нет чеков**.	no more checks
Мне нужны **новые** чеки.	new
Какой у меня **баланс, остаток**?	(account) balance

7. Complete.
  1. На моём счету двести рублей. _____ двести рублей.
  2. У меня больше нет чеков. Мне нужны _____.
  3. Вы не могли бы _____ этот чек? Да, но только, если у Вас есть _____ в нашем банке.
  4. Если я хочу обналичить чек, мне нужно _____ на нём.
  5. Я не хочу платить наличными. Я заплачу _____.

GETTING A LOAN

Я сейчас не могу **заплатить всю сумму наличными**.	the entire sum in cash
Я не хочу **покупать в рассрочку**.	purchase on the installment plan
Я не хочу **платить в рассрочку, по частям**.	pay in installments
Я бы хотел **взять ссуду**.	to take out a loan
Мне **дали ссуду**, Я **получил ссуду**.	to be granted, to get a loan
Я **вношу задаток** пятьсот рублей.	to make a down payment
Какой **процентный показатель**?	interest rate
Процентный показатель-одиннадцать **процентов**.	percent
Я буду **платить ежемесячно**. Я буду производить **ежемесячную оплату**.	monthly payments
Когда **нужно оплатить**? Когда **срок** оплаты?	to be due, due date
Я покупаю дом. Я бы хотел **взять на себя закладную**.	assume; mortgage

8. Complete.
  Госпожа Иванова покупает машину. Машина стоит девять тысяч долларов. Госпожа Иванова хотела бы платить в _____. У неё нет достаточной суммы
  1
  денег, чтобы заплатить _____. Она может заплатить _____ тысячу
  2 3
  долларов, но ей надо пойти в банк и _____, чтобы заплатить оставшиеся восемь
  4
  тысяч долларов. Она должна знать две важные вещи, прежде чем брать ссуду. Ей надо
  узнать _____ и сумму _____. Служащий банка также объяснит ей, что
  5 6
  _____ оплаты—первое число каждого месяца.
  7

---

[1]Checkbooks and checking accounts to date are not widely used in Russia; most purchases are made with cash, albeit the use of credit cards in major cities is becoming more widespread.

9. From the list, select the appropriate word(s) to complete each item.

(a)	подписать	(h)	задаток	(o)	счёт
(b)	дорожные чеки	(i)	ежемесячная оплата	(p)	закладная
(c)	чековая книжка	(j)	срок	(q)	сберегательная книжка
(d)	курс обмена	(k)	наличные	(r)	оплата
(e)	процентный показатель	(l)	сдача/мелочь	(s)	баланс
(f)	срочный вклад	(m)	чек	(t)	наличными
(g)	ссуда	(n)	процент	(u)	чековый счёт

1. Вы собираетесь в путешествие, и Вы не хотите брать с собой много наличных. Вы покупаете _____.
2. Вы не хотите платить наличными. Лучше Вы заплатите _____.
3. Чтобы заплатить чеком, у Вас должен быть _____ в банке.
4. Если у Вас нет _____, Вам нужно разменять купюру.
5. Прежде чем обналичить чек, нужно _____ его.
6. Прежде чем обменять деньги, нужно знать _____.
7. Если у Вас недостаточно денег, чтобы заплатить за что-либо, Вы должны взять _____.
8. Вы должны ежемесячно платить в _____.
9. Я не заплатила всю сумму наличными. Я платил _____.
10. Я не могу заплатить чеком, потому чуо у меня нет с собой _____.
11. Когда Вы кладёте деньги на счёт или снимаете, надо дать кассиру _____.
12. Я откладываю деньги. У меня есть _____.
13. Я не знаю, сколько денег на счету. Я не знаю _____.
14. Ссуда на покупку дома называется _____.
15. Даже если я получу ссуду, мне нужны наличные, чтобы дать _____.

10. Complete each item with an arpropriate verb.
1. Мне нужны российские рубли. Я _____ доллары.
2. У меня есть деньги, которые мне не нужны. Я _____ их на мой срочный вклад.
3. Я бы хотел _____ чек.
4. Прежде чем я обналичу чек, мне надо _____ его.
5. Чтобы купить машину, мне нужно _____ ссуду.
6. Я _____ счёт наличными.
7. Не могли бы Вы _____ эту купюру?
8. Я еду в путешествие и должен _____ деньги со счёта.
9. Лучше я заплачу наличными. Я не хочу _____ в рассрочку.
10. Я _____ срочный вклад.

11. Complete.
1. Я бы хотел обменять сто долларов _____ российские рубли.
2. Затем мы пойдем _____ кассиру.
3. Я не всегда плачу наличн _____.
4. Вы можете заплатить наличн _____?
5. Я ничего не покупаю _____ рассрочку. Я ничего не плачу по частям.

Key Words

баланс   balance
банк   bank
брать-взять закладную   to assume a
                                    mortgage
брать-взять ссуду   to take out a loan
выше   higher
давать-дать,   (to make)
   заплатить залог   the down payment
деньги   money
дорожные чеки   traveler's checks
ежемесячная оплата   monthly payment
задаток   down payment
закладная   mortgage
кассир   cashier, teller
класть-положить (деньги)   to deposit
копить-накопить, откладывать   to save
купюра   bill (money)
курс обмена   rate of exchange
мелочь   coin (change in coins)
наличные   cash
ниже   lower
обменивать-обменять   to exchange, change
обналичивать-обналичить   to cash
   (чек)   (a check)
окно кассира, касса   cashier's window
открывать-открыть   to open
платить-оплатить   to pay off in
   в рассрочку   installments

платить-заплатить   to pay
платить-заплатить наличными   to pay cash
платить-заплатить за   to pay for
подписывать-подписать   to sign, to endorse
покупать-купить   to purchase on the
   в рассрочку   installment plan
получать-получить   to receive
пошлина за   charge for cashing
   обналичивание   traveler's checks
   дорожных чеков
предоставлять-предоставить   to grant
процент   interest
процентный показатель   interest rate
пункт обмена   exchange bureau
расти   to grow
сберегательная книжка   bankbook,
                                    passbook
сбережения   savings
сдача   change (from transaction)
счёт   account; bill
служащий банка   teller, bank employee
снимать-снять деньги   to withdraw,
                                    take out money
срок   due date
ссуда   loan
чековая книжка   checkbook
чековый счёт   checking account

Chapter 11: At the post office
Глава 11: На почте

SENDING A LETTER (Fig. 11-1)

открытка   письмо

Fig. 11-1

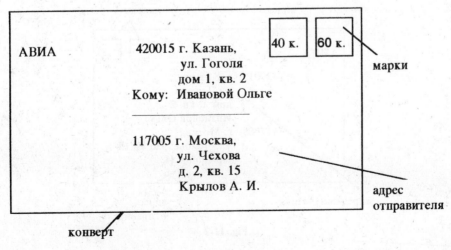

АВИА   420015 г. Казань,
             ул. Гоголя
             дом 1, кв. 2
    Кому: Ивановой Ольге

    117005 г. Москва,
         ул. Чехова
         д. 2, кв. 15
    Крылов А. И.

40 к.   60 к.

марки

адрес
отправителя

конверт

Я бы хотел **послать, отправить письмо**.	send/mail; letter
Я бы хотел послать, отправить **открытку**.	postcard
Я не могу **бросить, опустить** это в **почтовый ящик**.	drop, throw into; mailbox
Мне нужны **марки**.	stamps
Мне нужно на **почту**.	post office
Там есть **окошко**.	window
Сколько стоит **пересылка**?	postage
Сколько стоит пересылка письма в США?	
Авиапочтой стоит 2 рубля.	airmail
Дайте, пожалуйста, две марки по рублю.	
Я бы хотел **послать заказной почтой**.	send; registered mail
Надо написать **адрес получателя (адресата)** на **конверте**.	recipient's address; envelope
Я напишу и **обратный адрес (адрес отправителя)**.	return address (address of the sender)
Я также напишу **индекс**.	zip code

1. Complete.

Я хочу послать эту открытку. Но я не могу бросить её в _____. Я должен
                                                                  1
пойти на _____ по двум причинам. Я не знаю, сколько стоит _____ и у
                      2   3
меня нет _____. Я куплю _____ на _____.
              4   5   6

2. Complete.

На _____.
      1

—Я бы хотел послать эту открытку в США. Сколько стоит _____?
                                                                    2

—Вы хотите послать открытку простой почтой или _____? _____ в
                                                            3   4
США стоит рубль.

—Хорошо. Дайте, пожалуйста, одну _____ за 40 копеек и одну за _____
                                        5   6
копеек.

—Извините, Вы хотите послать открытку заказной почтой?

—Нет, мне не надо посылать её _____.
                                    7

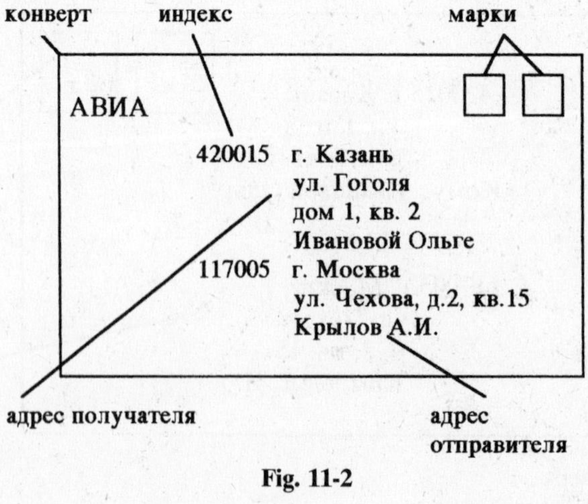

Fig. 11-2

3. Answer on the basis of Fig. 11-2.
1. Сколько стоит пересылка письма?
2. Она посылает письмо простой почтой или авиапочтой?
3. Кто получатель?
4. Какой индекс?
5. Кто отправитель?
6. Сколько марок на конверте?

SENDING A PACKAGE

Я бы хотел **отправить посылку**.	send a package
Я бы хотел отправить **бандероль**.	small package
Сколько она **весит**? Она **тяжёлая**?	to weigh; heavy
Я **не знаю**.	don't know
Я могу **взвесить** её.	to weigh
Положите её на **весы**.	put; scale (balance)
Вы хотите **указать ценность**?	insure
Содержимое бьющееся, **хрупкое**?	contents, fragile
Заполните, пожалуйста, **таможенную декларацию**.	fill out; customs declaration
Когда **дойдёт** посылка?	will it arrive
Авиапочтой—через/за пять дней.	by plane; in
Простой почтой—через/за шесть недель.	by surface

4. Complete.

Я бы хотел отправить эту _____ 1 в Англию. Но я не знаю, сколько она весит, потому что у меня нет _____ 2. Я должен пойти на почту. Посылка не очень дорого стоит—меньше десяти долларов. Мне не надо _____ 3. Мне не надо заполнять _____ 4, потому что она так мало весит. Она не очень дорого стоит, но в ней есть _____ 5. Сделано из хрусталя. Если я отправлю авиапочтой, она дойдёт _____ 6 пять дней. Но _____ 7 авиапочтой дороже.

OTHER WORDS YOU MAY NEED

Мне есть **почта**?/ Я получил какую-нибудь **почту**?	mail
Почту **приносят каждый день, ежедневно, кроме воскресенья**.	is delivered; every day/daily; except on Sunday
Почтальон приходит утром.	letter carrier (used to be: mailman)
Где-нибудь здесь есть **почтовые ящики**?	post office boxes
Где можно получить **денежный перевод**?	money order

5. Complete.

Я должен подходить к _____ 1, чтобы брать мою почту. _____ 2 бросает почту в мой ящик. _____ 3 приходит каждое утро в 10 часов. Посмотрим, пришла ли _____ 4.

Key Words

авиапочта	airmail		**отправлять-отправить,**	to mail
авиапочтой	via/by airmail		**посылать-послать**	
адрес	address		**пересылка (оплата)**	postage (fee)
бандероль	small package		**письмо**	letter
брать-взять	to pick up		**почта**	mail; post office
бросать-бросить в	to drop, throw into		**почтовая открытка**	postcard
весы	scale		**почтовый ящик**	mailbox, post office box
взвешивать-взвесить	to weigh		**получатель, адресат**	receiver, addressee
денежный перевод	money order		**посылать-послать,**	to send
заказная почта	registered mail		**отправлять-отправить**	
заполнять-заполнить	to fill out		**посылка**	package
за сколько, через сколько	take (time)		**приносить-принести**	to deliver
застраховать	insure		**таможенная декларация**	customs
индекс	zip code			declaration
конверт	envelope			
марка	stamp		**хрупкий, бьющийся**	fragile
отправитель, адресант	sender		**ящик**	box

Chapter 12: At the hairdresser's/salon
Глава 12: В парикмахерской/салоне красоты

FOR MEN

Мне нужно сделать **стрижку**.	haircut
Парикмахер стрижёт волосы **ножницами**.	barber/hairdresser/stylist; cuts; scissors
Сделать стрижку **машинкой**.	electric shears
Не могли бы Вы **подровнять** мне волосы.	to trim
Подровняйте, пожалуйста, мои волосы.	
Не стригите, пожалуйста, **слишком коротко**.	don't cut it too short
Постригите, пожалуйста, **бороду**.	beard
Постригите, пожалуйста, **усы**.	mustache
Постригите, пожалуйста, **бакенбарды**.	sideburns
Постригите бакенбарды **покороче**.	shorter
Побрейте меня, пожалуйста.	shave me
Мне нужно **побриться**.	(I need) a shave
Состригите, пожалуйста, ещё немножко	cut off
сзади.	in the back
по бокам, с боков	on the sides
на макушке, /с макушки	on the top
с шеи	at the back of the neck
Помойте мои волосы **шампунем**, пожалуйста.	shampoo
Помойте, пожалуйста, **мои волосы**.	wash my hair
Мне не нужны ни **масло для волос**, ни **лак для волос**.	hair oil; hair spray

1. Complete.
1. У меня слишком длинные волосы. Мне нужна _____.
2. У меня не очень длинные волосы. Пожалуйста, _____ их.
3. Я только что помыл волосы. Не нужно их _____.
4. Парикмахер должен постричь мне _____ и _____.
5. У меня слишком длинные бакенбарды. Пожалуйста, _____ их покороче.
6. Мне не нравится, когда у меня очень короткие волосы. Не _____ слишком много.
7. Парикмахер стрижёт волосы _____ или _____.
8. Я _____ дома. Парикмахер не должен брить меня.

2. Match.
1. У меня слишком длинные волосы.
2. Помойте шампунем, пожалуйста.
3. У меня не очень длинные волосы.
4. Бакенбарды очень длинные.
5. Мне нужна стрижка.
6. Вы хотите стрижку машинкой?

(*a*) Мне нужно только подровнять.
(*b*) Пожалуйста, постригите их покороче.
(*c*) Мне нужна стрижка.
(*d*) Мне нужно пойти в парикмахерскую.
(*e*) Парикмахер должен помыть мои волосы.
(*f*) Нет, ножницами, пожалуйста.

Fig. 12-1

3. Complete the exercise on the basis of Fig. 12-1.
Состригите, пожалуйста, чуть больше с . . .
1.
2.
3.
4.

FOR WOMEN

Постригите, пожалуйста, **волосы**.	cut; hair
Помойте и уложите. Сделайте мне **причёску**, пожалуйста.	wash and set; set my hair
Я бы хотела **химическую завивку/химию**.	permanent wave/perm
Причешите, пожалуйста.	to comb out
Только подровняйте, пожалуйста.	I'd like it only trimmed.
Красить-покрасить волосы.	to dye, color
Я бы хотела **стрижку бритвой**.	razor cut
Мне не нужен **лак для волос**.	hair spray
Мне не нужен **маникюр**.	manicure
Я бы хотела **педикюр**.	pedicure
Пожалуйста, не покрывайте **ногти лаком (для ногтей)**.	fingernails; nail polish
Покройте ногти **лаком (для ногтей)**, пожалуйста.	to polish

4. Complete.
—Здравствуйте. Вы хотите химическую завивку?

—Нет, спасибо. _____ и _____ мои волосы, пожалуйста.
                         1   2
—Ваши волосы довольно длинные. Может быть _____ их?
                                                          3

—Нет, спасибо. Мне и так нравится. И не надо их _____, мне нравится мой цвет.
4

—Хорошо. Хотите маникюр?

—Да, но пожалуйста, не _____ ногти.
5

Key Words

бакенбарды	sideburns	ножницы	scissors
бок	side	парикмахер, мастер	barber, hairdresser
борода	beard	по бокам, с боков	on the sides
бритва	razor	подравнивать-подровнять	to trim
бритьё	shave	подкрашивать-подкрасить	to tint
брить-побрить	to shave	расчёсывать-расчесать,	to comb
бриться-побриться	to shave oneself	причёсывать-причесать	
волосы	hair	сзади	in the back
в парикмахерской	at the hairdresser	состригать-состричь	to cut off
в парикмахерскую	(go) to the hairdresser	стричь-постричь,	to cut
короткий	short	подстригать-подстричь	
красить-покрасить	to dye	стрижка	haircut
лак для ногтей	nail polish	стрижка бритвой	razor cut
лак для волос	hair spray	укладывать-уложить,	to set (hair)
маникюр	manicure	сделать укладку, причёску	
масло для волос	hair oil	усы	mustache
машинка	electric shears	химическая завивка	permanent wave
мыть-помыть (вымыть)	to wash (out)	цвет	color
на макушке	on top	шея	(back of the) neck
ноготь	fingernail		

Chapter 13: At the clothing store
Глава 13: В магазине «Одежда»

BUYING SHOES (Fig. 13-1)

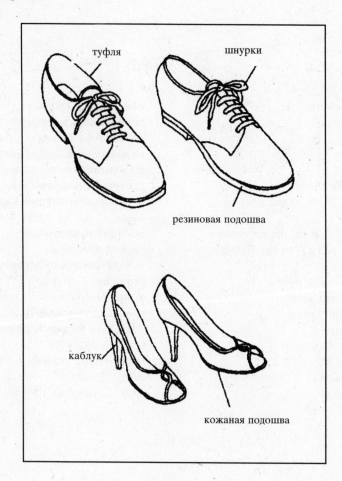

туфля   шнурки

резиновая подошва

каблук

кожаная подошва

Fig. 13-1

Что бы Вы хотели?	What would you like?
Мне нужны **туфли**.	shoes
сапоги.	boots
сандалии.	sandals
тапочки.	slippers
кроссовки.	sneakers, tennis shoes
Какой у Вас **размер**?	size
У меня размер 39.	
Я бы хотел **кожаные бежевые туфли**.	leather shoes; beige, white,
(**белые, чёрные, коричневые**)	black, brown
Каблук слишком высокий.	heel
Мне не нравятся **высокие (низкие) каблуки**.	high (flat) heels

Мне не нравится **резиновая подошва**.   rubber sole
Эти не **подходят**.   fit
Они слишком **узкие**.   narrow
               широкие.   wide
Больно пальцам на ногах.   toes; hurt
Мне нужны **шнурки** и **крем для обуви**.   shoelaces; shoe polish

1. Answer on the basis of Fig. 13-2.
   1. Это туфли, сандалии или сапоги?
   2. Они на резиновой подошве?
   3. Каблуки высокие или низкие?
   4. Эти туфли со шнурками?

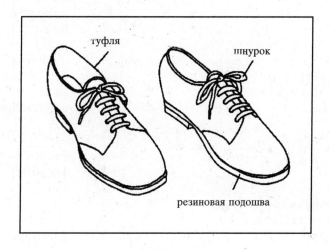

Fig. 13-2

2. Complete.
   —Что бы Вы хотели?

   —Мне нужны _____.
                    1
   —Какой у Вас _____?
                    2
   —У меня 37 _____.
                  3
   —Вы хотите высокий или низкий _____?
                        4
   —Низкий. Мне не нравятся высокие _____.
                        5
   —Хорошо. Какого цвета?

   —Коричневого.

   —Эти Вам нравятся?

   —Нравятся, но они мне не _____. _____ больно. Они слишком
                                   6   7
   _____. У Вас есть такие туфли _____ размера?
        8   9

BUYING MEN'S CLOTHING

Что бы Вы хотели?	What would you like?
Я хочу **джинсы**.	pair of jeans
пальто.	coat/overcoat
купальник/плавки.	swimsuit/bathing trunks
носки.	socks
нижнее бельё/трусы.	underwear/underpants
рубашку.	a shirt
майку.	an undershirt
ремень.	a belt
галстук.	a tie
пиджак.	a suit coat
блейзер.	blazer
жакет.	jacket
плащ.	a raincoat
пару перчаток/перчатки.	pair of gloves; gloves
шорты.	shorts
носовые платки.	handkerchiefs
шляпу.	hat
кепку.	cap
свитер.	sweater
фуфайку.	sweatshirt
костюм.	suit
Мне нужна **хлопчатобумажная** рубашка.	cotton
фланелевая рубашка.	flannel
габардиновая рубашка.	gabardine
шёлковая рубашка.	silk
шерстяная рубашка.	wool
нейлоновая рубашка.	nylon
рубашка из **смешанной ткани**.	blended fabric
рубашка из **синтетического материала**.	synthetic fabric
Мне нужна рубашка из **немнущейся** ткани.	wrinkle-resistant
Мне нужен **материал, за которым нужен лёгкий уход.**	easy-care fabric
Мне нужна рубашка с **длинными рукавами**.	(with) long sleeves
Мне нужна рубашка с **манжетами**.	cuffs
Мне нужен **вельветовый жакет/куртка**.	corduroy jacket
вельветовый блейзер.	corduroy blazer
Мне нужна **джинсовая куртка**.	denim jacket
замшевая куртка.	suede jacket
Мне нужен **шерстяной жакет**.	wool jacket
вязаный жакет.	worsted knit
Мне нравится эта **полосатая** рубашка.	striped
эта **клетчатая** рубашка.	checked
Этот клетчатый **галстук** не **подходит** к этой полосатой рубашке.	tie; match/go with
Какой у Вас **размер**?	size
Я не знаю. **Снимите с меня мерки.**	Take my measurements
Это не подходит. Немного **жмёт**.	tight
Змейка, молния сломана.	zipper

3. List the items in a complete outfit of clothing for a man.

4. Complete.

—Что бы Вы _____ ?
                    1

—Мне нужна рубашка.

—Какая? Хлопчатобумажная?

—Нет. Я предпочитаю _____ .
                            2

—Сейчас лето, и, наверное, Вам не нужна _____ или _____ рубашка. Я
                                                3   4

   Вам советую _____ .
                      5

—Хорошо.

—Какой у Вас _____ ?
                    6

—У меня 41 _____ .
                  7

—Вы хотите с длинными или короткими _____ ?
                                            8

—С длинными _____ .
                    9

—Вы хотите клетчатую или _____ рубашку?
                              10

—Нет, я не хочу ни _____ , ни _____ рубашку. Мне нужна голубая или
                        11   12

   белая рубашка, так как я буду носить её с синим _____ . Я бы хотел купить и
                                                          13

   _____ , который _____ к рубашке.
          14   15

5. Choose the one word that does not belong.
   1. Мне нужна _____ рубашка. (*a*) шерстяная; (*b*) хлопчатобумажная;
      (*c*) кожаная; (*d*) синтетическая
   2. Мне нужны _____ брюки. (*a*) шерстяные; (*b*) вельветовые; (*c*) габардиновые;
      (*d*) шелковые
   3. Мне нужен _____ жакет. (*a*) шерстяной; (*b*) вельветовый; (*c*) фланелевый;
      (*d*) джинсовый
   4. Мне нужны _____ перчатки. (*a*) кожаные; (*b*) замшевые; (*c*) шерстяные; (*d*)
      вельветовые

6. Complete.
   1. Эта полосатая рубашка не подходит к моему _____ пиджаку.
   2. _____ в брюках, которые я купил вчера, сломалась.
   3. Я не люблю носить туфли без _____ .
   4. Мне не нужен _____ для этих брюк.
   5. Когда идёт дождь, я ношу _____ .
   6. Мне нужно нижнее бельё. Я куплю _____ и _____ .
   7. Я не знаю, какой у меня размер. Продавец должен _____ .
   8. Я не люблю хлопок. Мне нравится _____ или синтетическая ткань, потому
      что мне не надо её гладить.
   9. Этот пиджак не _____ .
   10. Этот жакет _____ . Мне нужен больший размер.

BUYING WOMEN'S CLOTHING

Что бы Вы хотели?	What would you like?
Мне нужен **шарф**.	scarf
Мне нужно **пальто**.	coat
Мне нужен **халат**.	dressing gown, robe
Мне нужна **пляжная накидка**.	beach wrap
Мне нужна **блузка**.	blouse
Мне нужны **джинсы**.	pair of jeans
Мне нужна **сумочка**.	purse, handbag
Мне нужно **нижнее бельё**.	underwear
Мне нужны **трусы**.	panties, underpants
Мне нужна **комбинация/нижняя юбка**.	slip; half-slip
Мне нужна **футболка, майка**.	t-shirt
Мне нужен **пояс, корсет**.	girdle
Мне нужна **юбка**.	skirt
Мне нужны **перчатки**.	gloves
Мне нужен **плащ**.	raincoat
Мне нужны **носки, чулки**.	socks; stockings
Мне нужны **колготки**.	panty hose
Мне нужны **носовые платки**.	handkerchiefs
Мне нужна **шляпа**.	hat
Мне нужен **лифчик, бюстгальтер**.	bra, brassiere
Мне нужен **свитер**.	sweater
Мне нужен **купальник**.	bathing suit, swimsuit
Мне нужен **брючный костюм**.	pantsuit
Мне нужен **костюм**.	suit
Мне нужно **платье**.	dress
Мне нужна **хлопчатобумажная** блузка.	cotton
шёлковая блузка.	silk
нейлоновая блузка.	nylon
синтетическая блузка.	synthetic
Эта блузка из **немнущегося материала**.	wrinkle-resistant
Вы хотите с длинными или короткими **рукавами**?	sleeves
Мне нужна **полосатая** блузка.	striped
клетчатая блузка.	checked
блузка **в горошек**.	with polka dots
блузка без **кружев**.	lace
Мне нужна **вельветовая** юбка.	corduroy
шерстяная юбка.	wool
замшевая юбка.	suede
вязаная юбка.	worsted
Я предпочитаю смешанную ткань.	prefer; blended fabric
Эта блузка **хорошо подходит к этой юбке**.	goes well with, matches
Какой размер Вы носите?	What size do you wear?
Я не знаю. Не могли бы Вы **снять с меня мерки**?	take measurements

7. List the items in a complete outfit of clothing for a woman.

8. Choose the appropriate word.
   1. Мне нужна _____ сумка. (*a*) кожаная, (*b*) из искусственной кожи

2. Нет, мне не нужна юбка. Я предпочитаю _____. (*a*) брючный костюм; (*b*) шарф

3. У Вас есть нейлоновые _____? (*a*) туфли; (*b*) чулки

4. Я купила _____ шарф. (*a*) кожаный; (*b*) шёлковый

5. Холодно. Я бы хотела _____. (*a*) свитер; (*b*) купальник

9. Complete.

1. Мне нужно нижнее бельё. Я куплю _____, _____ и _____.

2. Мне не нужна хлопчатобумажная блузка, потому что они очень мнутся. Я предпочитаю из _____ ткани: хлопок с синтетикой.

3. Полосатая блузка не _____ к _____ юбке.

4. Я не знаю, какой у меня размер. Нужно _____.

10. Answer on the basis of Fig. 13-3.

1. Это _____ блузка.

2. Это _____ блузка.

3. Это шарф _____.

Fig. 13-3

Key Words

блузка   blouse
брюки   pants
брючный костюм   pantsuit
в горошек   polka-dotted
вельвет, вельветовый   corduroy
высокий   high
вязаный   worsted
галстук   tie
гольфы   knee socks
домашние тапочки   house slippers
женский костюм   woman's suit
замша   suede
запонки   cufflinks
змейка, молния   zipper
каблук   feel (of a shoe)
клетчатый   checked
кожаный   leather
колготки   panty hose
комбинация; нижняя юбка   slip; half-slip
короткий   short
корсет, пояс   girdle
костюм   suit (man's)
кроссовки   sneakers
кружева   lace
купальник   bathing suit (woman's)
лёгкий уход (хорошо стирается,   easy-care
   не надо гладить)
лифчик, бюстгальтер   brassiere
майка   undershirt
манжеты   cuffs
мерки   measurements
мяться-измяться   to wrinkle
   (об одежде)
не гладить   no-iron
нейлоновый   nylon
немнущийся   wrinkle-resistant
ни . . . ни   neither . . . nor
нижнее бельё   underclothes
низкий   low
носки   socks
носок (чулка   toe (tip of a stocking
   или обуви)   or shoe)
носовой платок   handkerchief
пальцы ног   toes
пальто   coat
пара   pair

перчатки   gloves
пиджак от костюма   suit jacket
плавки   bathing suit (man's)
платье   dress
плащ   raincoat
плоский, без каблука   flat
подходить к   to go with, match
полосатый, в полоску   striped
портной, выполняющий   custom tailor
   индивидуальные заказы
портной   tailor
предпочитать-предпочесть   to prefer
пуговица   button
пуловер   pullover; sweater
размер   size
ремень   belt
рубашка   shirt
рукав   sleeve
сандалии   sandals
сапоги   boots
свитер   sweater
синтетическая ткань   synthetic fabric
синтетический, резиновый   rubber
смешанная ткань   blended fabric
снимать-снять мерки   to take
   measurements
советовать-посоветовать   to recommend
спортивная куртка   jacket (sports)
сумочка   handbag
ткань, материал   fabric
трусы   underpants, panties
туфли   shoes
узкий   narrow
узкий, жмёт   narrow, tight
хлопчатобумажный   cotton
чулки   stockings
шарф   scarf
шёлковый   silk
шерсть, шерстяной   wool
шерстяные носки   wool socks
ширинка   fly (in pants)
широкий   wide
шнурок   shoelace
шорты   shorts
юбка   skirt

Chapter 14: At the dry cleaner (laundry)
Глава 14: В химчистке (прачечной)

У меня много **грязного белья**.	dirty laundry
Я иду в **химчистку**.	dry cleaner's
Не могли бы Вы **постирать** и **погладить** эту рубашку?	wash; iron
Только не надо **крахмалить**, пожалуйста.	to starch
Не крахмальте, пожалуйста.	Don't starch it
Вы не могли бы **почистить** этот костюм?	dry-clean
Когда всё будет **готово**?	ready
Мне **нужно** в понедельник.	need
После чистки свитер **сядет**?	shrink
В этом свитере **дырка**.	hole
Вы не сможете **починить, зашить**?	mend, fix
Вы не сможете вывести это **пятно**?	stain, spot
Вы не сможете **пришить** эту **пуговицу**?	sew on; button
Вы не сможете **заштопать**?	darn
Подкладка отпоролась.	lining; to be loose
Вы сможете **зашить, пришить** это?	sew
Портного сегодня нет.	tailor
Эта вещь **грязная**.	dirty

1. Complete.
   1. Этот свитер _____, если я постираю его. Надо его _____ в _____.
   2. Эта рубашка _____. Надо постирать её. А потом _____.
   3. Не нужно _____ мои рубашки.
   4. _____ этого костюма _____. Не могли бы Вы _____ её?
   5. В юбке дырка. Не могли бы Вы _____ ее?
   6. Не могли бы Вы _____ эту пуговицу?
   7. Я посадил пятно (stained) на рубашку. Не могли бы Вы удалить _____?

2. Complete.
   В химчистке.

   —Добрый вечер. Не могли бы Вы _____ и _____ эту рубашку?

1   2

   —Да. Нужно _____ их?

3

   —Да, пожалуйста. Только немного. А вот здесь пятно. Не могли бы Вы _____ его?

4

   —Вы не знаете, что это?

   —Да, это кофе.

   —Попробуем, но ничего не можем обещать. Очень трудно _____ такие _____.

5   6

—Да, я знаю. Не могли бы Вы постирать этот свитер?

—Нет, это шерстяной свитер и шерсть _____. Этот свитер надо отдать в
                                                7
   химчистку.

—Хорошо. Когда всё будет готово?

—Рубашка будет готова завтра, а свитер через два дня.

—Хорошо. Спасибо.

Key Words

выводить-вывести (пятно) to remove	**посадить пятно** to stain, spot
гладить-погладить to iron	**пришивать-пришить** to sew on
готово ready	**пуговица** button
грязный dirty	**пятно** stain
дырка hole	**садиться-сесть** to shrink
крахмал starch	**стирать-постирать** to wash
крахмалить-накрахмалить to starch	**стирка, грязное бельё** wash, dirty wash
накрахмаленный starched	**тряпочка** piece of clothing
обещать-пообещать to promise	**химчистка** dry-cleaner's shop; dry cleaning
отпарываться-отпороться to be loose, unstitched	**чинить-починить** to mend
	чистить-почистить to dry-clean
подкладка lining	**шить-зашивать** to sew
портной tailor	**штопать-заштопать** to darn

Chapter 15: At the restaurant
Глава 15: В ресторане

GETTING SETTLED (Fig. 15-1)

Fig. 15-1

Это хороший ресторан.[1]
В этом ресторане **умеренные, доступные цены**.
Это **пивбар**.
Мы **заказали столик** на имя Олега Петрова.

moderately priced
pub, beer-bar
reserved, made a reservation;
    table

---

[1]There are roughly four classes of eating establishments in Russia: (1) **ресторан**; (2) **кафе**; (3) the cafeteria **столовая**; and (4) smaller eating places, so-called "**стоячие кафе**," which specialize in certain foods: a **блинная**, for example, serves bliny, a **закусочная** serves appetizers, a **пельменная** pelmeni, a **пирожковая** little meat and vegetable "pies," a **сосисочная** sausages, a **чайная** tea, a **шашлычная** shishkabobs, and the like. Russians in general, if they can afford it, go to a **ресторан** to have a good time and usually stay for a long, music- and dance-filled evening; the food may be incidental to the friendship and camaraderie.

Мы заказали **столик на троих**.	table for three
Можно за тот **столик в углу**?	table in the corner
Столик **около, у окна**?	by the window
на улице, **на террасе**?	outside/on the terrace
в садике?	beer garden
Официант идёт.	waiter
Метрдотель идёт.	head waiter
Официантка идёт.	waitress
Не хотите ли **аперитив**?	aperitif
Что будете заказывать?	What would you like to order?

1. Complete.
1. Я не ＿＿＿＿＿＿ столик. Надеюсь, что будет один свободный ＿＿＿＿＿＿.
2. Этот ресторан дорогой. Это ＿＿＿＿＿＿.
3. Цены в хороших ресторанах выше, чем в ресторанах, где ＿＿＿＿＿＿.
4. Так как сегодня тепло, я бы хотел сесть ＿＿＿＿＿＿.

2. Complete.
В ресторане.

—Добрый вечер. Вы ＿＿＿＿＿＿ столик?
　　　　　　　　　　　　　1

—Да, я ＿＿＿＿＿＿ ＿＿＿＿＿＿ на четверых.
　　　　　　2　　　　　　　　3

—На чьё имя?

—На имя Олега Сидорова.

—Вы бы хотели ＿＿＿＿＿＿ или столик у ＿＿＿＿＿＿?
　　　　　　　　　　4　　　　　　　　　　　　5

—Мы бы хотели сесть здесь.

—Что Вы будете пить?

—Принесите, пожалуйста, перечень вин.

3. Complete.
＿＿＿＿＿＿ работает в ресторане. После того, как посетители сядут за столики,
　　　1
официант спрашивает их: «Что Вы ＿＿＿＿＿＿ пить?» Затем он приносит
　　　　　　　　　　　　　　　　　　　　2
＿＿＿＿＿＿. Посетители ＿＿＿＿＿＿ меню и выбирают себе блюда.
　　3　　　　　　　　　　　4

LOOKING AT THE MENU

закуски	appetizers
супы, салаты	soups, salads
мясные горячие блюда, вторые блюда, второе	meat dishes, entrées
рыбные горячие блюда (блюда из морских продуктов)	fish dishes, entrées (seafood)
птица	fowl
овощи	vegetables

сыр	cheese
десерт, сладкое	desserts
Я **очень голоден/голодна**.	very hungry
Я **не очень голоден**.	not very hungry
Сначала я **закажу** суп.	first; order
На **второе** я закажу **жареную свинину**.	main dish, second course; roast pork
Я закажу **только одно блюдо**.	only one dish (course)
Какое у Вас **фирменное блюдо**?	specialty dish
Официант спрашивает:	
Вы хотите **закуски** или суп?	appetizer
Я **рекомендую, советую** . . .	recommend
Приятного аппетита!	Enjoy your meal!
Посетитель спрашивает:	
У Вас есть **перечень вин**?	wine list

4. Answer on the basis of Fig. 15-2.
1. Это ресторан, где умеренные цены, или пивбар?
2. Сколько человек сидят за столом?
3. Где стоит стол?

Fig. 15-2

4. Кто их обслуживает?
5. Что официант держит в руках?

5. Complete.
1. _____ входят в меню.
2. Когда я не очень голоден, я заказываю только одно _____.
3. После супа я ем _____.
4. Я не знаю, какое вино заказать. Мне надо посмотреть _____.
5. Я не знаю, что заказать. Может быть, офицант что-то _____мне.

ORDERING MEAT OR FOWL (Fig. 15-3)

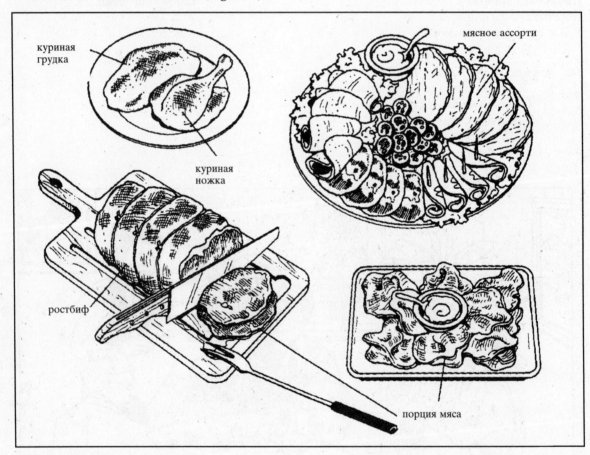

куриная грудка

мясное ассорти

куриная ножка

ростбиф

порция мяса

Fig. 15-3

Как приготовить для Вас **мясо**?	meat
Я предпочитаю мясо **с кровью**.	rare
немного недожаренное	medium rare
хорошо прожаренное	well done
Мне, пожалуйста, **отбивную из баранины**.	lamb chop
отбивную из телятины.	veal chop
отбивную из свинины.	pork chop
котлету.	(breaded) cutlet

Мне, пожалуйста, порцию

жареной свинины.	roast pork
жареной телятины.	roast veal
ростбифа.	roast beef
мясного рулета.	meat loaf
Мне, пожалуйста, **бифштекс/антрекот**.	steak
Мне, пожалуйста, **ромштекс**.	rump steak
Мне, пожалуйста, **говяжье филе**.	filet steak
Мне, пожалуйста, **гамбургер**.	hamburger, ground beef
Мне, пожалуйста, **тушёное** мясо.	sautéed/braised
Мне нравится **жареное** мясо.	roasted, fried
запечённое мясо.	baked
мясо на гриле.	grilled
Мне нравится **паровое мясо**.	stewed meat
тушёное мясо.	braised meat
рубленое мясо.	chopped meat
Мне нравится **мясо (приготовленное) в собственном соку**.	in its own juices
Я хочу заказать **мясо в горшочках**.	"meal in one pot"
Мне нравится есть **жареную курицу**.	roast chicken
Мне нравится есть **куриные ножки**.	drumsticks

6. Give the Russian terms for meat prepared in the following manners.
1. Cooked on a grill.
2. Cooked in its natural juices.
3. Baked in the oven.
4. Cooked with liquid over low heat on top of a stove.
5. Cooked in a roasting pan.
6. Cooked lightly in butter in a frying pan.

7. Complete.

Многие люди больше всего любят _____ из свинины. Я думаю, что в курице
1

многие предпочитают _____. Хотя многим нравится есть и _____.
2   3

ORDERING FISH OR SEAFOOD

Мне нравится **паровая** рыба.	steamed
тушёная рыба.	poached
отварная рыба.	boiled
запечённая рыба.	baked
жареная рыба.	fried
жаренная во фритюре рыба.	deep-fried
слегка обжаренная рыба.	sautéed
рыба на гриле.	grilled
рыба, обжаренная в сухарях.	breaded
копчёная рыба.	smoked

8. Give the Russian terms for fish prepared in the following manners.
1. Boiled
2. Cooked on a rack over boiling water.

3. Sautéed in butter.
4. Fried in a frying pan.
5. Breaded and fried.
6. Fried in hot oil.

SOME PROBLEMS YOU MAY HAVE

Мне нужен **стакан**.	glass
Мне нужна **чашка**.	cup
Мне нужно **блюдце, блюдечко**.	saucer
Мне нужен **нож**.	knife
Мне нужна **вилка**.	fork
Мне нужна **столовая ложка**.	soupspoon
чайная ложка.	teaspoon
салфетка.	napkin
солонка	saltshaker
перечница	pepper shaker
ручная мельница для перца	pepper mill
прибор	place setting
Перец, пожалуйста.	pepper
Соль.	salt
Маленькая бутылка минеральной воды.	a small bottle of mineral water
Сахар.	sugar
Скатерть грязная.	tablecloth; dirty
Тарелка.	plate
Мясо **недожарено**.	rare, not ready
пережарено.	too well done
слишком жёсткое.	too tough
Еда холодная.	food; cold
Еда **пересолена**.	too salty

9. Complete.
    1. В _____ находится соль, а в _____ находится перец.
    2. _____-в сахарнице.
    3. Прибор состоит из _____, _____ и _____.
    4. В подливке много соли. Подливка _____.

10. Identify each item in Fig. 15-4.

GETTING THE CHECK

Счёт, пожалуйста.	check
Обслуживание включено в счёт?	service; included
Я оставлю **чаевые**; **на чай**.	tip
Можно оплатить **кредитной карточкой**?[1]	credit card
Дайте, пожалуйста, **квитанцию**.	receipt

---

[1]A service charge is always included in restaurant bills, generally 15%. If one is pleased with the service offered, one leaves a small additional tip on the table.

Fig. 15-4

11. Complete:

Когда мы закончили есть в ресторане, я попросил _____. Официант принёс

1

счёт и спросил, понравилась ли нам еда. Я хотел узнать, _____ ли обслуживание

2

в счёт. Официант сказал, что да, но я всё равно дал ему немного _____,

3

потому что обслуживание было очень приятным. К сожалению, в ресторане не

принимают _____, поэтому я должен был заплатить наличными. Я попросил

4

_____.

5

Недавно мы с друзьями ходили на обед в ресторан. Когда мы пришли в ресторан, я сказал
официанту, что я заказал столик на пятерых. Он посадил нас к столику в углу. Затем официант
принёс нам меню. Мы сразу заказали пиво, две большие и две маленькие бутылки. Когда
официант принёс нам пиво, мы сказали ему, что не хватает одного прибора. Он сразу же принёс
столовую ложку, чайную ложку, нож, вилку и салфетку.

Мы заказали четыре горячих блюда. Том был не очень голоден, поэтому он заказал
холодные закуски: несколько кусочков свинины, говядины, овощи, хлеб. Всё было очень
вкусно: рыба, мясо, птица и холодные закуски.

Официант спросил, что мы хотим на десерт. Хотя мы и наелись, но всё же захотели
попробовать мороженое с клубникой, малиной и взбитыми сливками.

В четыре часа мы пошли в кафе. Мы заказали по чашке кофе и по кусочку торта. Мы попросили счёт. Мы знали, что обслуживание включено в счёт, но мы всё равно оставили чаевые, потому что обслуживание было очень приятным.

12. Complete.
1. Друзья обедали в _____.
2. Их столик был в _____.
3. Они _____ столик на пятерых.
4. Все сразу заказали _____.
5. _____ принёс меню.
6. Мы заказали четыре _____.

13. Answer.
1. Чего не хватало на столе?
2. Что все пили?
3. Что заказал Том?
4. Какой десерт друзья захотели попробовать?
5. Где были друзья в четыре часа?
6. Обслуживание было включено в счёт?
7. Что они дали официанту? Почему?

Key Words

аперитив	aperitif	жажда	thirst
белое вино	white wine	жареный	fried
бифштекс, антрекот	steak	жареная курица	roasted chicken
блюдце, блюдечко	saucer	жаренный во фритюре	deep-fried
блюдо	course (part of a meal), dish	жарить-поджарить	to roast, to fry
блюдо (мясо) в горшочках	meal cooked in one pot	жаркое	stew
варёный-сваренный	cooked, boiled	жёсткий	tough
взбитые сливки	whipped cream	заказывать-заказать	to order
вилка	fork	(бронировать- эабронировать столик)	(to reserve a table)
вино	wine	закуска	appetizer
включено, входит (в стоимость)	included	запечённый	baked
вкусно; вкусный	to taste good; tasty	квитанция	receipt
в сухарях	breaded	клубника	strawberries
голод	hunger	кофе	coffee
голодный, голоден	hungry	копчёный	smoked
горячее блюдо	main course	красное вино	red wine
графин	carafe	кредитная карточка	credit card
грязный	dirty	куриные ножки	drumsticks
десерт, сладкое	dessert	кусок, кусочек	slice, piece
дорогой	expensive	малина	raspberries
еда	food	меню	menu
		мясо	meat

на гриле   grilled, roasted
на улице   outside
напиток   drink
недожарено, с   rare (meat)
    кровью (мясо)
не хватать   to be missing
    (не хватает)   (is missing)
нож   knife
обслуживание   service
овощи   vegetables
окно   window
оплата за обслуживание   service charge
отбивная   cutlet
открытая бутылка   open bottle of
    вина   wine
официант   waiter
официантка   waitress
паровой   steamed
перец   pepper
перечень вин   wine list
перечница   pepper shaker
пересоленный   too salty, oversalted
пивная, бар, пивбар   tavern, bar, pub
прибор   place setting
пробовать-попробовать   to try, to taste
просить-попросить   to ask for
птица   poultry
рекомендовать-   to recommend
    порекомендовать,
    советовать-посоветовать
ресторан   restaurant
ресторан по умеренным,   moderately priced
    доступным ценам
резать-отрезать   to cut
ростбиф   roast
рубленый   chopped
ручная мельница для перца   pepper mill

рыба   fish
с кровью,   rare (meat)
    недожаренное (мясо)
сад, садик   garden
салат   salad
салфетка   napkin
сахар   sugar
сахарница   sugar bowl
свинина   pork
скатерть   tablecloth
слегка обжаренный   sautéed, braised
сливки   cream
сок   juice
соль   salt
солёный   salty
солонка   saltshaker
состоять из   to consist of
стакан   glass
стол, столик   table
столик в углу,   corner table
    угловой столик
столовая ложка   soupspoon
суп   soup
Счёт, пожалуйста!   Bill, please!
сыр   cheese
тарелка   plate
телятина   veal
тушёный   poached
угол   corner
фирменное блюдо   specialty
фрукты   fruit
холодный   cold
хорошо прожаренное   well done
хотеть пить   to be thirsty
чаевые, на чай   tip
чайная ложка   teaspoon
чашка   cup

Chapter 16: Shopping for food
Глава 16: Покупка продуктов

TYPES OF STORES

Мне надо сходить **в булочную, в хлебный магазин**.	bakery
в кондитерский магазин.	pastry shop
в молочный магазин.	dairy store
в мясной магазин.	meat store
в рыбный магазин.	fish store
в гастроном, продовольственный, продуктовый магазин.	grocery store
Я иду в **универмаг**.	department store
Я иду за **продуктами**. Я иду покупать **продукты**.	groceries
Я иду в **продуктовый отдел**.	grocery/food department section
Я иду в **супермаркет**.	supermarket
Нужно **катить тележку для продуктов** между **рядами**.	push; shopping cart; aisles

1. Complete.
1. Хлеб и булочки можно купить в ——————.
2. Мясо можно купить в ——————.
3. Молоко, сыр, масло, яйца можно купить в ——————.
4. Рыбу можно купить в ——————.

2. Identify the store where you would find the following:
1. Булочки
2. Отбивная
3. Селёдка
4. Молоко
5. Колбаса
6. Пирог
7. Яблоки
8. Торт
9. Вино

SPEAKING WITH THE VENDORS

Сколько это стоит? Почём это?	How much is that?
Килограмм стоит два рубля.	
Сколько стоят помидоры?	How much are . . .
Помидоры стоят три рубля.	
Они очень **свежие**.	fresh
Мне, пожалуйста, **полкило/килограмм**.	half a kilo/one kilogram.
Мне, пожалуйста, **двести грамм бекона**.	200 grams of bacon
гроздь винограда.	bunch of grapes
полкило **винограда**.	grapes

головку капусты.	head of cabbage
десяток яиц.	ten eggs
банку рыбных консервов.	can of fish
пакетик	bag;
картофельных чипсов.	potato chips
пучок моркови.	bunch of carrots
букет цветов.	bouquet of flowers
Дайте, пожалуйста, **коробку стирального порошка** для **стиральной машины**.	box; (powdered) detergent; washing machine
Дайте, пожалуйста, **моющее средство** для **посудомоечной машины**.	detergent; dishwasher
Мне, пожалуйста, **пачку мороженного шпината**.	package; frozen spinach
Я положу продукты в **полиэтиленовый пакет**.[1]	plastic shopping bag
Заверните это, пожалуйста.	wrap
Я **несу корзинку для продуктов**.	carry; grocery basket
Где можно **сдать пустые бутылки**?	return; empty; bottles
Где **морозильник, морозильная камера, морозилка**?	freezer
Мороженая, **замороженная** рыба.	frozen

3. Complete.
At the grocery store or in the grocery section of a department store.

—Скажите, пожалуйста, сколько ＿＿＿＿＿＿＿＿ виноград?
　　　　　　　　　　　　　　　　　　1

—Четыре рубля килограмм.

—А помидоры? Это местные помидоры?

—Да, они очень ＿＿＿＿＿＿＿＿.
　　　　　　　　　　　2

—＿＿＿＿＿＿＿＿ они стоят?
　　　3

—Два рубля килограмм.

—＿＿＿＿＿＿＿＿, пожалуйста, полкило.
　　　4

—＿＿＿＿＿＿＿＿, пожалуйста.
　　　5

—Спасибо. Вам нужен ＿＿＿＿＿＿＿＿?
　　　　　　　　　　　　　6

4. Choose the appropriate word.
1. Дайте, пожалуйста, ＿＿＿＿＿＿＿＿ яиц. (*a*) десяток; (*b*) банку; (*c*) головку
2. Дайте, пожалуйста, ＿＿＿＿＿＿＿＿ моркови. (*a*) бутылку; (*b*) пачку; (*c*) пучок
3. Дайте, пожалуйста, ＿＿＿＿＿＿＿＿ минеральной воды. (*a*) пачку; (*b*) бутылку; (*c*) пучок
4. Дайте, пожалуйста, пять ＿＿＿＿＿＿＿＿ ростбифа. (*a*) кусочков; (*b*) пучок; (*c*) букет
5. Дайте, пожалуйста, ＿＿＿＿＿＿＿＿ томатного соуса. (*a*) килограмм; (*b*) банку; (*c*) пучок
6. Дайте, пожалуйста, 300 ＿＿＿＿＿＿＿＿ колбасы. (*a*) килограмм; (*b*) бутылок; (*c*) грамм

---

[1]Each customer packs his or her own groceries. If the person has no shopping bag, he or she may purchase one at the check-out counter for a nominal fee.

5. Complete.
1. Это не свежая рыба, а _____ .
2. Извините, но у меня нет полиэтиленовых пакетов, но я могу _____ в бумагу.
3. Я хочу купить _____ картофельных чипсов.
4. Нам нужно _____ для посудомоечной машины.

6. Complete.
1. _____ капусты.
2. _____ помидоров.
3. _____ шпината.
4. _____ рыбных консервов.
5. _____ моркови.
6. _____ вина.
7. _____ цветов.
8. _____ стирального порошка.
9. _____ минеральной воды.
10. пять кусочков _____ .
11. _____ яиц.
12. _____ картофельных чипсов.
13. триста _____ колбасы.

Key Words

банка   can, jar
бекон   bacon
букет   bouquet (flowers)
булочка   roll
булочная, хлебный магазин   bakery
бутылка   bottle
виноград   grape
гастроном, продовольственный   grocery
  магазин, продуктовый магазин   store
головка (капусты)   head (of cabbage)
грамм   gram
гроздь винограда   bunch of grapes
десяток   ten (eggs)
заворачивать-завернуть   to wrap
капуста   cabbage
катать-катить (тележку)   to push (the cart)
килограмм   kilogram
кондитерский магазин   pastry shop
коробка   box
корзинка   basket
кусочек   slice; piece
местный   local

молочный магазин   dairy store
мороженый-замороженный   frozen
морозильник, морозильная   freezer
  камера, морозилка
моющее средство или   detergent or soap
  мыло (для   (for dishwasher
  посудомоечной   and washing
  или стиральной   machine)
  машины)
мясник   butcher
носить-нести   to carry
пачка   package
полиэтиленовый пакет   plastic bag
продавать-продать   to sell
продовольственный   food department (in
  отдел (в универмаге)   department store)
продукты   groceries
проход   aisle
пучок (моркови)   bunch (carrots)
рыбный магазин   fish store
свежий   fresh
сдавать-сдать бутылки   to return bottles

стиральный порошок (powdered)
   (для стиральной   detergent or
   машины)   soap (for
                        washing machine)

сумка   bag
супермаркет   supermarket
тележка для продуктов   shopping cart
универмаг   department store

Chapter 17: At the farmer's market
Глава 17: На рынке

TO THE MARKET

Оля и Митя идут **на рынок/базар**.	to the market
Они хотят купить **зелень**.	greens
Овощи продаются в **овощных рядах**.	vegetables; vegetable stalls
Фрукты продаются в **фруктовых рядах**.	fruits; fruit stalls
Мясо продаётся в **мясном павильоне**.	meat; meat pavilion
Птица продаётся в **павильоне «Птица»**.	fowl; pavilion "Fowl"
Рыба продаётся в **рыбных рядах**.	fish; fish stalls
Соленья и маринады продаются в павильоне «Соленья и маринады».	pickled fruits and vegetables
Разные соленья и **маринады**-это:	marinated vegetables and fruits
квашеная капуста.	pickled cabbage
солёные огурцы.	pickled cucumbers
малосольные огурцы.	lightly pickled cucumbers
маринованные грибы.	marinated mushrooms
мочёные яблоки.	pickled apples
Цветы продаются в **цветочных рядах** и павильоне.	flowers; flower stalls
В **молочном павильоне** продаются **молочные продукты домашнего приготовления: сметана**.	milk pavilion; milk products; home-made; sour cream
масло.	butter, oil
сыр.	cheese
творог.	cottage cheese
простокваша.	sour milk

1. Complete.
1. На рынке можно купить овощи, фрукты и _____.
2. Молочные продукты домашнего приготовления-это _____.
3. Соленья-это _____.
4. Маринады-это _____.

2. Answer.
1. Куда идут Оля и Митя?
2. Что они хотят купить?
3. В каких рядах продаются овощи?
4. В каком павильоне продаётся мясо?
5. Где продаются соленья и маринады?
6. Где можно купить цветы?
7. Что продаётся в молочном павильоне?
8. Какие огурцы можно купить в павильоне «Соленья»?

SHOPPING AT THE MARKET

Как много разных **ягод** продаётся на рынке:	berries;
клубника, вишня, чёрная смородина, красная смородина, черника, малина, крыжовник, черешня.	strawberries; cherries, blackcurrants; redcurrants; blackberries, raspberries, gooseberries; black cherries
Почём малина?	
Рубль **за стакан (рубль стакан)**, два рубля—**банка**.	for a glass of; jar
Крыжовник-два рубля килограмм.	
Хозяйка, можно **попробовать** вашу **клубнику**? Она **сладкая**?	salesperson (female) at the market; to taste; strawberries; sweet
Сладкая. Вот попробуйте. Берите, **не пожалеете.**	won't regret it
Сколько **просите** за **ведро**?	ask for; bucket
Сколько дадите?	
Сколько хотите?	
Дёшево отдаю. Сорок рублей за ведро.	cheap
За тридцать не отдадите?	
Нет, это **слишком** дёшево.	too
А за тридцать пять?	
Хорошо.	

3. Complete.
  1. Хозяйка продаёт _____ .
  2. Она _____ за ведро клубники сорок рублей.
  3. Покупатель хочет дать ей _____ рублей.
  4. Это слишком _____ .
  5. Хозяйка отдаёт клубнику за _____ рублей.

4. Answer *true* or *false*.
  1. Хозяйка продаёт огурцы.
  2. Можно попробовать клубнику.
  3. Покупатели пожалеют, если купят клубнику.
  4. За ведро клубники хозяйка просит тридцать рублей.
  5. Хозяйка продаёт сладкую клубнику.

5. Complete.
  1. _____ малины стоит рубль.
  2. _____ малины стоит два рубля.
  3. _____ крыжовника стоит два рубля.

Хозяин, почём **пучок редиски**?	salesperson (male) at the market; bunch; radish
Один рубль.	
А **укроп, петрушка, кинза, салат**?	dill; parsley; cilantro; salad
Тоже по рублю. Лучше **не найдёте**.	won't find
Дайте, пожалуйста, **каждого** по два пучка.	each
А почём эти помидоры?	
Десять рублей.	

Взвесьте, пожалуйста, два килограмма.	weigh
И ещё две **свёклы**, пожалуйста.	red beet
Сколько с меня?	How much do I owe you?
С вас сорок рублей.	you owe

6. Complete.
  1. Пучок _____ стоит рубль.
  2. Мы покупаем _____ для салата.
  3. _____ помидоры?
  4. Покупатель просит _____ два килограмма.
  5. _____ с меня?
  6. _____ сорок рублей.

Ольга идёт на рынок. Ей нравится покупать продукты на рынке, потому что они более свежие. Сначала она идёт в овощные ряды и покупает пучок редиски, помидоры, огурцы, укроп, петрушку, салат. Потом она идёт в фруктовые ряды и покупает килограмм яблок, два стакана малины, килограмм клубники и стакан черники. Стакан черники стоит дорого, но хозяйка согласилась отдать ей дешевле. Ольга хочет купить и соленья, поэтому она идёт в павильон «Соленья и маринады». Там она покупает килограмм квашеной капусты и килограмм малосольных огурцов. В молочном павильоне она покупает сыр, масло и сметану. В мясном павильоне она покупает хороший кусок мяса. Кажется, это всё, что ей нужно сегодня. Сумка уже тяжёлая!

7. Answer.
  1. Куда идёт Ольга?
  2. Почему ей нравится покупать продукты на базаре?
  3. Что она покупает в овощных рядах?
  4. Какую зелень она покупает?
  5. Какие ягоды она покупает?
  6. Сколько малины она покупает?
  7. Сколько черники она покупает?
  8. Что она покупает в павильоне «Соленья и маринады»?
  9. Какие продукты она покупает в молочном павильоне?
  10. Что она покупает в мясном павильоне?

Key Words

банка	jar, can	**крыжовник**	gooseberries
вишня	cherries	**малина**	raspberries
дешёвый, дёшево	cheap	**малосольные огурцы**	lightly pickled
домашнего приготовления	home-made		cucumbers
зелень	greens	**маринады**	marinated (vegetables)
квашеная капуста	pickled cabbage	**масло**	butter
кинза	cilantro	**мочёные яблоки**	pickled apples
клубника	strawberries	**молочные продукты**	milk products
красная смородина	redcurrants	**молочный павильон**	milk pavilion

мясной павильон   meat pavilion
не пожалеете   won't regret it
овощные ряды   vegetables stalls
павильон «Птица»   pavilion "Fowl"
петрушка   parsley
почём   how much (*colloq.*)
пробовать-попробовать   to taste
просить-попросить   to ask for
простокваша   sour milk
пучок   bunch
рыбные ряды   fish stalls
рынок, базар   market
салат   salad
свёкла   red beet
сладкий   sweet
слишком   too

сметана   sour cream
солёные огурцы   pickled cucumbers
соленья   pickled (vegetables)
стакан   glass
сыр   cheese
творог   cottage cheese
укроп   dill
фруктовые ряды   fruits stalls
хозяин   salesperson (male) at the market
хозяйка   salesperson (female) at the market
цветочный павильон   flowers pavilion
черешня   black cherries
черника   blackberries
чёрная смородина   blackcurrants
ягоды   berries

Chapter 18: At home
Глава 18: Наш дом

THE KITCHEN (Fig. 18-1)

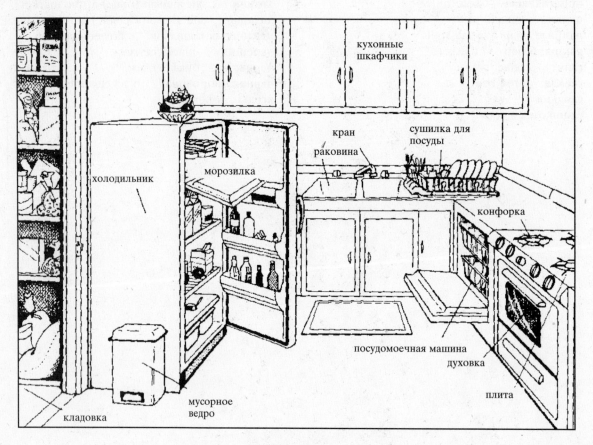

Fig. 18-1

WASHING THE DISHES

Я **мою посуду** в **раковине**.	wash; dishes; sink
Я **включаю кран**.	turn on; faucet
Я мою посуду **губкой**.	sponge
Я мою посуду **моющим средством для посуды**.	liquid detergent (for washing dishes)
Я мою посуду в **посудомоечной машине**.	dishwasher
Я **ставлю** посуду сушиться в **сушилку для посуды**.	dish drainer; drying rack
Я **вытираю** посуду **полотенцем для посуды**.	dry; dish towel

1. Complete.

У меня гора посуды. Я должен вымыть посуду. Сначала мне надо включить

_____. Я мою посуду _____. Потом я ставлю посуду сушиться
                1   2

в _____. Я вытираю посуду _____. Легче мыть посуду в
          3   4

_____.
        5

COOKING (Fig. 18-2)

Мне надо **готовить, приготовить** обед.	prepare, make
Я буду **готовить** обед.	cook
Я **варю** яйца.	to boil

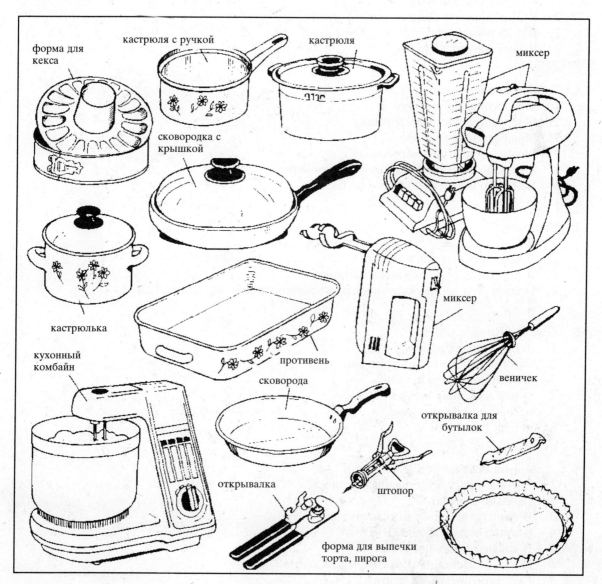

Fig. 18-2

стиральная
сушильная

Я **жарю** картошку в **сковородке**.	fry; frying pan
Я **грею** воду.	heat
Я **запекаю** мясо в **духовке**.	roast/prepare; oven
Мне надо **слегка обжарить** овощи.	sauté
Мне надо **растопить** масло.	melt
Я буду готовить **на маленьком огне**.	on a low flame
Воду надо **довести до кипения**.	to bring to a boil
Надо **накрошить лук**.	dice; onions
Надо **почистить** фрукты.	peel
Я **нарежу** ростбиф.	cut
Надо **откинуть** вермишель/лапшу на **дуршлаг**.	drain; noodles; strainer/colander

2. Tell which pot you need.
1. Я буду кипятить воду.
2. Я буду запекать мясо и овощи в духовке.
3. Я буду печь пирог.
4. Я буду жарить картошку.

3. Tell which untensil you need.
1. Мне надо нарезать мясо.
2. Мне надо почистить картошку.
3. Мне надо взбить яйца.
4. Мне надо откинуть вермишель.
5. Мне надо вынуть пробку из бутылки вина.
6. Мне надо открыть консервную банку.

4. Complete.
1. Я _____ лук и обжарю его в _____.
2. Я хочу варёные яйца. Я буду _____ их сейчас.
3. Я _____ баранину в духовке.
4. Прежде чем варить картошку, нужно довести воду до _____.

5. Give the Russian verb for:
1. to bake something in the oven
2. to fry something in the frying pan
3. to sauté something in butter
4. to boil something such as potatoes
5. to roast pork in the oven
6. to melt butter

6. Answer on the basis of Fig. 18-3.
1. В кухне есть посудомоечная машина?
2. Сколько кранов?
3. В сушилке для посуды есть посуда?
4. В кухне есть кладовка?
5. В кладовке есть продукты?
6. В кухне газовая или электрическая плита?
7. Сколько горелок на плите?
8. В морозильнике есть кубики льда?

Fig. 18-3

THE BATHROOM (Fig. 18-4)

Утром я делаю следующее:

Я **принимаю душ**.	take a shower
Принимаю ванну.	take a bath
Я мою **волосы**.	hair
Вытираюсь полотенцем.	dry myself
Я **чищу зубы зубной пастой**.	brush my teeth; toothpaste
Я бреюсь **бритвой**, накладываю **крем для бритья**.	razor; shaving cream
Я **накладываю макияж**.	put on makeup
Я **причёсываюсь**.	comb my hair

7. Complete.
1. Когда я мою руки, мне нужны _____ и _____.
2. После того, как я намылил руки, я кладу мыло в _____.
3. Я моюсь в _____ или принимаю душ.
4. После того, как я принял душ, я вытираюсь _____.
5. Банные полотенца висят на _____.
6. Когда я причёсываюсь, я смотрю в _____.
7. Я чищу зубы, потом я кладу _____ в _____.

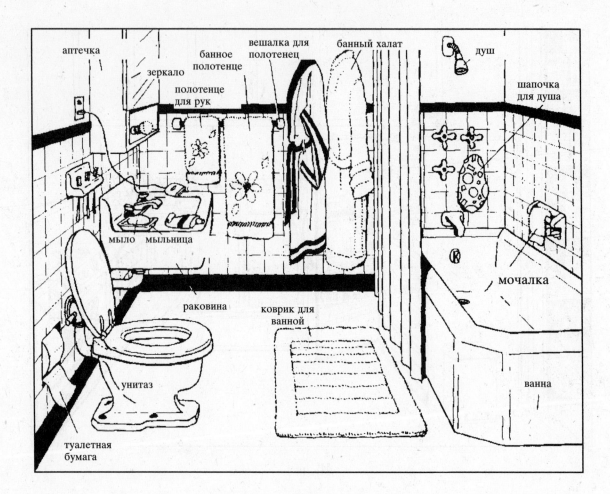

аптечка

зеркало

банное
полотенце

полотенце
для рук

вешалка для
полотенец

банный халат

душ

шапочка
для душа

мыло   мыльница

мочалка

раковина

коврик для
ванной

ванна

унитаз

туалетная
бумага

Fig. 18-4

8. Если я не хочу мочить волосы, когда принимаю душ, я надеваю _____.
9. _____ находится около раковины.
10. После того, как я принял душ, вытерся, я надеваю _____.

8. Label each item in Fig. 18-5.

THE DINING ROOM (Figs. 18-6 and 18-7)

Мы **накрываем на стол**.	set the table
Гости садятся за стол.	guests; sit down, take their seats
Обед подан/готов.	dinner is served; ready
После **еды** гости **встают**.	meal; get up
Хозяева убирают со стола.	the hosts; clear the table
Они **ставят** всё на **поднос**.	put; tray

9. Complete.
1. Мне нужен сахар. Передайте, пожалуйста, _____.
2. Мне нужно масло. Передайте, пожалуйста, _____.

Fig. 18-5

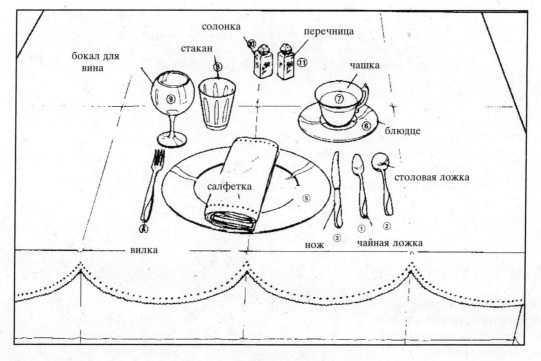

Fig. 18-6

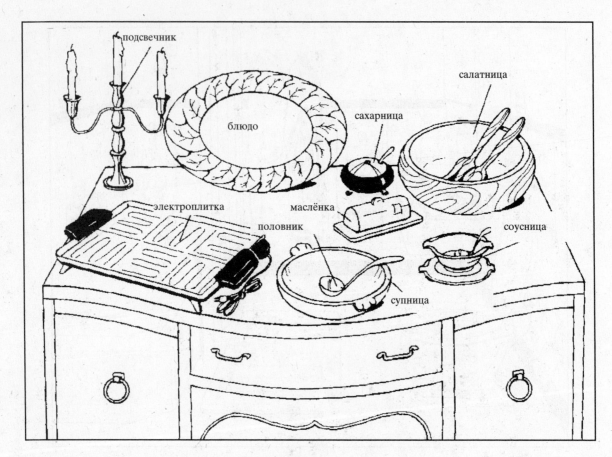

Fig. 18-7

3. Мне нужна соль. Передайте, пожалуйста, _____.
4. Мне нужен перец. Передайте, пожалуйста, _____.
5. Мне нужен соус. Передайте, пожалуйста, _____.

10. Complete.
   1. Салат подают в _____.
   2. Суп подают в _____.
   3. Рыбу подают на _____.
   4. Соус подают в _____.
   5. Можно подогреть тарелки в _____ до обеда.

11. Identify each item in Fig. 18-8.

THE LIVING ROOM (Fig. 18-9)

Семья сидит в гостиной.
Они **беседуют, разговаривают**.   talking, conversing
Они **смотрят телевизор**.   watch television
Они **слушают радио**.   listen to the radio
Они слушают **записи**.   records

Fig. 18-8

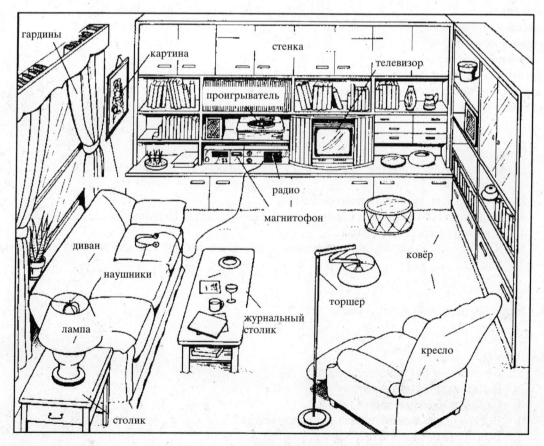

Fig. 18-9

Они слушают **кассеты**.	tapes
Они **читают газеты**.	read newspapers
Они **принимают** гостей.	receive (have)
В гостиной стоит **стенка**.	wall unit
Журнальный столик стоит в центре гостиной.	coffee table

12. Complete.
  1. На окне висят _____.
  2. В _____ много книг.
  3. Когда холодно, я ставлю _____ около _____.
  4. Картина в _____.
  5. Настольная лампа стоит на столике около _____.
  6. Вечером я смотрю _____ или слушаю _____.
  7. _____ стоит в середине гостиной. На полу лежит _____.
  8. В _____может сидеть только один человек, а на _____ могут сидеть несколько человек.
  9. Вечером я сижу в гостиной, где я читаю _____ и слушаю _____.
  10. Сегодня я одна. Я не жду сегодня _____.

THE BEDROOM (Figs. 18-10 and 18-11)

Я **иду спать**.	go to bed
Я **поставил будильник**.	set; alarm (clock)
Я **сплю** восемь часов.	sleep
Я **засыпаю** сразу же.	fall asleep
Я **встаю** в семь часов.	get up
Я **заправляю кровать/стелю постель**.	make the bed
Я **стелю чистые простыни** на кровать.	put; fresh sheets on

13. Complete.
  1. В спальне две кровати. На _____ между кроватями стоит _____ и будильник.
  2. Кровать для двоих называется _____.
  3. На двуспальной кровати обычно две _____. Подушки-в _____.
  4. В комоде пять _____.
  5. Я ничего больше не могу повесить в платяной шкаф, так как у меня нет больше _____.

14. Name six items that go on a bed.

15. Answer.
  1. Во сколько Вы ложитесь спать?
  2. Вы ставите будильник?
  3. Сколько часов вы спите ночью?
  4. Вы сразу же засыпаете или вы ворочаетесь?
  5. Во сколько вы встаёте?
  6. Вы сразу же заправляете кровать?

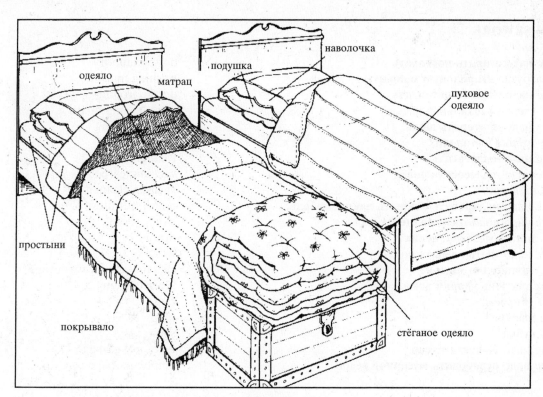

Fig. 18-10

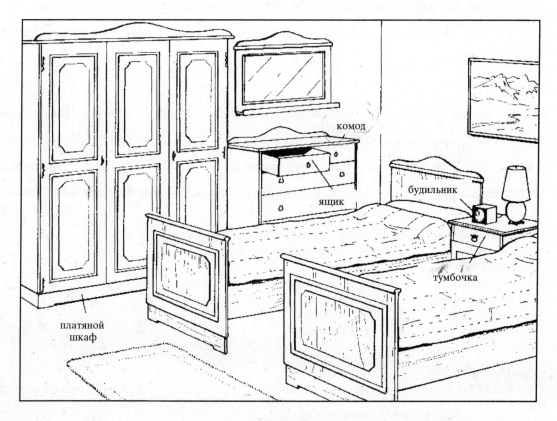

Fig. 18-11

HOUSEWORK

Мне надо **стирать-постирать**.	do the laundry
Я загрузил **стиральную машину**.	washing machine
Мне надо **гладить-погладить**.	do the ironing
Где **утюг и гладильная доска**?	iron; ironing board
Мне надо **протереть пыль**.	do the dusting
Где **тряпка для пыли**?	dust cloth
Мне надо **пылесосить**.	vacuum-clean
Мне надо **пылесосить ковёр**.	vacuum; carpet
Где **пылесос**?	vacuum-cleaner
Мне надо **полировать/покрыть лаком мебель**.	polish; furniture
Мне надо **подметать-подмести пол**.	sweep; floor
Где **метла, метёлка, веник**?	broom
Мне надо **мыть-помыть** пол.	wash
Где **тряпки для мытья**?	cleaning cloths, wash rags
Сегодня день **уборки** дома.	housecleaning
Мы **убираем**.	clean
Где **швабра**?	mop
Где **губка**?	sponge
Мне надо **вынести мусор**.	take out; garbage
Мне надо **освободить мусорное ведро**.	empty; garbage can

16. Complete.

Сегодня мне надо много сделать. У меня гора грязного белья. Сначала мне надо

_____. Хорошо, что у меня есть _____, это облегчает работу. После
$\quad$ 1 $\qquad\qquad\qquad\qquad\qquad\qquad$ 2

этого мне надо _____ бельё. Я поставила _____ и _____ в
$\qquad\qquad\qquad$ 3 $\qquad\qquad\qquad\qquad$ 4 $\qquad\qquad\qquad\qquad$ 5

кухне.

Когда я погладила бельё, мне надо _____ковёр в гостиной. Прежде чем
$\qquad\qquad\qquad\qquad\qquad\qquad\qquad$ 6

заполнить _____, мне надо протереть _____ в гостиной. Наверно, я буду
$\qquad\qquad$ 7 $\qquad\qquad\qquad\qquad\qquad$ 8

_____ ковёр, когда бельё будет стираться в _____. Мне также надо
$\qquad$ 9 $\qquad\qquad\qquad\qquad\qquad\qquad\qquad\qquad$ 10

протереть _____ со стола. Когда окна открыты, с улицы залетает много пыли.
$\qquad\qquad$ 11

17. Match what you are doing in column A with what you need in column B.

1.	гладить	(a)	тряпка для мытья
2.	подметать	(b)	утюг
3.	мыть пол	(c)	тряпка для пыли
4.	протирать пыль	(d)	метёлка
5.	пылесосить	(e)	мебель
		(f)	пылесос

18. Complete.

Когда я приготовлю еду, всегда много _____. Я кладу всю посуду в
$\qquad\qquad\qquad\qquad\qquad\qquad\qquad\qquad\qquad\qquad$ 1

_____ и позже освобождаю её.
$\quad$ 2

SOME MINOR PROBLEMS AROUND THE HOME

Я включил свет.	turn on the light
Не включается.	it won't go on
Лампочка перегорела?	light bulb; burned out
Нет, надо **вставить штепсель в розетку**.	plug in; electric plug; outlet
Нет света.	the light has gone out
Я не **выключал**.	turn it off
Перегорел предохранитель.	a fuse; has blown
Надо **проверить коробку предохранителя**.	check; fuse box
Где **выключатель**?	light switch
Надо **вызвать электрика**.	call; electrician
Раковина засорилась.	sink; clogged
Из душа **капает**.	leaking; dripping
Надо вызвать **слесаря/водопроводчика**.	plumber
Трубы старые.	pipes

19. Complete.

Я не могу включить свет. Не знаю, что случилось. Может, это _____?
                                                                    1

Нет, просто лампа не включена в розетку. Надо воткнуть _____. Но где же
                                                                    2

_____?
       3

20. Complete.

Нет света. Что случилось? Я не _____ его. Может, _____ перегорел.
                                        1   2

Надо проверить коробку _____. Если _____ перегорел, то я смогу сам
                                3   4

его заменить, а если нет-то, надо вызвать _____.
                                                 5

21. Complete.

—Раковина _____. Вода не _____.
                1   2

—Нам надо вызвать _____. И скоро нам надо будет заменить _____ в
                          3   4

дом.

Key Words

The kitchen

банка	can, jar	**вытирать-вытереть**	to wipe
		готовить-приготовить	to prepare
варить-сварить,	to boil,	**губка**	sponge
готовить-приготовить	to cook	**доводить-довести до кипения**	to bring to a boil
веничек	whisk, beater	**духовка**	oven
взбивать-взбить	to beat	**жарить-поджарить**	to fry, roast
включать-включить	to turn on	**закрывать-закрыть**	to close

кастрюля   pot (casserole)
кастрюля   pot (with handle)
кладовка   pantry
консервный нож   can opener
конфорка, горелка   burner
кран   faucet
крошить-накрошить   to dice
лист, противень   baking pan
миксер   mixer, blender
морозильная камера, морозилка   freezer
морозилка   freezer
   (в холодильнике)   compartment
моющее средство   liquid detergent
   для посуды   (for washing dishes)
мусор   garbage
мусорное ведро   garbage can
мыть-помыть/вымыть   to wash
на маленьком огне   on a low flame
                                         (at low heat)
открывалка для бутылок   bottle opener
плита   stove
подогревать-подогреть   to heat
полотенце для посуды   dish towel
посуда   dishes
посудомоечная машина   dishwasher
пробка   stopper, plug
протирать-протереть пыль   to dust
раковина   sink
растапливать-растопить   to melt (butter)
резать-нарезать   to cut
ручка   handle
сковородка   frying pan
слегка обжарить   sauté
сушилка для посуды   dish drainer
сушить-просушить   to dry
убирать-убрать   to clean
чистить-почистить/снять кожуру   to peel
холодильник   refrigerator
штопор   corkscrew
шкафчик   cabinet

The bathroom

аптечка   medicine cabinet
банное полотенце   bath towel
банный халат   bathrobe
бритва   razor
бриться-побриться   to shave (oneself)
ванна   bathtub
ванная   bathroom
вешалка для полотенец   towel rack
выложенный кафелем   tiled

вытираться-вытереться   to dry oneself
зеркало   mirror
зубная паста   toothpaste
зубная щётка   toothbrush
кафель, кафельная плитка   tile
коврик для ванной   bath mat
крем для бритья   shaving cream
макияж   makeup
мокрый   wet
мочалка   washcloth
мыло   soap
мыло, пена для бритья   shaving soap
мыльница   soap dish
мыться-помыться   to bathe
надевать-надеть   to put something on
наносить-нанести   макияж   to apply
                                         makeup
полотенце для рук   (hand) towel
причёсываться-причесаться   to comb
                                         one's hair
принимать-принять душ   to shower
принимать-принять ванну   to take a bath
раковина   sink
смотреть-посмотреть   to look
туалетная бумага   toilet paper
унитаз   toilet
чистить-почистить   зубы   to brush one's
                                         teeth
шапочка для   bathing
   ванной/душа   (shower) cap

The dining room

буфет   buffet
вставать-встать   to get up
глубокая тарелка   soup bowl
еда   meal
класть-положить   to put
маслёнка   butter dish
накрывать на стол   to set the table
нож   knife
передавать-передать   to pass
перечница   pepper shaker
поднос   tray
подсвечник   candelabra, candle holder
половник   soupspoon
порционная тарелка   serving plate
разогревать-разогреть   to preheat
ручная мельница, перечница   pepper mill
садиться за стол   to take a seat
салат   salad dish
салатница   salad bowl

салфетка　　napkin
сахар　　sugar
сахарница　　sugar bowl
скатерть　　tablecloth
солонка　　saltshaker
соусница　　gravy boat
стакан　　glass
столовая　　dining room
столовая ложка　　tablespoon
тарелка　　plate
убирать-убрать со стола　　to clear the table
чайная ложка　　teaspoon
чашка　　cup

The living room

жалюзи　　venetian blind
беседовать, разговаривать　　to converse
гардины　　drapes
газета　　newspaper
гостиная　　living room
гость　　guest
диван　　sofa, couch
ждать-ожидать　　to expect
журнал　　magazine
журнальный столик　　coffee table
занавеска　　curtain
запись　　record
камин　　fireplace
картина　　picture
кассета　　cassette
книжная полка　　bookshelf
книжный шкаф　　bookcase
ковёр　　carpet
кресло　　armchair
лампа　　lamp
метёлка, веник　　broom
настольная лампа　　table lamp
пол　　floor
принимать-принять гостей　　to receive (guests)
радио　　radio
радиопередача　　radio program
рамка　　frame
слушать музыку　　to listen to
смотреть-посмотреть телевизор　　to watch television
ставить-поставить　　to put, place
стенка　　wall unit
стол　　table
торшер　　floor lamp

The bedroom

будильник　　alarm clock
вешалка, плечики　　hanger
ворочаться　　to toss and turn
вставать-вставать　　to get up
заправлять кровать, стелить постель　　to make the bed
засыпать-заснуть　　to fall asleep
кровать　　bed
ложиться-лечь спать　　to go to bed
матрац　　mattress
наволочка　　pillowcase
ночной столик　　night table
подушка　　pillow
покрывало　　bedspread
простыня　　bed sheet
спальня　　bedroom
спать　　to sleep
ставить-поставить будильник　　to set the alarm clock
ящик　　drawer

Housework

выносить-вынести мусор　　to take out the garbage
гладильная доска　　ironing board
гладить　　to iron
грязный　　dirty
губка　　sponge
лакировать, полировать　　to polish, to shine
метла　　broom
мусор　　garbage
мусорное ведро　　garbage can
мыть-помыть (посуду)　　to wash (dishes)
мыть-помыть пол　　to wash the floor, wipe
облегчать-облегчить　　to make easy
окно　　window
освобождать-освободить　　to empty
подметать-подмести　　to sweep
пол　　floor
пыль　　dust
пылесос　　vacuum cleaner
пылесосить-пропылесосить　　to vacuum-clean
работа по дому　　housework
стиральная машина　　washing machine
стирка　　laundry
тряпка для вытирания пыли　　dustcloth
убирать-убрать　　to clean

уборка дома, квартиры   housecleaning
утюг   iron
швабра   mop

Some minor problems around the home

включать-включить   to turn on
водопроводчик, слесарь   plumber
выключатель   light switch
заменять-заменить   to replace
засоренный   clogged up

коробка предохранителя   fuse box
лампочка   light bulb
предохранитель перегорел   fuse blown
пробка   plug
проверять-проверить   to check
проходить-пройти (вода)   to drain
розетка   (electric) outlet
случаться-случиться   to happen
спускать-спустить (воду)   to drain
трубы   pipes
штепсель   electric plug
электрик   electrician

Chapter 19: At the doctor's office
Глава 19: На приёме у врача

I HAVE A COLD

Мне нездоровится.	I'm not well.
Я заболел. Я болен.	sick
Думаю, что я **простыл, простудился. У меня простуда.**	have a cold
У меня **грипп.**	influenza, flu
У меня **запор.**	I am constipated
Я страдаю запорами.	suffer; constipation
У меня **болит горло.**	aches, hurts; throat
У меня **понос.**	diarrhea
У меня **частая рвота.**	frequent; vomiting
У меня болит **ухо (уши).**	ear (ears)
У меня **высокая температура, жар.**	fever
У меня **озноб.**	chills
Мне холодно.	I'm cold, I'm freezing.
У меня **опухли лимфатические узлы.**	swollen; lymph glands, nodes
У меня **опухшие** лимфатические узлы.	swollen
У меня **головная боль, голова болит.**	headache
У меня **кашель.**	cough
Я кашляю.	I'm coughing
У меня **заложен нос.**	is stuffed up, congested
Врач/доктор[1] спрашивает **больного/пациента:**	doctor; patient
Что у вас болит? Какие жалобы?	What is bothering you? complaints
Какие у вас **симптомы?**	symptoms
Что вас беспокоит?	What is troubling you?
У вас **кружится голова? Есть головокружение?**	dizzy/dizziness
Вас тошнит? Тошнота есть?	nauseated, nausea
Откройте рот.	open your mouth
Я **посмотрю** ваше горло.	examine/take a look
Глубоко вдохните.	take a deep breath
Чувствуете боль в грудной клетке?	feel; pain; chest
Надо **измерить вашу температуру.**	take your temperature
У вас **есть аллергия** на пенициллин?	to be allergic to
Сделаем вам **укол.**	injection
Засучите рукав.	roll up; sleeve
Разденьтесь до пояса, по пояс.	strip to the waist
Я выпишу Вам антибиотик.	prescribe
Принимайте таблетки, капсулы три раза в день.	take; pills, tablets, capsules
Принимайте **витамины** три раза в день.	vitamins, vitamin pills

---

[1]A physician in Russia is termed either a **врач** or a **доктор**, but is addressed as **Доктор.**

1. Complete.

Госпоже Петровой нездоровится. У неё красное _____, и оно очень болит.
_1_

Иногда ей жарко, иногда—холодно. У неё _____. У неё опухшие
_2_

_____ и у неё _____ нос. Она не знает, что у неё: простуда или
_3_   _4_

_____. Она должна пойти к врачу.
_5_

2. Complete.

На приёме у _____.
_1_

—Здравствуйте, доктор.

—Здравствуйте. Что вас _____?
_2_

—Я не знаю, что у меня: _____ или _____.
_3_   _4_

—Какие у вас _____?
_5_

—У меня болит _____, у меня _____.
_6_   _7_

—Откройте _____, пожалуйста. Я посмотрю ваше _____. Оно очень
_8_   _9_

красное. И у вас _____ лимфатические узлы. Пожалуйста, _____
_10_   _11_

вдохните. У вас болит _____, когда вы дышите?
_12_

—Немного.

—У вас есть кашель?

—Я сильно _____.
_13_

—Надо измерить _____. О, у вас температура. У вас _____ к каким-либо
_14_   _15_

лекарствам?

—Нет.

—Засучите _____, пожалуйста. Я сделаю вам _____. И _____
_16_   _17_   _18_

вам антибиотик. Принимайте _____ три раза в день. Вам станет лучше через
_19_

несколько дней.

3. Complete.

1. Когда вы простужены, не всегда бывает высокая температура. Но когда у вас
_____, бывает _____.

2. При высокой температуре вам бывает жарко, а потом вдруг холодно. Если вы
простудились, у вас может быть _____.

3. Когда врач хочет _____ ваше горло, надо открыть _____.

4. Когда врач хочет сделать больному _____, надо засучить _____.

A PHYSICAL EXAMINATION

Составлять/составить анамнез.	to take the medical history
Кто из **членов** вашей **семьи страдает**	family members; suffer from
аллергией?	allergy
артритом?	arthritis
астмой?	asthma
раком?	cancer
диабетом?	diabetes
болезнями, заболеваниями сердца?	heart diseases
нарушениями кровообращения?	circulation disorders
психическими отклонениями?	psychiatric disturbances
венерическими заболеваниями?	venereal diseases
эпилепсией?	epilepsy
туберкулёзом?	tuberculosis (TB)
У вас был в детстве **полиомиелит**?	poliomyelitis, polio
корь?	measles
ветрянка?	chickenpox
свинка?	mumps
Вам **сделаны прививки** в детстве?	vaccinated

THE VITAL ORGANS (Figs. 19-1 and 19-2)

Какая у вас **группа крови**?	blood type
Месячные идут нормально?	menstrual period
Какие у вас были **операции**?	operations
У меня **вырезали гланды**.	were removed; tonsils
Доктор говорит:	
Пожалуйста, засучите рукав. Надо **измерить артериальное давление**.	take, measure; blood pressure
Надо **сдать кровь на анализ**.	take; blood test
Надо **измерить** ваш **пульс**.	take, measure; pulse
Надо **послушать** вашу грудную клетку **стетоскопом (фонендоскопом)**.	listen to your chest with a stethoscope
Надо **снять электрокардиограмму (ЭКГ)**.	take; electrocardiogram (EKG)
Сдайте **мочу на анализ**.	urine sample
Сдайте **кал на анализ**.	stool sample

4. Complete.
   1. Инфаркт может быть у того, кто страдает заболеваниями _____.
   2. Он чувствителен к пенициллину. У него _____.
   3. В прошлом многие дети умирали от _____ и _____. Это инфекционные болезни. Сейчас против них можно _____.
   4. Трудно дышать тому, кто страдает _____.
   5. Сердце, печень и почки-_____.
   6. Важно знать _____ пациента, который был в автомобильной катастрофе.
   7. Психиатры лечат _____.
   8. Жизненно важные органы-это _____.
   9. В детстве я болел _____.
   10. _____-заболевание лёгких.

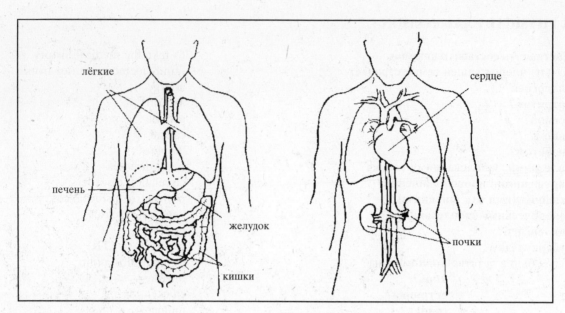

Fig. 19-1

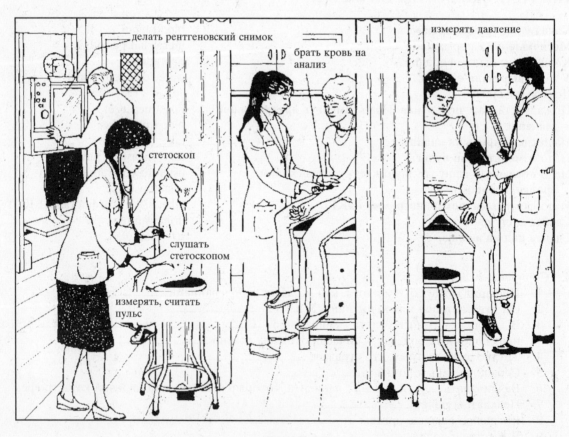

Fig. 19-2

11. Когда я хожу к врачу, он измеряет моё _____ .

12. Я должен сдать кровь на _____ .

13. Если есть подозрение на заболевание сердца, врач снимет _____ .

14. Если вас тошнит, надо _____ .

5. Select the normal procedures for a complete medical or physical examination.
1. Вам измеряют температуру.
2. Вам измеряют артериальное давление.
3. Врач делает операцию.
4. Вам делают рентген лёгких.
5. У вас берут кровь на анализ.
6. Проверяют ваш пульс.
7. Вам делают укол пенициллина.
8. Вам делают электрокардиограмму.
9. Врач выписывает антибиотики.
10. Врач слушает больного стетоскопом.
11. Врач осматривает некоторые жизненно важные органы.

I HAD AN ACCIDENT (Fig. 19-3)

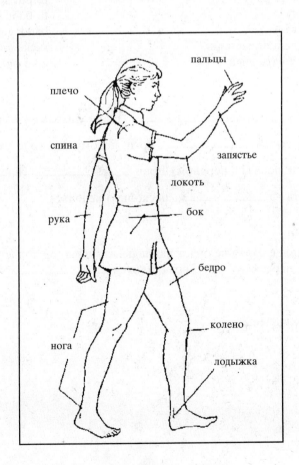

Fig. 19-3

Я сломал палец.	I broke my finger.
кисть.	wrist
ногу.	leg
лодыжку.	ankle
коленку.	knee
бедро.	hip
локоть.	elbow
плечо.	shoulder
Я растянул/вывихнул коленку, кисть.	sprained/twisted
У меня **болит спина**.	I have a backache.
Здесь **болит/больно**.	hurts
Надо сделать **рентгенновский снимок перелома**.	x-ray; break
Это **простой/неосложнённый перелом**.	simple fracture
Это **открытый перелом**.	compound fracture
Ортопед должен **вправить кость**.	orthopedist; set; bone
Надо **иммобилизовать** кость.	to immobilize
Он **наложит гипс**.	to put in a cast
Пацент должен ходить на **костылях**.	crutches
Я **порезал** палец.	cut
Я порезал **щёку**.	cheek
Я порезал **ступню**.	foot
Врач **накладывает швы** на **рану**.	to put stitches; wound
Врач **перевязывает** рану.	to bandage
Врач накладывает **повязку**.	bandage
Сверху он **наклеивает лейкопластырь**.	sticks on; adhesive bandage
Врач **снимет швы** через пять дней.	take out/remove; stitches

6. Complete.

Иван Петров упал и сломал _____ . Его родители отвезли его в больницу. Врач

                         1

сказала, что надо сделать _____ ноги, потому что надо узнать, что это-перелом

                             2

или вывих. Рентген показал перелом. Врач _____ гипс. К сожалению, Иван

                                           3

Петров будет ходить на _____ несколько недель.

                          4

7. Complete.
1. Она порезала палец. Врач не будет накладывать швы, он только _____ рану.
2. Перед тем, как перевязать рану, врач должен _____ рану, так как она очень глубокая.

8. Identify each item in Fig. 19-4.

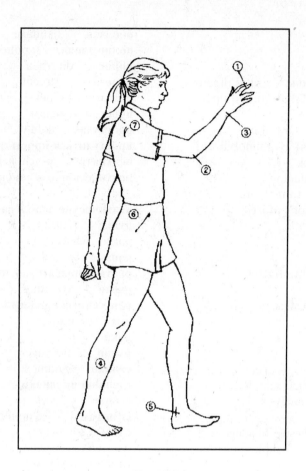

Fig. 19-4

Key Words

аллергия	allergy	**вывихнуть, растянуть**	to twist, sprain
анализ	analysis	**выписывать-выписать**	to prescribe
анамнез	medical history	**вырезать, удалять-удалить**	to remove
антибиотик	antibiotics	**высокая температура, жар**	fever
аппендикс	appendix	**гипс**	cast
артериальное давление	blood pressure	**гланды**	tonsils
артрит	arthritis	**голова кружится**	dizzy
астма	asthma	**головокружение**	dizziness
бедро	hip	**горло**	throat
боль, боли	pain, pains	**горло болит**	sore throat
болен	sick, ill	**грипп**	influenza
болезнь, заболевание	sickness, illness	**грудная клетка**	chest
венерические болезни	venereal diseases	**группа крови**	blood type
ветрянка	chickenpox	**делать-сделать прививки**	to vaccinate
возможность	possibility	**делать-сделать**	to take x-ray,
вправлять-вправить	to set	**рентгеновский**	to x-ray
(кость)	(a bone)	**снимок, рентген**	
врач, доктор	doctor	**диабет**	diabetes

дышать   to breathe
жалобы   complaints
желудок   stomach
жизненно важные органы   vital organs
заложен   to be congested, stuffed up
запор   constipation
засучивать-засучить   to roll up
иммобилизовать (кость)   immobilize
инфаркт   heart attack
инфекционный   contagious
измерять-измерить   to measure
кабинет врача   doctor's office
кашель   cough
кашлять   to cough
кисть   wrist
кишечник   bowels, intestines
кишка   intestine
клеить-наклеить   to stick on
корь   measles
кость   bone
костыли   crutches
кровь   blood
кровь на анализ   blood sample for analysis
лёгкие   lungs
лейкопластырь   adhesive bandage
лимфатический узел   lymph node
лодыжка   ankle
мёрзнуть-замёрзнуть   to be cold, freeze, be freezing
месячные, менструация   menstrual period
моча   urine
накладывать-наложить повязку, перевязывать-перевязать   to bandage
накладывать-наложить швы   to sew, stitch
наложить гипс   put in a cast
несчастный случай   accident
нога   leg
озноб   chills
операция   operation
оперировать-прооперировать   to operate
опухшие   swollen
ортопед   orthopedist
осматривать-осмотреть   to examine
открытый перелом   compound fracture
палец   finger
пенициллин   penicillin
перелом   break, fracture
печень   liver

повязка   bandage
полиомиелит   poliomyelitis
понос   diarrhea
порезать   to cut
почки   kidneys
простой перелом   simple fracture
простуда   cold
простудиться-простыть   to have a cold
психиатр   psychiatrist
психические отклонения   psychiatric disturbances
психическое заболевание   mental illness
пульс   pulse
рак   cancer
рана   wound
рвать-вырывать   to vomit
рвота   vomiting
рентгеновский снимок   x-ray
рот   mouth
рука   arm
рукав   sleeve
свинка   mumps
сделаны прививки   vaccinated
сердце   heart
симптомы   symptoms
слизь   mucus
сломан   broken
слушать-послушать (лёгкие стетоскопом)   to examine with a stethoscope
снимать-снять одежду   to undress
снимать-снять швы   to remove stitches
спина   back
страдать (заболеванием)   to suffer (from an illness)
стул   stool
ступня, стопа   foot
таблетка   pill
тошнит   feel nauseous
туберкулёз   tuberculosis
укол   injection
ухо (уши)   ear (ears)
частый   frequent
чувствительный к   sensitive to
швы   stitches
шея   neck
щека   cheek
электрокардиограмма (ЭКГ)   electrocardiogram (EKG)
эпилепсия   epilepsy
эпилептический припадок   epileptic fit

Chapter 20: At the hospital
Глава 20: В больнице

ADMISSION TO THE HOSPITAL[1]

Заполните, пожалуйста, **форму**, **анкету**.	fill out; form

IN THE EMERGENCY ROOM (Fig. 20-1)

Едет **машина «Скорой помощи»**.	ambulance
Больной лежит на **носилках**.	stretcher
Он не сидит в **инвалидной коляске**.	wheelchair
Его отвезут в **отделение неотложной помощи/кабинет неотложной помощи**.	emergency; emergency room
Медсестра/медбрат сразу же проверяет его пульс.	nurse (female/male)
Медсестра должна **измерить артериальное давление**.	measure, take blood pressure
Врач **осматривает** пациента.	to examine
Интерн осматривает пациента в кабинете неотложной помощи.	intern
У пациента **боли в животе, брюшной области**.	abdominal pains
Врач хочет **сделать рентгеновские снимки**.	take x-rays
Пациента везут в отделение **радиологии**.	radiology

1. Answer.
   1. На чём пациента привезли в больницу?
   2. Больной может ходить?
   3. На чём пациент лежит?
   4. Что делает сразу же медсестра?
   5. Кто осматривает пациента?
   6. Где осматривают пациента?
   7. Чем болен пациент?
   8. Что врач хочет делать?
   9. Куда везут пациента?

2. Complete.
   Когда больного привозят в больницу, кто-то из членов семьи должен заполнить

   _____ в регистратуре.
      1

3. Complete.
   1. Многих пациентов привозят в больницу на _____.
   2. Когда пациент не может ходить, его кладут на _____ или сажают в _____.

---

[1]The usual word for "hospital" is **больница**, on occasion **госпиталь**, but **клиника** can refer to a hospital as well as to a clinic. A **поликлиника** is an out-patient facility. The concept and practice of medical/health insurance are still unknown to most Russians.

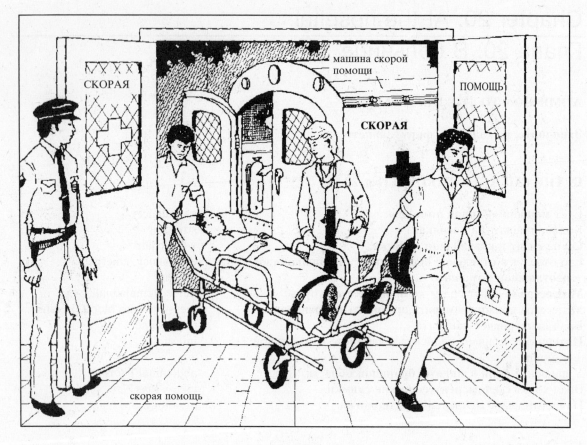

Fig. 20-1

3. Если больного привозят на «Скорой помощи», его привозят в отделение
   _____.
4. Всегда там есть медсестра, которая измеряет _____ и _____.
5. Врач всегда _____ больного.

SURGERY (Fig. 20-2)

Больному **делают операцию**.	operated on
Больного будут **оперировать**.	to operate
Ему делают **укол, инъекцию успокаивающего лекарства, транквилизатора**.	injection; tranquilizer
Больного **готовят** к операции.	prepare
Больного привозят в **операционную, операционный зал на каталке**.	operating room; gurney
Больного кладут на **операционный стол**.	operating table
Анестезиолог вводит, даёт наркоз.	anesthesiologist; introduces, put under; anesthesia
Хирург оперирует, делает операцию.	surgeon
Состояние больного требует **хирургического вмешательства**.	condition; surgical intervention
Больному делают операцию на **аппендиксе**.	appendix

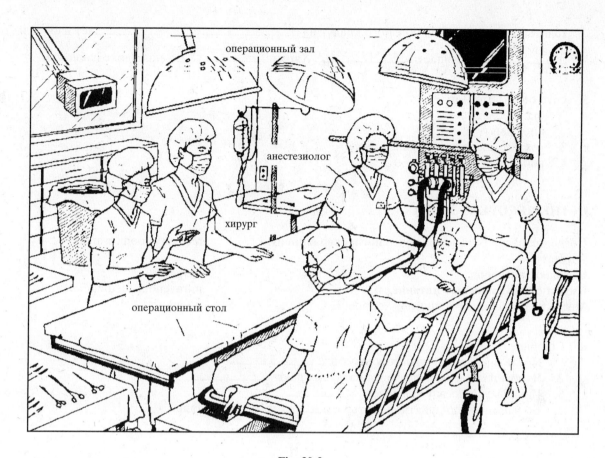

Fig. 20-2

Хирург **вырезает**, **удаляет** аппендикс.	takes out, removes
Хирург делает операцию на:	
мочевом пузыре.	bladder
грудной клетке.	chest
толстой кишке.	colon
кисте.	cyst
язве.	ulcer
геморроях.	hemorrhoids
полипах.	polyps
гландах.	tonsils
яичниках.	ovaries
желчном пузыре.	gallbladder
катаракте.	cataract
Хирург делает **гистеректомию** (удаляет матку).	hysterectomy (removes uterus)
У больного **аппендицит**.	appendicitis

4. Complete.

Больному нужна операция. До того, как врач будет ＿＿＿＿＿＿ и до того, как
                                                                    1
больного повезут в ＿＿＿＿＿＿, ему делают укол ＿＿＿＿＿＿. Больной не будет
                                  2   3
нервничать. Потом его везут на ＿＿＿＿＿＿ в операционную, так как он не может
                                              4

ходить. В операционной больного кладут на _____. _____ даёт наркоз и
                                                      5   6
_____ начинает _____. Хирург _____ аппендикс пациента.
          7   8   9

5. Give other terms for:
    1. оперировать
    2. операция
    3. делают операцию на аппендиксе
    4. аппендицит

IN THE RECOVERY ROOM

После операции больного везут в **послеоперационную палату**.	recovery room, ward
Ему дают **кислород**.	oxygen
Ему дают **внутривенное питание**.	intravenous feeding
Медсестра говорит, что **прогноз** хороший.	prognosis

6. Complete.
    1. После операции больного кладут в _____.
    2. Чтобы пациент мог легче дышать, ему дают _____.
    3. Пациенту дают внутривенное _____.
    4. Больному было приятно узнать, что _____ хороший.

IN THE DELIVERY ROOM

Беременная женщина.	pregnant
Она ждёт **ребёнка**.	child
Она будет скоро **рожать**.	deliver
У неё приближаются **роды**.	delivery
У неё **роды**.	labor
У неё **схватки**.	contractions, labor pains
Схватки **болезненные**.	painful
Женщина рожает в **родильном зале**.	delivery room
Акушер помогает.	obstetrician

7. Complete.
    Женщина _____. У неё скоро _____. У неё начались _____.
                          1   2   3
_____ помогает в _____.
          4   5

Однажды утром Олег Иванович проснулся с болью в животе. Он не мог встать с кровати. Он не знал, что делать и вызвал «Скорую помощь». Машина «Скорой помощи» приехала сразу же. Они положили Олега Ивановича на носилки и повезли его в больницу. Его привезли в отделение неотложной помощи за пять минут. Медсестра измерила его пульс и артериальное давление. Пришёл врач и спросил Олега Ивановича о симптомах. Олег Иванович рассказал о боли. Врач спросил, были ли у Олега Ивановича рвота или понос. Олег Иванович сказал, что у него только боли в животе. Врач осмотрел его и попросил сделать рентгеновские снимки. Медсестра посадила Олега Ивановича в инвалидную коляску и отвезла его в отделение радиологии. Там ему сразу сделали рентгеновские снимки. Врач объяснил Олегу Ивановичу, что у него острый аппендицит и нужна операция. Олегу Ивановичу сделали инъекцию транквилизатора, и он почти сразу заснул. Анестезиолог дал ему наркоз. Хирург удалил аппендикс и наложил швы на разрез. Когда Олег Ивнович проснулся, он был в послеоперационной палате. У него были трубки с кислородом в носу. Ему давали внутривенное питание. Медсестра сказала ему, что всё прошло хорошо. Операция закончена, и врач сказал, что прогноз очень хороший. Через два дня он пойдёт домой, не на каталке, а сам, на своих ногах.

8. Complete.
1. У Олега Ивановича _____.
2. Его повезли в больницу на _____.
3. Он не сидел в машине, он лежал на _____.
4. В больнице он был в _____.
5. Там измерили его _____ и _____.
6. Он рассказал о _____ врачу.
7. Медсестра отвезла Олега Ивановича в отделение _____, где ему сделали _____.
8. Врач должен был сделать _____.
9. Прежде чем привезти его в операционную, ему сделали инъекцию _____.
10. Его положили на _____.
11. _____ дал ему наркоз.
12. _____ удалил _____.
13. Хирург _____ на разрез.
14. Олег Иванович проснулся в _____.
15. В носу у него были _____, чтобы легче было дышать.
16. Ему давали _____ питание.
17. Олегу Ивановичу было приятно узнать от врача, что _____ очень хороший.

Key Words

акушер/акушерка obstetrician (male/female)	**больной, пациент** patient (male)
анестезиолог anesthesiologist	**внутривенный** intravenous
анестезия anesthesia	**врач, доктор** doctor, physician
аппендицит appendicitis	**вырезать, удалять-удалить** to remove
аппендикс appendix	**геморрой** hemorrhoid
артериальное давление blood pressure	**гистерэктомия** hysterectomy (удаление матки)
беременная pregnant	**готовить-подготовить** to prepare (больного)
беременность pregnancy	
болезненный painful	**грудная клетка** chest
боли pains	**дышать** to breathe
боль в животе, брюшной полости abdominal pain	**желчный пузырь** gallbladder
больная, пациентка patient (female)	**измерять-измерить** to measure, take (blood pressure)
больница, клиника hospital	**инвалидная коляска** wheelchair

интерн   intern

инъекция, укол   injection

кабинет неотложной   emergency room
   помощи

каталка   gurney

катаракта   cataract

кислород   oxygen

кислородные трубки,   oxygen tubes
   трубки с кислородом

киста   cyst

класть-положить   to place, put

медбрат   nurse (male)

медсестра   nurse (female)

мочевой пузырь   bladder

носилки   stretcher

операционная,   operating room
   операционный зал

операционный стол   operating table

операция   operation
   (хирургическое   (surgical
   вмешательство)   intervention)

оперировать-прооперировать,   to operate
   делать-сделать операцию

осматривать-осмотреть   to examine

острый аппендицит   acute appendicitis

отделение неотложной   emergency
   помощи

отделение радиологии   radiology

палата   room, ward

питание   food

полипы   polyps

послеоперационная палата   recovery room

приёмный покой   admission

принимать-принять   to admit (hospital)

прогноз   prognosis

пульс   pulse

разрез, надрез   cut, incision

реанимация   intensive care

рентгеновские снимки   x-rays

родильный зал   delivery room

родовые схватки   labor pains

роды   delivery

скорая помощь   ambulance

толстая кишка   colon

транквилизатор,   tranquilizer
   успокаивающее лекарство

форма, бланк, анкета   form

хирург   surgeon

язва   ulcer

яичники   ovaries

Chapter 21: At the theater and the movies
Глава 21: В театре, в кинотеатре

SEEING A SHOW

Мне бы хотелось сходить в **театр**.	theater
На какую **пьесу** вы идёте?	play, work
На какую **драму** вы идёте?	drama
Вы идёте на **трагедию**?	tragedy
Вы идёте на **комедию**?	comedy
Мне бы хотелось на **мюзикл**.	musical
Мне бы хотелось посмотреть **варьете**.	variety show
Какой **актёр**/какая **актриса** исполняет **роль** главного **героя**?	actor, actress; plays; role; hero
Пьеса в трёх **действиях**.	acts
Антракт после каждого действия.	intermission
Актёр **выходит на сцену, появляется на сцене**.	appears on stage
Зрители аплодируют.	spectators; applaud
Им понравилась **пьеса**, понравился **спектакль**.	play, performance
Зрители **свистят**, когда им не нравится спектакль.	whistle
Занавес поднимается, опускается; открывается, закрывается.	the curtain rises, falls; the curtain is opening, is closing

1. Complete.
1. Не сходить ли нам в _____?
2. Я не хочу смотреть трагедию. Я предпочитаю _____.
3. _____ Владимир Иванов играет роль царя, а _____ Анна Петрова играет роль царицы.
4. У него важная роль. Он играет главного _____.
5. Спектакль длинный, состоит из пяти _____.
6. После каждого действия занавес _____.
7. Между действиями _____ десять минут.
8. Все зрители аплодируют, когда главный герой выходит на _____.
9. Зрители аплодируют, потому что им нравится _____.
10. Если зрителям не нравится спектакль, они _____.

2. Give the opposite.
1. комедия
2. актёр
3. аплодировать
4. занавес опускается

AT THE TICKET WINDOW (Fig. 21-1)

Около **билетной кассы, кассы театра**.	ticket window
Есть билеты на **сегодняшний спектакль, вечерний спектакль**?	tickets; today's performance, tonight's performance

галёрка

балкон

ложа

бельэтаж

амфитеатр

паркет

место

билетёр

Fig. 21-1

Все билеты **проданы**, **распроданы**.	sold out
Есть **места** в **партере** на завтрашний спектакль?	seats; orchestra
Я бы хотел места в **бельэтаже**.	mezzanine
на **балконе**/на **галёрке**.	balcony; top balcony
Два билета в партер, пожалуйста.	
Два места в **первом ряду** балкона, пожалуйста.	first row
Сколько стоят билеты?	how much are
Вот вам два билета, ряд 1, места 15 и 16.	
Когда **начинается** спектакль/**начало** спектакля?	to start, start
Мы можем сдать пальто в **гардероб**.	cloakroom
Билетёры продают программу.	ushers
Кассир продаёт билеты.	cashier

3.   Complete.
     Около _____.
                        1
     —_____ билеты на сегодняшний _____?
                  2   3
     —Нет, все билеты _____. Но есть _____ на завтрашний спектакль.
                                   4   5
     —Хорошо. Какие места?

     —Есть места в _____, на _____. Где вы хотите сидеть?
                       6   7

—   Мне, пожалуйста, два ＿＿＿＿＿＿ в партер.
8

—Все билеты в партер на завтра проданы. Но есть билеты в ＿＿＿＿＿＿.
9

—Хорошо. Сколько ＿＿＿＿＿＿ билеты?
10

—Десять рублей.

—Вот, пожалуйста.

—Возьмите ваши ＿＿＿＿＿＿. У вас бельэтаж, ＿＿＿＿＿＿ 3.
11   12

—Спасибо. Когда ＿＿＿＿＿＿ спектакль?
13

—В восемь вечера.

4. Read the conversation and answer the questions that follow.

Катя: Ты была в кассе сегодня?

Лена: Да.

Катя: Ну, мы идём в театр сегодня вечером?

Лена: Нет, сегодня нет. Билетов не было, все билеты проданы. Но я купила два билета на завтрашний спектакль.

Катя: Как хорошо! Наши места в партере?

Лена: В партер билетов не было, но зато были два билета в бельэтаж. У нас первый ряд бельэтажа.

Катя: Оттуда хорошо видно. Мне не нравится сидеть на балконе, оттуда так плохо видно. Мне больше нравится сидеть в партере или бельэтаже.

1.   Где была Лена?
2.   Катя и Лена идут в театр сегодня?
3.   Чего не было на сегодняшний спектакль?
4.   На завтрашний спектакль все билеты тоже были проданы?
5.   Сколько билетов купила Лена на завтрашний спектакль?
6.   Они будут сидеть в партере?
7.   Почему они не будут сидеть в партере?
8.   Где будут сидеть Лена и Катя?
9.   Почему Кате не нравится сидеть на балконе?
10.   Где нравится сидеть Кате?

5. Correct each statement.
1.   Билеты можно купить в гардеробе.
2.   Кассир показывает зрителю, как пройти к своему месту.
3.   В театре надо сдать пальто в кассу.
4.   Занавес опускается, когда начинается спектакль.
5.   В театре лучше всего видно с балкона.

AT THE MOVIES

Пойдём в **кино, кинотеатр**.	movies, cinema
Какой сегодня **идёт** фильм?	showing
Кто **играет** в фильме?	is playing, acting

Есть ещё билеты на сегодня?	tickets left, still available
Я не хочу сидеть **слишком близко к экрану**.	too close; screen
Это американский фильм, **дублированный** на русский язык, Это **дублированный** фильм.	dubbed
Где был **снят** фильм?	shot

6. Complete.

1. В кинотеатре _____ новый фильм.
2. Это французский фильм, он был _____ во Франции.
3. Я не понимаю по-французски. Ты не знаешь, это _____ фильм?
4. Не сходить ли нам в кино, если ещё _____ билеты?
5. В кинотеатре мне не нравится сидеть слишком близко к _____.

Key Words

актёр	actor	**начало**	start
актриса	actress	**начинаться-начаться**	to start
антракт	intermission	**опускаться-опуститься**	to fall
аплодировать	to applaud	**открывается**	is opening
балкон	balcony	**партер**	orchestra
бельэтаж	mezzanine	**подниматься-подняться**	to rise
билет	ticket	**появляться-появиться**	to appear on stage
билетёр	usher	**на сцене**	
варьете	variety show	**проданы-распроданы**	sold out
галёрка	top balcony	**программа**	program
гардероб	cloakroom, coatroom	**пьеса**	play
герой/героиня	hero/heroine	**роль**	role
действие	act	**ряд**	row
драма	drama	**свистеть**	to whistle
дублированный	dubbed	**сегодняшний спектакль**	today's performance
дублировать	to dub		
закрывается	is closing	**слишком близко**	too close
занавес	curtain	**снимать-снять фильм**	to shoot a film
зритель	spectator	**спектакль**	performance
кассир	cashier	**сцена**	scene; stage
кинотеатр, кино	movies, cinema	**театр**	theater
комедия	comedy	**трагедия**	tragedy
ложа	box seat	**фильм**	film, movie
место	seat	**экран**	screen
мюзикл	musical		

Chapter 22: Sports
Глава 22: Спорт

CROSS-COUNTRY SKIING

Я люблю **кататься на лыжах**.	skiing, cross-country skiing
У меня новые **лыжи** и **лыжные палки**.	skis; poles
Ботинки прикрепляются к лыжам с помощью **креплений**.	boots; secured; hinged toepieces
Прежде чем встать на **лыжню**, надо **смазать лыжи** мазью.	trail; wax
В выходной день на лыжне много **лыжников**.	skiers
Я купил себе новый **лыжный костюм, лыжную шапочку** и **шерстяные носки**.	ski suit; ski hat; wool socks
Лыжный спорт очень **популярен** в нашей стране.	cross-country ski sport; popular

1. Complete.
1. Зимой я всегда катаюсь на _____.
2. У меня новые _____ и лыжные _____.
3. У меня также новые крепления, с помощью которых _____ прикрепляются к _____.
4. Мне очень нравится мой новый лыжный _____ и лыжная _____.
5. Моя бабушка подарила мне тёплые _____ носки.
6. В воскресенье на _____ всегда можно увидеть много _____.
7. _____ спорт-очень _____ в нашей стране.

SOCCER[1] (Fig. 22-1)

Это **футбольная команда**.	soccer team
Команда состоит из одиннадцати **игроков**.	team; consists; players
Они на **футбольном поле**.	soccer field
Обе, две команды—на футбольном поле.	both, two teams
Игрок **бьёт по** мячу, **пинает** мяч.	kicks
Вратарь защищает ворота, стоит на воротах.	goalkeeper; guards
Он **ловит** мяч.	catches
Игрок **делает передачу, пасует** мяч.	passes
Он делает передачу **вперёд**.	forward
направо.	to the right
налево.	to the left
головой.	a head-pass
Он делает **длинную передачу, короткую передачу**.	makes a long/short pass
Футболист бьёт **штрафной бросок, одиннадцатиметровый/пенальти**.	penalty

---

[1]European football, i.e. soccer, is by far the most popular spectator sport in the Russian Federation.

133

Fig. 22-1

Мяч попал в **сетку ворот**.	net
Мяч попал в **штангу**.	goal-post
Футболист **забивает мяч, гол**.	shoots a goal
Судейский свисток, **свисток судьи**.	referee's whistle
Нарушение (правил).	foul
Конец **первого тайма**.	first period
Ничейный счёт.	tie score
Эта команда **выигрывает** со **счётом** 3:1.	wins; score
Эта команда выигрывает с **разрывом в** два **очка**.	by/with a margin of; points
Счёт на **табло**.	scoreboard

2. Answer.

1. Сколько игроков в футбольной команде?
2. Где играют футболисты?
3. Кто защищает ворота?
4. Что делает вратарь с мячом?
5. Что делает игрок с мячом?
6. Кто даёт свисток о нарушении?
7. Что на табло?

3. Complete.

Начинается футбольная игра. Обе _____-на _____. В каждой

команде _____ игроков. Игрок делает _____ вперёд. Другой игрок

_____ мяч. Но вратарь _____ мяч. Закончен первый _____.

Счёт пока _____. Никто пока не выиграл.

(positions 1–8 marked beneath the blanks)

HOCKEY

Это **хоккейная площадка**.	hockey court
На льду две команды.	on the ice
Судья даёт **свисток**, игра начинается.	referee; whistle
Вратарь **стоит на воротах** в **маске** и **щитках**.	guards; mask; shinguards
Хоккеист бьёт **клюшкой**.	hockey player; hockey stick
Вратарь ловит **шайбу**.	puck
Судья **назначает штрафной (удар)**.	signals; penalty
На льду—**смена составов** команд.	substitution of players
Играет **лучшее звено**.	best unit
Зрители кричат: «**Шайбу! Шайбу!**»	goal
Хоккеист **забрасывает** шайбу в ворота. Гол!	shoots the score
Проброс.	icing
Удаление. Хоккеист сидит на **штрафной скамейке**.	removal; penalty bench
Команда играет в **меньшинстве**.	minority
Ничья 2:2.	tie

4. Answer.
1. Где играют в хоккей?
2. Кто на льду?
3. Когда начинается игра?
4. Кто стоит на воротах?
5. В чём вратарь стоит на воротах?
6. Чем бьёт хоккеист?
7. Что ловит вратарь?
8. Что назначает судья?
9. Что кричат зрители?
10. Где сидит хоккеист во время удаления?

5. Complete.
1. На хоккейной _____ две хоккейные _____.
2. Судья даёт _____, и игра начинается.
3. На воротах стоит _____.
4. Хоккеист бьёт _____, и _____-в воротах! Гол!
5. Судья назначает _____.
6. Вратарь ловит _____.
7. Зрители кричат: _____!
8. Команда играет в меньшинстве, потому что один хоккеист сидит на _____.
9. На хоккейной площадке играет лучшее _____.
10. Счёт 3:3, это значит—_____.

Key Words

ботинки   boots

вратарь   goalkeeper

выиграть-выигрывать   to win

делать передачу, пасовать   to make a pass

длинная передача   long pass

забивать-забить   to shoot a goal

защищать-защитить,   to guard
  стоять на воротах

звено   unit

игрок   player

кататься на лыжах   skiing/cross-country
                                              skiing

клюшка   hockey stick

короткая передача   short pass

крепления   hinged toepieces

лёд   ice

ловить-поймать   to catch

лыжа, лыжи   ski, skis

лыжная шапочка   ski hat

лыжник   skier

лыжня   trail

лыжные палки   poles

лыжный костюм   ski suit

лыжный спорт   cross-country ski sport

маска   mark

меньшинство   minority

назначать-назначить   to signal

ничейный (счёт)   tie score

ничья   tie

обе   both

одиннадцатиметровый, пенальти   penalty

очко   point

пинать-пнуть, ударять-ударить,   to kick
  бить (по мячу)

популярный   popular

прикрепляться-прикрепиться   to fasten,
                                                          to secure

проигрывать-проиграть   to lose

разрыв   margin

свисток   whistle

сетка   net

смазывать-смазать (лыжи)   to wax

смена составов   substitution of players

состоять из   to consist of

судья   referee

тайм   period

удаление   removal

футбольная команда   soccer team

хоккеист   hockey player

хоккейная площадка   hockey court

шайба   puck

шерстяные носки   wool socks

штанга   goal-post

штрафная скамейка   penalty bench

штрафной бросок   penalty

щитки   shinguard

Chapter 23: The weather
Глава 23: Погода

Хорошая погода.	nice
Плохая погода.	nasty, bad
Жарко.	hot
Холодно.	cold
Прохладно.	cool, chilly
Ветрено.	windy
Светит солнце.	sun; shining
Облачно.	cloudy
Пасмурно.	overcast, gloomy
Идёт снег.	snowing
Туман.	foggy
Молния сверкает.	lightning flashes
Гремит гром.	is thundering
Изморось.	drizzle
Моросит.	is drizzling
Идёт град.	is hailing
Какая **хорошая**, **приятная** погода!	pleasant
Тепло. Тёплая погода.	warm
Влажно.	humid
Идёт дождь.	rain
Местами кратковременные дожди.	scattered; brief
Неустойчивая погода.	unstable
Непредсказуемая погода.	unpredictable
Гроза.	storm
Была гроза, буря.	there was a storm
Был, шёл снег.	it was snowing
Была **снежная буря, буран**.	snowstorm
Был, шёл дождь.	shower, rain
Сегодня **тёплый день**.	warm day
прохладный день.	cool, chilly day
холодный день.	cold day
влажная ночь.	humid night
солнечный день.	sunny day
знойный день, парит.	sultry day
душный день, душно.	stuffy; oppressive
ясно/ясное небо/небо чисто.	clear

1. Complete.
    1. Летом _____ _____. Солнце _____.
    2. Зимой _____. Иногда идёт _____.
    3. Светит солнце. Небо _____. _____ день.
    4. Небо серое. Погода _____.
    5. Сегодня не тепло и не холодно. Сегодня _____.
    6. Ничего не видно. Сегодня _____.
    7. Во время грозы бывают _____ и _____.
    8. Дождь не сильно идёт, только _____.

9.   Иногда зимой бывает _____.
10. Моросит. Облачно. Солнце светит. Гроза. Это _____ погода.

2. Complete.
1.   Во время грозы идёт _____.
2.   Во время грозы гремит _____ и сверкают _____.
3.   Во время снежной бури идёт _____.
4.   Солнечная погода- значит _____ солнце.
5.   Хорошая погода-значит _____.

3. Tell more about the weather.
1.   Неустойчивая погода-это . . . . .
2.   Солнечный день-это . . . . .
3.   Гроза-это . . . . .
4.   Приятная погода-это . . . . .

4. Give a word related to each of the following.
1.   дождь
2.   гроза
3.   ветер
4.   облака
5.   солнце
6.   туман
7.   гром
8.   молния

5. Complete.
1.   Идёт сильный дождь. Это _____.
2.   Вчера было очень жарко и _____.
3.   Иногда ясно, иногда пасмурно, погода очень _____.
4.   Вчера светило солнце. Был _____ день.

6. Decide whether each statement is true or false.
1.   Если светит солнце-это пасмурно.
2.   Когда ясно, то светит солнце и нет облаков.
3.   Если холодно и облачно, то может пойти снег.
4.   Во время дождя идёт снег.
5.   Во время снежной бури бывают гром и молния.

7. Read the following weather reports and then answer the questions.

(1) Облачно, кратковременные дожди, грозы на юге. Ветер западный. Сильный ветер на восточном побережье. Температура 20–25 градусов. Атмосферное давление 735 миллиметров ртутного столба.

1.   Погода будет солнечная?
2.   Дождь будет везде?
3.   Где будут грозы?
4.   Где будет сильный ветер?
5.   Температура воздуха выше 19 градусов?

6. Какой будет ветер?
7. Какая будет максимальная температура?
8. Какая будет минимальная температура?
9. Какое атмосферное давление?

(2) К вечеру облачно, пасмурно, снег. Максимальная температура воздуха от двух градусов тепла на юге до трёх градусов мороза на севере. Минимальная температура воздуха от нуля на юге до минус семи градусов на севере. Прогноз погоды на завтра: ясно, потепление до шести градусов тепла.

1. Когда будет снег?
2. Будет ли очень облачно?
3. Какая максимальная температура будет на юге?
4. Какая минимальная температура будет на севере?
5. Какой прогноз погоды на завтра?

8. Give other terms for:
1. кое-где дождь, но не везде
2. облака, которые появляются и исчезают
3. ветер с запада
4. иногда пасмурно, иногда солнечно
5. температура не выше 19 градусов
6. температура не ниже двух градусов мороза

Key Words

атмосферное давление	barometric pressure	**облачно**	cloudy
буран, снежная буря	snowstorm	**падать (снег, дождь)**	to fall
ветрено	windy	**пасмурный, пасмурно**	overcast, gloomy
влажный	humid	**плохая**	nasty, bad
град	hail	**потепление**	warming
гроза	storm	**приятный**	pleasant
дождь	rain	**прогноз погоды**	weather forecast
душный	stuffy; oppressive	**прохладный, прохладно**	cool, chilly
жаркий	hot	**светит**	shining
знойный	sultry	**слабый (ветер)**	weak, light (wind)
кратковременный	brief	**снег**	snow
местами	scattered	**снегопад**	snowfall
молния	lightning	**солнце**	sun
моросить	to drizzle	**тёплый, тепло**	warm
непредсказуемый	unpredictable	**туман**	fog
неустойчивый	unstable	**холодный, холодно**	cold
облако	cloud	**хорошая**	nice
		ясный, чистый	clear

Chapter 24: Education
Глава 24: Образование

ELEMENTARY SCHOOL

Все дети с шести/семи лет должны **ходить** в начальную школу.	attend/go to
В начальной школе дети **учатся** три года.	study
Первые три класса в школе-это начальная школа.	first three grades
Учитель/учительница учит/обучает школьников/ школьниц, учеников/учениц.	teacher (male, female); instructs; pupils (male, female); schoolchildren (male and female)
Школьники **изучают** литературу.	study
Учитель пишет **на доске мелом**.	chalkboard; chalk
Ученики читают **учебники**.	textbooks, school books
Учитель читает ученикам рассказ из **хрестоматии**.	reader
Учебники лежат на **партах**.	desks
В класс входит **директор** школы.	principal
Школьники кладут учебники в **школьные рюкзаки, сумки**.	carry; backpack

1. Match.
   1. ученики
   2. учитель
   3. учить (детей)
   4. учебник
   5. начальная школа
   6. директор школы
   7. школьный рюкзак

   (*a*) школа для маленьких детей
   (*b*) обучать
   (*c*) первые три класса
   (*d*) книга, по которой учатся школьники
   (*e*) тот, кто обучает
   (*f*) дети, которые ходят в школу
   (*g*) руководитель школы
   (*h*) школьная сумка, которую носят на спине

2. Complete.
   Дети, которые ходят в школу, -это _____. Первые три класса в школе-это
   ₁
   _____ школа. Человек, который обучает детей, -это _____. Дети учатся
   ₂ ₃
   по _____. Учителя и школьники пишут на _____ мелом.
   ₄ ₅

SECONDARY SCHOOL

С пятого по восьмой классы-это **неполное среднее образование**.	incomplete secondary education
С девятого по одиннадцатый (двенадцатый) классы-это **полное среднее образование**.	complete secondary education
Школьники изучают **разные предметы**.	different subjects
В школьном **расписании** много предметов.	schedule
Когда учитель **объясняет**, ученики должны **записывать в тетради, делать записи** в **тетрадях**.	explains; to take notes; notebooks

Учитель **собирает** тетради.	collects
Школьники **сдают экзамены**.	pass; examination, tests
Школьники хотят получить хорошие **оценки**.	grades, marks
После **окончания школы** школьники получают **аттестат зрелости**.	graduation; high school diploma
Оценки:	
5 (отлично)	5 (excellent)
4 (хорошо)	4 (good)
3 (удовлетворительно)	3 (satisfactory)
2 (неудовлетворительно)	2 (unsatisfactory)

3. Answer.
1. Какое образование получают школьники после начальной школы?
2. В чём школьники носят свои книги?
3. Что в школьном расписании?
4. Что делают школьники, когда учитель объясняет?
5. Куда они записывают?
6. Что школьники сдают?
7. Что они хотят получить?
8. Что получают школьники после окончания школы?

4. Choose the appropriate word.
1. Школьники носят свои книги в _____. (*a*) школьных рюкзаках; (*b*) сумках
2. Первые три класса-это _____. (*a*) начальная школа; (*b*) средняя школа
3. География и биология-это школьные _____. (*a*) предметы; (*b*) книги
4. Школьники делают записи в _____. (*a*) тетрадях; (*b*) учебниках
5. Все школьники хотят получить хорошие _____. (*a*) доски; (*b*) оценки

5. Give the equivalent words for the following grades in the United States.
1. 5 (отлично)
2. 4 (хорошо)
3. 3 (удовлетворительно)
4. 2 (неудовлетворительно)

6. Complete.
1. Школьники носят свои книги в _____.
2. Школьники не хотят плохо сдавать экзамены, они хотят получать хорошие _____.
3. После окончания средней школы школьники получают _____.
4. Восемь классов-это _____ образование.
5. Одиннадцать/двенадцать классов-это _____ образование.

UNIVERSITY

Он хочет **поступить** в **университет/институт**.	enroll; university; institute
Она хочет, чтобы её **зачислили** в университет.	matriculate, register
Чтобы поступить в университет, **надо сдать вступительные экзамены** и иметь **аттестат зрелости**.	to pass; entrance examination; high school diploma
Студенты университета получают **стипендию** за хорошую учёбу.	stipend, scholarship

Занятия начинаются 1 сентября.	classes; begin
Профессор читает лекции.	professor; lectures
Студенты **слушают** лекцию, лекционный курс.	are auditing
Его **специальность**—математика.	major
Он хочет **окончить университет**, получить **диплом о высшем образовании**.	to graduate; diploma of higher education
Она хочет защитить **кандидатскую диссертацию** и стать **кандидатом математических наук**.	Kandidat's dissertation; Kandidat of mathematical sciences
Она хочет получить **кандидатскую степень**, **степень кандидата наук**.	Kandidat degree, degree of Kandidat of sciences
Она получила **докторскую степень** и стала **доктором наук**.	doctoral degree; doctor of sciences
В университете много **факультетов**.	colleges
На факультете есть разные **отделения**.	divisions, branches
На отделении русского языка есть разные **кафедры**.	departments
Профессор Петров—**ректор университета**.	rector, president of the university
Профессор Сергеев—**декан** факультета.	dean
Студенты живут в **общежитиях**.	dormitories

7. Give the word or phrase being defined.
1. стать студентом университета
2. день начала занятий
3. что получает студент за хорошую учёбу
4. глава университета
5. получить докторскую степень
6. документ, который надо иметь, чтобы поступить в университет или институт
7. что профессор читает студентам
8. что надо сдать, чтобы поступить в университет или институт
9. глава факультета
10. то, что получают студенты после окончания университета

8. Complete.
1. Если вы хотите учиться в университете, надо сдать _____ и иметь _____.
2. Она хочет стать биологом. Её _____—биология.
3. Она изучает историю. Она учится на _____ факультете.
4. 1 сентября-это день начала _____.
5. Профессор читает _____ по-русски.
6. Студенты _____ лекцию.

9. Answer.
1. Студенты записываются или поступают в университет?
2. Что нужно получить после окончания школы, чтобы поступить в универститет?
3. Сколько стоит обучение в США?
4. Когда начинаются занятия в США?
5. Кого больше в университете—профессоров или деканов?
6. Какие студенты получают стипендии?

10. Tell in which school one would enroll if one wished to become the following:
    1. врачом
    2. юристом
    3. биологом
    4. физиком
    5. историком

Key Words

аттестат   certificate of
  зрелости   secondary education
декан   dean
диплом о высшем   diploma of higher
  образовании   education
директор   principal
докторская степень   doctoral degree
доска (школьная)   chalkboard
занятия   classes
записывать-записать   to take notes
зачислять-зачислить   matriculate, register
кандидат наук   Kandidat of sciences
кандидатская   Kandidat's
  диссертация   dissertation
кандидатская степень   Kandidat degree
кафедра   department
класс   grade
лекция   lecture
мел   chalk
начинаться-начаться   to begin
неполное среднее   incomplete secondary
  образование   education
неудовлетворительно   unsatisfactory
носить   to carry
общежитие   dormitory
объяснять-объяснить   to explain
окончание (школы,   graduation
  университета)
оканчивать-окончить   to graduate
  (школу, университет)
отделение   division, branch
отлично   excellent

оценка   grade, mark
парта   desk
полнос среднее   complete secondary
  образование   education
поступать-поступить   to enroll
предмет   subject
профессор   professor
расписание   schedule
ректор   rector, president of the university
сдавать-сдать (экзамен)   to pass
слушать (лекцию)   to audit
собирать-собрать   to collect
специальность   major
степень   degree
стипендия   stipend
тетради   notebooks
удовлетворительно   satisfactory
учебник   textbook
ученик/ученица   pupil (male/female)
ученики   schoolchildren
учитель/учительница   teacher
                        (male/female)
учиться   to study
учить, обучать   to instruct
факультет   college
ходить-пойти (в школу)   attend
хорошо   good
хрестоматия   reader
школьный рюкзак   backpack
школьник/школьница   pupil (male/female)
экзамен   examination, test

Chapter 25: Government and politics
Глава 25: Государство и политика

POLITICAL ORGANIZATIONS

Российская Федерация-федеральное государство.
Российская Федерация **состоит из автономных республик и округов**.

Федеральное собрание состоит из двух **палат-Совет Федерации** и **Государственная Дума**.

Глава государства-**президент**.
Государственная Дума состоит из народных **депутатов**.
Избиратели голосуют за своих **представителей** в Думу.
Члены Государственной Думы выбирают **премьер-министра правительства**.
Премьер-министр **руководит кабинетом министров**.
В состав правительства входят министры, **председатели комитетов** и **главы федеральных служб**.
Большую роль играют:
министерство иностранных дел.
министерство внутренних дел.
министерство финансов.
министерство юстиции.
министерство образования.
Верховный суд-высший судебный орган.

В России много политических **партий**:
Наш дом Россия.
Коммунистическая партия Российской Федерации.

Яблоко.
Либерально-Демократическая партия России.

Женщины России.

Russian Federation; federal	
consists of; autonomous republics; autonomous territories	
Federal Assembly; Chamber; Federation Council; State Duma	
head; president	
State Duma; deputies	
voters; vote; representatives	
prime minister; government	
directs cabinet; ministers	
chairmen of committees; heads of federal services	
foreign ministry	
ministry of the interior	
finance ministry	
ministry of justice	
ministry of education	
federal court; highest court of justice	
parties	
Our Home is Russia	
Communist Party of the Russian Federation	
Apple	
Liberal-Democratic Party of Russia	
Women of Russia	

1. Answer.
    1. Российская Федерация-это какое государство?
    2. Из чего состоит Российская Федерация?
    3. Что такое Федеральное Собрание?
    4. Кого выбирают избиратели?
    5. Из кого состоит Государственная Дума?
    6. Кто является главой правительства?
    7. Кто входит в состав кабинета министров?
    8. Кто возглавляет кабинет министров?
    9. Какие есть министерства?
    10. Какие есть политические партии?

2. Tell which government department has responsibility for each of the following areas.
1. Образование.
2. Международные отношения.
3. Внутренних дел.
4. Финансы.
5. Законы.

RIGHTS OF THE PEOPLE

В демократических странах **люди имеют право голоса**.	the people have voting rights
Совершеннолетние граждане могут **голосовать** в **органы местной и государственной власти**.	citizens of legal age; vote; local and national elections
Правительство **обязано** защищать **права граждан**.	obligated; citizens' rights
Свобода печати и **свобода слова** существуют во многих странах.	freedom of the press; freedom of speech
При диктаторе-авторитарный режим.	dictator; autocratic
Диктатура правит многими странами.	dictatorship; rules
Иногда бывают **демонстрации**.	demonstrations
Есть **правые** и **левые**.	leftists; rightists
Левые и правые **противостоят друг другу**.	oppose each other

3. Answer.
1. В каких странах люди имеют право голоса?
2. Что могут делать люди в демократических странах?
3. Есть ли в США свобода слова и свобода печати?
4. Кто защищает права граждан?
5. Есть ли свобода печати при диктатуре?

4.
1. Если у людей есть _____, они могут голосовать.
2. Избиратель должен быть _____.
3. В демократической стране правительство защищает _____.
4. Во многих свободных странах есть _____ и _____.
5. При _____ у людей нет права голоса.
6. Если граждане против правительства, то бывают _____-.
7. _____-это те, у кого либеральные или прогрессивные политические взгляды.
8. _____-это те, у кого консервативные политические взгляды.

PROCEDURES

Парламент **рассматривает законопроект**.	considers, deliberates about; bill
Законопроект обсуждается в **комитетах**.	committees
Может быть **сформирована коалиция**.	coalition; formed
Вотум недоверия может быть **выдвинут**.	vote of no confidence; be put forward
Депутаты обсуждают **поправку к Конституции**.	amendment to the constitution
Они хотят **внести поправку** в Конституцию.	to amend
Правительство примет **законопроект**.	bill
Они **вносят предложение**.	make a motion
Большинство поддерживает/одобряет это.	supports/approves

Оппозиция терпит поражение.   opposition; loses
Депутаты **голосуют** на пленарном заседании.   vote; plenary session
Они голосуют на **открытом заседании**.   public session
Они голосуют на **закрытом заседании**.   closed, secret session
Комитет не имеет кворума.   committee; doesn't have a
                               quorum

Оппозиция **против политики** премьер-министра.   opposed to, against; policies
Премьер-министр просит **вотум доверия**.   asks for a vote of confidence
Проводится референдум.   referendum is being held
Много **голосов** было **за** и несколько было **против**.   votes; for it; against it

5. Give the word or term being defined.
1. обращаться к мнению народа
2. результат изменения в конституции
3. большая часть голосов избирателей
4. партия, которая против политики правительства
5. обсуждать законопроект
6. небольшая группа людей
7. представители разных партий, объединённых в одну группу

6. Put the following in the proper order.
1. Они поддерживают законопроект.
2. Они голосуют.
3. Они рассматривают законопроект.
4. Они вносят предложение.
5. Они были за это.

7. Complete.
1. Когда комитет рассматривает законопроект, комитет должен _____, прежде чем голосовать.
2. Избиратели всей страны голосуют по политическому вопросу. Это называется _____.
3. Иногда нужно сформировать коалицию. Когда премьер-министр против сильной оппозиции, он может просить о _____.
4. Когда депутаты хотят представить законопроект, сначала надо _____ предложение. Другие должны _____ законопроект. Все они должны _____ законопроект, прежде чем голосовать за или против него.
5. Так как большинство поддерживает законопроект, _____ должна уступить.

Key Words

авторитарный	autocratic	**вместе**	together
большинство	majority	**вносить-внести поправку**	to change, amend
быть против	to be opposed		
важный	important	**вносить-внести предложение**	to propose
верховный суд	highest court of justice	**вотум доверия**	vote of confidence

вотум недоверия vote of no confidence
выражение мнения expression of opinion
голос vote
голосовать-проголосовать to vote
гражданин citizen
демонстрация demonstration
диктатор dictator
диктатура dictatorship
за for, in favor of
законопроект (legislative) bill
закрытое заседание closed session
защищать-защитить to protect
иметь кворум to have a quorum
иметь право голоса to have voting rights
кабинет cabinet
комитет committee
конституция constitution
левые leftists
либерально- liberal-
  демократическая democratic
  партия party
люди people
местные выборы local elections
министерство ministry
министерство юстиции ministry of
  justice
министерство финансов finance ministry
министерство иностранных foreign
  дел ministry
министерство образования ministry of
  education
министерство внутренних ministry of
  дел interior
мнение opinion
одобрять-одобрить to approve
оппозиция opposition
определять-определить to determine
ответственный responsible
открытое заседание public (open)
  session

пленарное заседание plenary session
поддерживать-поддержать to support
политическая партия political party
политика politics
поправка к конституции constitutional
  amendment
права человека human rights
права людей rights of people
правило rule
правительство government
право right
правые rightists
представитель representative
представлять-представить to represent
премьер-министр chancellor,
  prime minister
приступать-приступить to make a
  к рассмотрению motion
против against
рассматривать-рассмотреть to deliberate
рассмотрение, обсуждение motion
референдум, плебисцит plebiscite
  (referendum)
руководить to direct
свобода печати freedom of the press
свобода слова freedom of speech
совершеннолетний of legal age
состоять из to consist of
суд court
терпеть-потерпеть поражение to lose
уступать-уступить to concede
федеральное государство federal state
федеральный federal
федеральный federal constitutional court
  конституционный суд
формировать to form
член member

Chapter 26: Crime
Глава 26: Преступность

Fig. 26-1

Пистолет-это **огнестрельное оружие**.	firearm
Нож-это **холодное оружие**.	knife; bladed weapon
Грабители и **воры грабят** и **воруют чужие** вещи.	robbers; thefts; rob and steal; others'
Ограбление, воровство-незаконное присвоение чужого имущества.	robbery, theft; illegal; appropriation; others' property
Ограбление-это **преступление**.	crime
Незаконное присвоение чужого имущества **с помощью силы**-это **вооруженное ограбление**.	by force; armed robbery
Нападение-это **нанесение физического ущерба** человеку.	assault; causing; physical harm
Убийство-это преступное **лишение жизни кого-либо**.	homicide; taking someone's life
Убийца-это тот, кто **убивает**.	assassin; kills
Убитый-это тот, кого убили.	assassinated

Изнасиловать (изнасилование)-принудить физической   to rape (rape); to force; sex
 силой к **половому акту**.

1. Complete.
 1. _____ толкнул человека и украл его кошелёк.
 2. Тот, кто грабит-это _____.
 3. _____-это незаконное присвоение чужого имущества.
 4. Незаконно залезть в дом с целью взять чужие вещи-это _____.
 5. Убить кого-либо-это _____.
 6. Жертва убийства-это _____, а тот, кто убил, -это _____.
 7. Пистолет-это _____, а нож-это _____.
 8. _____-это преступление, которое совершается чаще всего против женщин.

AT THE POLICE STATION

Молодая женщина пришла в **милицейский участок**.   police station
Она **заявила** о том, что два карманных вора **украли** у неё   reported; stole
 кошелёк.
Милиционер **допросил** её.   interrogated
Она **дала описание преступников**.   described; criminals

2. Answer in the affirmative.
 1. Была ли молодая женщина жертвой преступления?
 2. У неё украли кошелёк?
 3. Было два карманных вора?
 4. Молодая женщина пришла в милицейский участок?
 5. Она заявила о преступлении?
 6. Милиционер допросил её?
 7. Она дала описание грабителей?

Key Words

вооружённое armed
 (ограбление) (robbery)
вор thief
воровать to steal
воровство theft
грабить to rob
грабитель robber
допрашивать-допросить to interrogate
завлять-заявить to report
изнасилование rape
лишение taking away
милицейский участок police station
нападение assault

насиловать-изнасиловать to rape
незаконный illegal
нож knife
огнестрельное оружие firearm
ограбление robbery
описывать-описать to describe
половой акт sex
преступление crime
преступник criminal
принуждать-принудить to force
присвоение appropriation
сила force
убивать-убить to kill

убийство	homicide	физический ущерб	physical harm
убийца	assassin	холодное оружие	bladed weapon
убитый	assassinated	чужой	others', another's

Chapter 27: Business
Глава 27: Бизнес

Цель **бизнеса**-получение **прибыли**.	business, profit
Продавцы продают, а **покупатели покупают**.	sellers sell; buyers buy
Покупатели-это **потребители**.	consumers
Они покупают **товары и услуги**.	goods and services
Продавцы продают товары **оптом** и в **розницу**.	wholesale; retail
Те, кто продают оптом, -это **оптовые торговцы**.	wholesalers
Те, кто продают в розницу, -это **розничные торговцы**.	retailers
Есть много разных форм **предприятий**.	business enterprises
Есть много больших **корпораций** или **акционерных компаний**.	corporations; incorporated companies
Также есть **товарищества**.	partnerships
В товариществе может быть несколько **партнёров**.	partners
В больших компаниях **решения принимает совет директоров**.	makes a decision; board of directors
Администраторы и **менеджеры** тоже принимают решения.	managers
Совет директоров **подчиняется интересам акционеров, владельцев акций**.	comply with the interests; stockholders
У акционеров есть **акции**.	stocks
С акций получают **дивиденды**.	dividends
Ценность акций **растёт** или **падает в зависимости** от результата работы компании.	goes up or down in value depending on
На **фондовой бирже** продаются акции.	stock market

1. Match the related words.

1. торговать   (a) продавать, продавец
2. продать   (b) акционерные компании, акции
3. покупать   (c) потребление, потребитель
4. потреблять   (d) торговля, торговец
5. акционеры   (e) покупатель, купить
6. оптом   (f) оптовые торговцы, оптовая торговля

2. Rewrite using another word or expression.

1. Цель торговли-производство и продажа товаров и услуг.
2. Те, кто покупают-это потребители.
3. Люди, которые владеют акциями.
4. IBM-это корпорация.
5. Они продают оптом.
6. Он продаёт в розницу.

3. Complete.

1. _____ продаёт, а _____ покупает.
2. Покупатели-это _____
3. _____ -это те люди, которые продают всё в большом количестве.
4. _____ -это те люди, которые продают всё в маленьких количествах.
5. Оптовые торговцы продают _____ .

6. В товариществе может быть несколько _партнёров_.
7. Корпорация имеет несколько _компаний_.
8. В больших компаниях решения принимает _совет директоров_.
9. _совет директора_ подчиняется интересам владельцев акций.
10. Владельцы акций получают с _акций_ дивиденды.
11. Если бизнес идёт хорошо, то ценность акций _растёт_, а если плохо, то ценность акций _падает_.

MARKETING

Каждая продукция или услуга имеет свой **рынок**.	market
Отдел маркетинга **отвечает за продвижение товара на рынке**.	responsible for; promotion sales
Прежде чем начать **производить** новую продукцию, нужно изучить **спрос и предложение**.	to produce supply and demand
Нужно **установить цену** на продукцию.	establish a price
Продукция должна приносить **прибыль**.	profit
Предприятия, также как и отдельные люди, должны платить **налоги**.	taxes

4. Answer.
1. Что должна иметь каждая продукция или услуга?
2. За что отвечает отдел маркетинга?
3. Что нужно изучить, прежде чем начать производить новую продукцию?
4. Что должна получать компания?
5. Что предприятия должны платить государству?

5. Give the word being defined.
1. Потенциальные потребители продукции.
2. То, что компании и отдельные люди платят государству.
3. То, что остаётся после выплаты всех затрат и налогов.
4. То, что нужно установить на продукцию.
5. Количество имеющейся продукции и количество, которое необходимо.
6. То, что делает отдел маркетинга.

ACCOUNTING

Бухгалтерия есть в каждом предприятии.	accounting department
Бухгалтеры составляют ведомости.	accountants; prepare; statements
Баланс-это главный бухгалтерский документ.	balance sheet
В балансе есть **активы** и **пассивы**.	assets, liabilities
Когда предприятие не является **прибыльным**, оно терпит **банкротство**.	profitable; bankruptcy

6. Complete.
1. В _____ работают бухгалтеры.
2. Бухгалтеры составляют разные _____.
3. _____-важный тип ведомостей.

4. _____-это долги.

5. _____-это фонды, имущество, которым владеет бизнес или отдельный человек.

6. Компания, которая получает прибыль, называется _____.

7. Когда предприятие не получает прибыли, оно терпит _____.

Key Words

актив	assets	**потребитель**	consumer
акционер, владелец акций	stockholder	**предложение**	supply
акционерная	incorporated	**предприятие**	business enterprise
компания	company	**прибыль**	profit
акция	stock	**прибыльный**	profitable
баланс	balance sheet	**принимать-принять**	to make a decision
банкрот	bankruptcy	**решение**	
бизнес	business	**продавать-продать**	to sell
бухгалтер	accountant	**продавец**	seller
бухгалтерия	accounting department	**продвижение товара**	promotion sales
ведомость	statement	**на рынке**	
владелец акций	stockholder	**продукция**	product
дивиденды	dividends	**производить**	to produce
корпорация	corporation	**расти**	to go up
маркет, рынок	market	**решение**	decision
маркетинг	marketing	**розница**	retail
менеджер	manager	**розничный торговец**	retailer
налоги	taxes	**совет директоров**	board of directors
оптовик, оптовый торговец	wholesaler	**спрос**	demand
оптом	wholesale	**товарищество**	partnership
отвечать-ответить за	to be responsible for	**товары**	goods
падать-упасть	to go down	**услуги**	services
партнёр	partner	**устанавливать-установить**	to establish
пассив	liabilities	**фондовая биржа**	stock market
покупать-купить	to buy	**цена**	price
покупатель	buyer	**ценность**	value

Chapter 28: The computer

Глава 28: Компьютер

COMPUTER PARTS (Figs. 28-1 and 28-2)

Fig. 28-1

Fig. 28-2

COMPUTER FUNCTIONS

Компьютер **обрабатывает данные**.	processes; data
Компьютер обрабатывает данные согласно тем инструкциям, которые **хранятся** в нём.	stored
Компьютер и всё оборудование, присоединённое к нему, это—**аппаратные средства**.	hardware
Инструкции, которые указывают компьютеру, что он должен делать, это—**программное обеспечение**.	software
Набор инструкций, которые имеют специальные задания, называется **программой**.	set of instructions program

Терминал-это **устройство ввода и вывода**.	terminal; device; input; output
Для ввода есть **клавиатура**.	keyboard
Для вывода данных есть монитор или **принтер**.	printer
Самый маленький компьютер-это **портативный компьютер, лаптоп**.	laptop computer
На клавиатуре персонального компьютера есть **клавиши**, как на печатной машинке.	keys
Есть и специальные клавиши:	
клавиша ввода	input key
возврат	return
курсор	cursor
клавиша контроля	control
отмена команды	escape
начало	home
конец	end
клавиша возврата на шаг	backspace
стирать-стереть	delete
вставка	insert
поиск	search

1. Identify each item from Fig. 28-3.

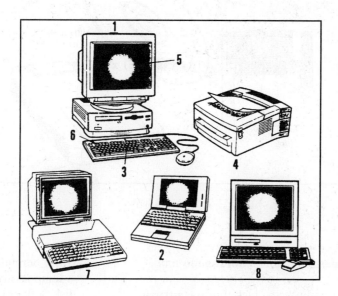

Fig. 28-3

2. Complete.

1. Легко переставлять с места на место _____ компьютер.
2. Компьютер _____ данные.
3. Обработка _____-это наука, которая называется технологией обработки информации.
4. В компьютере есть _____, _____.
5. На клавиатуре есть _____.
6. Для вывода данных есть _____ или _____.
7. _____ указывает компьютеру на то, что он должен делать.

3. Define the following.
1. Аппаратные средства.
2. Программное обеспечение.
3. Терминал.

4. Complete.
1. Программа компьютера-это набор _____ для ввода.
2. Клавиша _____ используется для того, чтобы давать команды компьютеру.
3. Чтобы поместить курсор в верхнем углу экрана или в нижнем левом углу, нужно нажать клавишу _____.
4. Чтобы поместить курсор в правом углу, надо нажать клавишу _____.
5. Клавиша _____ стирает букву, на которой курсор и клавиша _____ стирает букву в левую сторону от курсора.

MORE COMPUTER FUNCTIONS (Fig. 28-4)

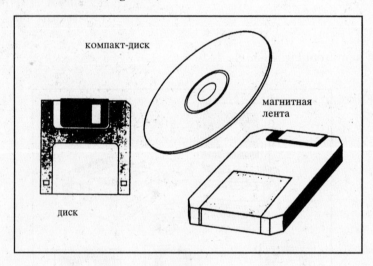

Fig. 28-4

Компьютер может **хранить** данные **постоянно** или **временно**.
store; permanently, temporarily

Компьютер посылает данные на **диск** или **магнитную ленту**.
disk, a floppy disk
magnetic tape

Когда данные хранятся в **памяти** компьютера, он может обрабатывать их.
memory

Есть **жёсткий диск** и **гибкий диск**.
hard disk, soft disk

Гибкий диск называется **дискетой**.
diskette

Гибкий диск-**мягкий**.
soft

Вывод-это любой вид информации, которая собрана в компьютере и **расположена на экране**, **напечатана** на бумаге или магнитной ленте.
output
displayed on a screen
printed

Модем-это устройство, которое позволяет передавать и принимать данные по обычным телефонным линиям.
modem

Пароль-это слово или **код**, который указывает на **зарегистрированного пользователя**.	password, code authorized user
Меню-это **список возможностей**, которые есть в компьютере.	menu, list of available options
Меню появляется на экране компьютера.	
Текстообработка заменяет печатную машинку.	word processing
Документы, которые **сохранили** в компьютере, можно открывать и печатать в любое время.	have been saved

SOME USEFUL COMPUTER EXPRESSIONS

загружать-загрузить систему	boot
ввод	input
отключать-отключить	quit, shut down, exit
сохранять-сохранить	save
печатать-напечатать	print
стереть	trash, delete, erase, scratch
восстанавливать	retrieve
просмотр	view
накопитель	drive
файл	file
папка	folder
пиктограмма, значок	icon
сканер	scanner
компакт-диск	CD-ROM

5. Complete.
1. Гибкий диск _____, а компакт-диск _____.
2. Компьютер обрабатывает и _____ данные.
3. Компьютер может хранить данные постоянно или _____.
4. Чтобы сохранить данные, компьютер посылает их на _____ или _____ _____.
5. Есть _____ диски и мягкие диски.
6. Гибкие диски называются _____.
7. Компьютер может обрабатывать данные, которые сохранили в памяти компьютера. Можно _____ и _____ данные в любое время.
8. _____-это слово и код, который определяет зарегистрированного пользователя компьютером.
9. Модем позволяет передавать и принимать данные по обычным _____ линиям.
10. _____-это список возможностей, которые есть в компьютере.

6. Answer.
1. Для чего нужен модем?
2. Что такое меню и где оно появляется?
3. Что заменяет печатную машинку?

7. Match.
1. начать работу компьютера   (*a*)   просматривать
2. выйти из системы   (*b*)   отключить программу

3.	открыть	(c)	вводить данные
4.	стереть	(d)	убрать часть данных
5.	сохранить	(e)	включить компьютер
6.	проверять данные на экране	(f)	начать работу компьютера
7.	загрузить систему	(g)	работать с данными, которые сохранили в памяти компьютера
8.	вносить данные в компьютер	(h)	держать данные в компьютере

8. Give the word or term being defined.
1. Маленький компьютер.
2. Иллюстрированное изображение объекта.
3. Прибор, позволяющий читать текст, образы и код изделия.
4. Устройство для ввода и вывода компьютера.
5. Набор клавиш.
6. Инструкции, которые говорят компьютеру, что нужно делать.
7. Прибор, который печатает.
8. Устройство, которое позволяет передавать и принимать данные по телефонным линиям.

Key Words

аппаратные средства	hardware	**магнитная лента**	magnetic tape
ввод	input	**меню**	menu
возврат	return	**модем**	modem
возврат на шаг	backspace	**набор**	set
восстанавливать-восстановить	to retrieve	**накопитель**	drive
временно	temporarily	**начало**	home
вставка	insert	**обрабатывать-обработать**	to process
вывод	output	**обработка**	processing
выходить-выйти из системы	to exit	**отключать-отключить**	to quit, shut down
гибкий диск	soft disk		
данные	data	**отмена**	escape
диск	disk	**память**	memory
дискета	diskette	**папка**	folder
жёсткий диск	hard disk	**пароль**	password
загружать-загрузить систему	boot	**печатать-напечатать**	to print
зарегистрированный пользователь	authorized user	**пиктограмма, значок**	icon
		поиск	search
клавиатура	keyboard	**портативный компьютер**	laptop computer
клавиша	key		
клавиша контроля	control key	**постоянно**	permanently
код	code	**принтер**	printer
компакт-диск	CD-ROM	**программа**	program
конец	end	**программное обеспечение**	software
курсор	cursor	**просмотр**	view
лаптоп	laptop computer	**сканер**	scanner

сохранять-сохранить   to save

стирать-стереть   to erase, delete, trash, scratch

текстообработка   word processing

терминал   terminal

устройство   device

файл   file

хранить-сохранить   to store

экран   screen

Appendix 1: Days of the week
Приложение 1: Дни недели

ЯНВАРЬ						
Понедельник	Вторник	Среда	Четверг	Пятница	Суббота	Воскресенье
			1	2	3	4
5	6	7	8	9	10	11
12	13	14	15	16	17	18
19	20	21	22	23	24	25
26	27	28	29	30	31	

Понедельник, вторник, среда, четверг, пятница, суббота,
    воскресенье.
Понедельник-первый день недели.
Второй день недели-вторник.

По понедельникам.	on Mondays
В понедельник.	on Monday
Выходные дни.	weekend
Будний день.	weekday (workday)
Праздник.	holiday
Рабочий день.	workday
День (какого-либо) святого.	saint's day
День рождения.	birthday
Рождество.	Christmas
Сочельник, канун рождества.	Christmas Eve
Новый год.	New Year's Day
Новогодняя ночь.	New Year's Eve
Пасха.	Easter
Первый день Пасхи.	Easter Sunday
Второй день Пасхи.	Easter Monday
Великая/Страстная пятница.	Good Friday
Пятидесятница, Троицын день.	Pentecost
Первое мая/Праздник Первого мая.	May Day
День Независимости (двенадцатое июня).	Independence Day

Appendix 2: Months of the year and dates
Приложение 2: Месяцы года и числа

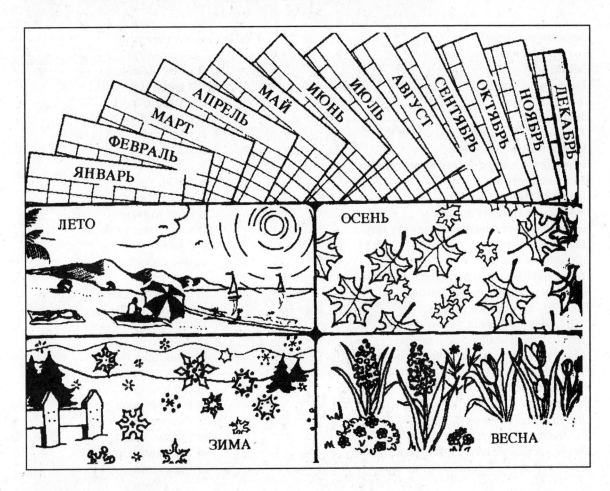

Январь	Июль
Февраль	Август
Март	Сентябрь
Апрель	Октябрь
Май	Ноябрь
Июнь	Декабрь

Какое сегодня число?	What's today's date/the date today?
Сегодня восемнадцатое апреля.[1]	Today is the 18th of April.
Сегодня четверг, восемнадцатое апреля.	Today is Thursday, the 18th of April.
Сегодня первое марта.	Today is the 1st of March.

---

[1]Note that ordinal numbers are used for dates.

Appendix 3: Time and expressions of time
Приложение 3: Время и выражения времени

Сколько времени?	What time is it?
Который сейчас час?	
Сейчас час.	It's one o'clock.
Два часа.	It's two o'clock.
Три часа.	It's three o'clock.
Пять часов.	It's five o'clock.
Пять минут второго.	It's 1:05.
Десять минут третьего.	It's 2:10.
Пятнадцать минут/четверть четвёртого.	It's 3:15.
Половина пятого.	It's 4:30.
Без пяти (минут) час.	It's five to one.
Без десяти (минут) два.	It's ten to two.
Без четверти/пятнадцати (минут) три.	It's a quarter to three.
Два сорок пять.	It's 2:45.
Вы идёте **в час**.	at one o'clock
Поезд отходит/отправляется в 14:10.[1]	
Я приду **ровно в восемь часов**.	at exactly 8 o'clock
Ты придёшь **часов в восемь**.	at about 8 (o'clock)
Они придут **в начале девятого часа**.	a little after 8 (o'clock)
Приходите, пожалуйста, **вовремя**.	on time
Приходите, пожалуйста, **не очень поздно**.	not too late
Не приходите, пожалуйста, **рано**.	early
Мы приходим **утром**.	in the morning
Вы приходите **днём**.	in the afternoon
Они приходят **вечером**.	in the evening
Он приходит в четыре часа **утра**.	in the morning (A.M.)
Она приходит в четыре часа **дня**.	in the afternoon (P.M.)
Мы приходим в шесть часов **вечера**.	in the evening (P.M.)

DIVISIONS OF TIME

секунда	second
минута	minute
час	hour
день	day
сутки	24-hour period
неделя	week
две недели, четырнадцать дней	two weeks
месяц	month
год	year
век	century

---

[1]The 24-hour clock is always used for train and plane schedules, etc. If one does not use it generally, then one has to specify **утра**, **дня**, **вечера**, etc.

OTHER IMPORTANT TIME EXPRESSIONS

рассвет, утренняя заря	dawn, daybreak
на рассвете	at dawn
сумерки, вечерние сумерки	dusk, twilight
в сумерках	at dusk/twilight
утром	in the morning
рано утром	early in the morning
днём	in the afternoon
вечером	in the evening
ночью	at night
в полдень	at noon
в полночь	at midnight
сегодня	today
завтра	tomorrow
послезавтра	day after tomorrow
завтра утром	tomorrow morning
вчера	yesterday
вчера утром	yesterday morning
позавчера	day before yesterday
до понедельника	until Monday
прошлый год	last year
в прошлом году	(during the) last year
будущий год	next year
в будущем году	(during the) next year
год тому назад	a year ago
два года тому назад	two years ago
пять лет тому назад	five years ago
второго числа этого месяца	on the 2nd of this month
на рубеже веков	around the turn of the century
примерно в середине прошлого года	around the middle of last year
примерно в конце этого года	around the end of this year
примерно в конце месяца	around the end of the month
в конце месяца	at the end of the month
к концу месяца	toward the end of the month

Appendix 4: Numbers
Приложение 4: Числа

ноль/нуль	0
один/одна/одно/(одни)	1 (some)
два/две	2
три	3
четыре	4
пять	5
шесть	6
семь	7
восемь	8
девять	9
десять	10
одиннадцать	11
двенадцать	12
тринадцать	13
четырнадцать	14
пятнадцать	15
шестнадцать	16
семнадцать	17
восемнадцать	18
девятнадцать	19
двадцать	20
двадцать один (одна, одно)	21
двадцать два (две)	22
двадцать три	23
двадцать четыре	24
двадцать пять	25
двадцать шесть	26
двадцать семь	27
двадцать восемь	28
двадцать девять	29
тридцать	30
тридцать один (одна, одно)	31
сорок два (две)	42
пятьдесят три	53
шестьдесят четыре	64
семьдесят пять	75
восемьдесят шесть	86
девяносто семь	97
сто	100
двести	200
триста	300
четыреста	400
пятьсот	500
шестьсот	600
семьсот	700
восемьсот	800

девятьсот	900
тысяча	1000[1]
две/три/четыре тысячи	2000, 3000, 4000
пять тысяч	5000
десять тысяч	10 000
сто тридцать четыре	134
двести пятьдесят пять	255
триста сорок семь	347
пятьсот шестьдесят восемь	568
семьсот восемьдесят девять	789
девятьсот девяносто девять	999
тысяча одиннадцать	1011
тысяча четыреста девяносто два	1492
тысяча семьсот восемьдесят четыре	1784
тысяча восемьсот двенадцать	1812
тысяча девятьсот девяносто восемь	1998
миллион	1 000 000
два миллиона	2 000 000
миллиард	1 000 000 000 (one billion)
три миллиарда	3 000 000 000
пять миллиардов	5 000 000 000

ORDINAL NUMERALS

первый	first
второй	second
третий	third
четвёртый	fourth
пятый	fifth
шестой	sixth
седьмой	seventh
восьмой	eighth
девятый	ninth
десятый	tenth
двадцатый	twentieth
тридцатый	thirtieth
сороковой	fortieth
пятидесятый	fiftieth
шестидесятый	sixtieth
семидесятый	seventieth
восьмидесятый	eightieth
девяностый	ninetieth
сотый	one hundredth

---

[1]In Russian no comma is placed to mark thousands, ten thousands, hundred thousands, etc. Instead, beginning with ten thousand, a space separates the units of measure.

Appendix 5: Foods
Приложение 5: Пища, питание, еда

Vegetables   **Овощи**

artichoke   **артишок**
asparagus   **спаржа**
beans (dried, green)   **бобы, фасоль**
beet   **свёкла**
broccoli   **брокколи**
Brussels sprouts   **брюссельская капуста**
cabbage   **капуста**
cabbage, red   **красная капуста**
capers   **каперсы**
carrot   **морковь**
cauliflower   **цветная капуста**
celery   **сельдерей**
chicory   **цикорий**
chives   **шнитт-лук**
eggplant   **баклажан**
endive   **эндивий**
garlic   **чеснок**
greens   **зелень**
leek   **порей (лук-порей)**
lentils   **чечевица**
lettuce   **салат**
lima beans   **лимская фасоль**
mushroom(s)   **гриб(ы)**
onion (bulb,   **лук репчатый, (луковица,**
   green)   **лук зелёный)**
parsley   **петрушка**
peas   **горох**
pepper   **перец**
potato   **картофель, картошка**
pumpkin   **тыква**
radish   **редиска**
rice   **рис**
rutabaga   **брюква**
shallots   **шалот**
spinach   **шпинат**
squash   **кабачок**
sweet potatoes   **сладкий картофель, батат**
turnip   **репа**
watercress   **водяной кресс**
zucchini   **зукини**

Fruits   **Фрукты**

apple   **яблоко**
apricot   **абрикос**
avocado   **авокадо**
banana   **банан**
blackberry   **ежевика**
blueberry   **черника**
cherry: sour, sweet   **вишня, черешня**
coconut   **кокос**
currant: red, black   **красная, чёрная смородина**
date   **финик**
grape   **виноград**
grapefruit   **грейпфрут**
lemon   **лимон**
lime   **лайм**
melon   **дыня**
orange   **апельсин**
papaya   **папайя, дынное дерево**
peach   **персик**
pear   **груша**
pineapple   **ананас**
plum (blue)   **слива**
plums (dried)   **сушёная слива**
pomegranate   **гранат**
prune   **чернослив**
raisin(s)   **изюмина, изюм**
raspberry   **малина**
rhubarb   **ревень**
strawberry: wild   **земляника,**
   and cultivated   **клубника**
tomato   **помидор**
watermelon   **арбуз**

Meats   **Мясо**

bacon   **бекон**
beef   **говядина**
brains   **мозги**
chopped meat   **рубленое мясо**
cold cuts   **мясное ассорти**
filet mignon   **вырезка**

ham   ветчина
hard sausage   салями
heart   сердце
kidneys   почки
lamb   баранина
liver   печень
meatballs   тефтели, фрикадельки
oxtail   бычий/воловий хвост
pork   свинина
sausage   колбаса
suckling pig   поросёнок
sweetbread   субпродукты
tongue (smoked)   язык (копчёный)
tripe   рубец
veal   телятина
venison   оленина

Fowl   Домашняя птица

capon   каплун
chicken   курица
duck   утка
goose   гусь
partridge   куропатка
pheasant   фазан
pigeon   голубь
quail   перепел
turkey   индейка

Fish and shellfish   Рыба и моллюски

anchovies   анчоусы
bass   окунь
carp   карп, сазан
clams   моллюски
cod   треска
crab   краб
crayfish   рак
eel   угорь
flounder   камбала
frogs' legs   лягушачьи лапки
haddock   пикша
hake   хек
herring   сельдь, селёдка
lobster   омар
mackerel   макрель
mussel(s)   мидия (мидии)
octopus   осьминог
oyster   устрица
perch   окунь
prawns   креветки

salmon (smoked)   лосось (сёмга)
sardine   сардинка
sea urchin   морской ёж
shrimp   креветки
snail   улитка
sole   камбала
squid   кальмар
swordfish   меч-рыба
trout   форель
tuna   тунец
turbot   тюрбо
whiting   хек, мерланг

Condiments,   Приправа, соусы и
  sauces and spices   специи

anise   анис
basil   базилик
bay leaf   лавровый лист
capers   каперсы
caraway   тмин
cayenne   перец стручковый (кайенский)
cinnamon   корица
clove   гвоздика
coriander   кориандр
curry   кэрри
dill   укроп
garlic   чеснок
ginger   имбирь
horseradish   хрен
ketchup   кетчуп
marjoram   майоран
mayonnaise   майонез
mint   мята
mustard   горчица
nutmeg   мускатный орех
paprika   паприка
parsley   петрушка
pepper   перец
rosemary   розмарин
saffron   шафран
salt   соль
sesame   кунжут
tarragon   эстрагон
thyme   тимьян, чабрец
vanilla   ваниль

Sweets   Сладости

cake   торт, кекс
candy   конфеты
chewing gum   жевачка

chocolate   **шоколад**
cookie   **печенье**
cream puff   **заварное пирожное**
custard, cream   **крем брюле**
doughnut   **пончик**
honey   **мёд**
ice cream   **мороженое**
jam   **варенье, джем**
jello   **желе**
marmalade   **джем, повидло**
pancakes   **блины, оладьи**
pastry   **пирожное**
pudding   **пудинг**
syrup   **сироп**
tart   **пирог, пирожок**
waffles   **вафля**

Beverages   Напитки

aperitif   **аперитив**
beer   **пиво**
black coffee   **кофе чёрный**
cappuccino   **кофе капуцин**
coffee with cream   **кофе со сливками**
coffee with milk   **кофе с молоком**
espresso   **кофе «экспресс»**
hot chocolate   **какао**
juice   **сок**
lemonade   **лимонад**
milk   **молоко**
milk shake   **молочный коктейль**
mineral water   **минеральная вода**
carbonated water   **газированная вода**
soda water   **содовая вода**
tea   **чай**

wine   **вино**
red wine   **красное вино**
white wine   **белое вино**

Miscellaneous   Разное

baking powder   **пекарный порошок**
biscuit   **сухое печенье**
bread   **хлеб**
butter   **сливочное масло**
cheese   **сыр**
cornstarch   **крахмал**
cream (shipped)   **сливки (взбитые)**
egg yolk   **яичный желток**
flour   **мука**
French fries   **картофель фри**
gravy   **подливка, соус**
lard   **сало**
margarine   **маргарин**
noodles   **лапша**
nuts   **орехи**
oats   **овёс/овсяный**
rolled oats   **овсяная крупа**
oil   **масло**
olives (green, black)   **оливки, маслины**
olive oil   **оливковое масло**
pasta   **макаронные изделия, спагетти**
peanut   **арахис**
roll   **булочка**
sandwich   **бутерброд**
shortening   **жир**
spaghetti   **спагетти**
sugar   **сахар**
vinegar   **уксус**

Answers to exercises
Ответы к упражнениям

Chapter 1: At the airport

1.
1. автобусе
2. главного вокзала
3. отправляются

2.
1. залов ожидания
2. международных рейсов
3. зал ожидания
4. внутренних рейсов
5. международный рейс
6. зал ожидания

3.
1. стойке регистрации
2. длинная очередь
3. стойки
4. билет
5. международного рейса
6. паспорт

4.
1. международный рейс
2. стойки регистрации
3. билет; паспорт
4. в салоне для некурящих
5. ряд; в салоне для некурящих
6. ручная кладь; портфель
7. жетон
8. посадочный талон
9. место; ряд; салоне для некурящих
10. багажная квитанция; получить

5.
1. у стойки регистрации
2. с работником аэропорта
3. она показывает билет
4. в салоне для некурящих
5. у неё два чемодана
6. да, есть
7. портфель
8. да, уместится
9. посадочный талон
10. рейс 375
11. в Лондон
12. место B
13. в двадцатом ряду
14. два чемодана
15. в Лондоне

6.
1. (*a*)
2. (*b*)
3. (*c*)
4. (*a*)
5. (*b*)

7.
1. к вылету
2. вылет рейса
3. Лондон
4. к выходу 18
5. ручная кладь; досмотр
6. выходу

8.
1. вылет
2. рейс
3. досмотр ручной клади
4. выходу

9.
1. объявление
2. рейсе
3. из
4. в

10.
1. опоздал
2. рейс
3. заполнен
4. места
5. заполнен
6. цена
7. сделать отметку
8. беспосадочный рейс
9. посадкой

11.
1. зала ожидания; международных рейсов; внутренних рейсов
2. служащий аэропорта; стойкой регистрации
3. билеты; паспорта
4. билет
5. багажные квитанции; они
6. ручную кладь; ручная кладь
7. у прохода
8. свободные места
9. посадочный талон; место; ряд
10. посадкой; пересадку
11. посадка; в
12. выходу

12.
1. в аэропорт
2. два
3. один зал для международных рейсов, другой для внутренних
4. к стойке регистрации
5. билет и паспорт
6. два чемодана
7. к билету

8. в Нью-Йорке
9. ручную кладь
10. под сиденье
11. нет
12. есть свободные места
13. на месте C, в ряду 22, в салоне для некурящих
14. номер 18
15. нет, с посадкой

13.
1. рейсом
2. в
3. посадка
4. пересадку
5. месте
6. ряду
7. салоне для некурящих

Chapter 2: On the airplane

1.
1. экипаж
2. бортпроводники
3. салон первого класса; передней части
4. главной части
5. кабину для экипажа
6. бортпроводники
7. взлетает
8. приземляется

2.
1. экипаж   5. высоте
2. приветствуют   6. скорость
3. взлетает   7. в час
4. время полёта

3.
1. под сиденьями
2. из потолка вылетят кислородные маски
3. в передней и хвостовой частях самолёта

4.
1. взлёта
2. посадки
3. должны
4. ремни безопасности
5. пристёгнутыми ремнями
6. турбуленции
7. тряску

5.
1. проходах, туалетах, салоне для некурящих
2. включено табло «Не курить»
3. табло «Не курить»

6.
1. проходе
2. уместиться

3. сиденьем
4. в отделении над сиденьем
5. взлёта
6. посадки
7. спинки кресел
8. вертикальное

7.
1. питание   6. оплата
2. завтрак   7. наушники
3. наушниках   8. подушки
4. стерео каналов   9. одеяла
5. фильм

8.
1. одеяло   2. подушку

9.
1. части; первый класс; часть; экономический класс
2. бортпроводники
3. кислородные маски
4. ручная кладь
5. взлёта; посадки
6. «Не курить»
7. спинки кресел
8. ремнями
9. напитки; питание
10. наушники; платная

10.
1. (e)   6. (j)
2. (i)   7. (c)
3. (f)   8. (l)
4. (b)   9. (h)
5. (a)   10. (m)

11.
1. бортпроводники
2. два салона
3. кислородными масками; спасательными жилетами
4. под сиденье или в отделение над сиденьем
5. в проходах, туалетах, салоне для некурящих
6. пристегнуть ремни безопасности и привести спинки кресел в вертикальное положение
7. самолёт может попасть в турбулентную зону
8. напитки и питание, фильмы
9. одеяла и подушки
10. о продолжительности полёта, о маршруте и скорости полёта

Chapter 3: Passport control and customs

1.
1. паспорт
2. вот

3. надолго
4. несколько дней
5. ночевать
6. в командировку
7. на отдых
8. отдых

2. 1. декларации; зелёный коридор; декларации
2. заявить в декларации; пошлину
3. декларацию
4. личные принадлежности

Chapter 4: At the train station

1. 1. билет
2. с оборотом
3. в один конец

2. 1. билет
2. в один конец
3. в оба конца; с оборотом

3. 1. в билетную кассу
2. билетная касса

4. 1. главном вокзале
2. билет
3. в один конец
4. с оборотом
5. в один конец
6. скорый
7. дополнительная сумма

5. 1. в два часа
2. нет, с задержкой
3. в два часа 50 минут
4. да, опаздывает
5. на 50 минут
6. в зале ожидания

6. 1. опаздывает
2. 50 (минут)
3. зале ожидания

7. 1. багажа
2. носильщик
3. чемоданы
4. камеру хранения
5. багажную квитанцию
6. получить багаж

8. 1. багажа
2. носильщика
3. носильщик

4. камеру хранения
5. камеру хранения
6. сдать
7. багажную квитанцию
8. получит обратно
9. багажная квитанция

9. 1. с седьмого пути
2. бронь
3. купе, вагон

10. 1. платформу
2. купе

11. 1. проводник
2. купейном вагоне
3. вагоне-ресторане

12. 1. Т 5. F
2. F 6. F
3. F 7. Т
4. F 8. F

13. 1. на такси
2. много чемоданов
3. носильщика
4. нет, не вовремя
5. на час
6. в камеру хранения
7. в билетной кассе
8. нет, с оборотом
9. в купейном
10. в камеру хранения
11. на платформу
12. вагон номер 7
13. место номер 23
14. ей надо ехать всю ночь
15. показать билет

14. 1. (b) 4. (f)
2. (d) 5. (a)
3. (e) 6. (c)

Chapter 5: The automobile

1. 1. взять напрокат
2. с оплатой в день; с оплатой в неделю
3. стоит; в неделю
4. пробег в километрах
5. бензин
6. водительские права
7. полную страховку

2. 1. взять напрокат
2. машину

   3. в день
   4. в неделю
   5. в день
   6. в неделю
   7. пробег в километрах
   8. за пробег
   9. бензин
  10. страховку
  11. водительские права
  12. задаток
  13. кредитной карточкой
  14. кредитной карточкой
  15. подпишите

3.
1. (*b*)　　　6. (*b*)
2. (*a*)　　　7. (*b*)
3. (*b*)　　　8. (*b*)
4. (*a*)　　　9. (*c*)
5. (*c*)　　10. (*b*)

4.
1. скорости
2. сигнал поворота
3. отделении для перчаток
4. багажнике

5.
1. 4　　　　3. 6.
2. 2.

6.
1. бак; беизоколонку
2. бак; 20
3. масло
4. воду в радиаторе
5. лобовое стекло
6. тормозную жидкость; давление в шинах

7.
1. сломалась　　3. буксир
2. заглохла　　　4. отбуксировал

8.
1. стучит
2. воды
3. буксир
4. запчастей
5. починить/отремонтировать

Chapter 6: Asking for directions

1.
1. заблудился　　8. улица
2. улица　　　　9. перекрёсток
3. перекрёсток　10. назад/обратно
4. далеко　　　11. налево
5. пешком　　　12. три
6. назад　　　　13. направо
7. налево　　　14. перекрёсток

2.
1. далеко
2. пешком
3. автобус
4. остановка автобуса
5. углу
6. выйти

3.
1. пригород
2. автостраде
3. большое движение
4. час пик
5. автостраде
6. два ряда
7. ряду; выезде
8. улица с односторонним движением
9. светофор

5.
1. (*d*)　　　4. (*c*)
2. (*f*)　　　5. (*a*)
3. (*b*)　　　6. (*e*)

6.
1. перекрёсток　4. до
2. прямо　　　　5. в
3. отсюда

Chapter 7: A telephone call

1.
1. позвонить
2. номера телефона
3. телефонной книге
4. в пределах города
5. прямым набором
6. берёт
7. длинного гудка

2.
1. заказать междугородний разговор
2. диспетчеру
3. код города
4. конкретным абонентом
5. соедините

3.
1. телефонной будке
2. телефоном-автоматом
3. монеты
4. снять трубку
5. длинного гудка
6. номер

4.
1. Волков　　　4. передайте
2. Андрея　　　5. сообщение
3. его

5.
1. длинного гудка
2. не работает

3. линия занята
4. неправильно набрал номер
5. перезвонить попозже
6. разъединили
7. коммутатор; добавочный номер

6.
1. Отвечает диспетчер коммутатора, а не подруга.
2. Линия занята.
3. Никто не отвечает/Никто не берёт трубку.
4. Диспетчер неправильно соединила.

7. 4, 1, 5, 3, 6, 7, 2

8.
1. не работает
2. занята
3. диспетчеру
4. сообщение
5. неправильно набрал номер

9.
1. Междугородний разговор.
2. Она уже знает номер телефона своей подруги.
3. Она знает и код города.
4. Она поднимает трубку.
5. Отвечает диспетчер коммутатора.
6. Линия занята.
7. Никто не отвечает.
8. Да.
9. Нет, это не её подруга.
10. Диспетчер неправильно соединила.
11. Да, ответила.
12. Да, немного.
13. Их разъединили.

Chapter 8: Public transportation

1.
1. метро
2. станция
3. на автобусе
4. на троллейбусе
5. пересадкой
6. на трамвае
7. займёт

2.
1. доехать
2. остановка
3. остановок
4. остановки
5. выходить
6. проезд
7. платить
8. киоске
9. книжечкой
10. талонов

3.
1. на автобусе номер 5.
2. три
3. один рубль
4. в киоске

4.
1. входят
2. вперёд
3. следующая
4. выходите
5. пройти
6. передайте
7. закомпостируйте
8. передавал

5.
1. идёт
2. пересесть
3. обратном

6.
1. проходите
2. оплачивайте
3. площадки
4. предъявляйте
5. сохраняйте

7.
1. T
2. F
3. F
4. F
5. T

8.
1. метро
2. вход
3. жетон
4. эскалаторе
5. поднимаемся
6. тоннель
7. кольцевую

9.
1. (*a*)
2. (*c*)
3. (*a*)
4. (*a*)

10.
1. закрываются
2. следующая
3. выход
4. переход

11.
1. такси
2. очередь
3. свободно
4. взять
5. отвезите
6. багажник
7. остановите
8. меня

12.
1. в театр
2. у неё мало времени
3. одна очередь на такси, а другая-на маршрутное такси
4. это быстрее
5. куда её отвезти
6. Ольга просит отвезти её в театр
7. около театра
8. по счётчику

Chapter 9: At the hotel

1.
1. одноместный номер
2. двухместный номер
3. двуспальная кровать; кровати
4. дворик
5. видом на море

6. питанием
7. завтрак; обслуживание
8. отоплением
9. ванной
10. забронировал; подтверждение брони
11. портье
12. мест нет
13. бланк регистрации; паспорт
14. носильщик
15. кредитной карточкой

2.
1. номер
2. забронировали номер?
3. заняты
4. есть
5. двуспальной кроватью
6. с двумя кроватями
7. кроватями
8. дворик
9. улицу
10. видом на улицу
11. стоит
12. обслуживание
13. обслуживание
14. пятницы (answers may vary)
15. отапливаются
16. отопление
17. заполните
18. подпишите
19. паспорт/удостоверение личности
20. носильщик

3.
1. горничную
2. прачечная
3. постирать; погладить
4. химчистку
5. розетка
6. одеяло
7. банное; банное
8. душа; мыла
9. вешалок
10. туалетной бумаги

5.
1. лампочка; выключатель
2. кран
3. засорилась
4. горячей воды

7.
1. что-нибудь ещё заказывали?
2. звонили по телефону?
3. счёт
4. итого
5. заказывал
6. посчитали
7. кредитные карточки
8. кредитная карточка

8.
1. портье
2. заполнить; паспорт
3. номер на одного/одноместный номер; номер на двоих/двухместный номер
4. обслуживание
5. улицу; комнате; на дворик
6. бронируют
7. мест нет
8. носильщик
9. горничные
10. мыло, полотенце, душ
11. отапливаются
12. одеяло
13. вешалках
14. прачечная
15. заказать
16. освободить
17. портье
18. кредитной карточкой

9.
1. Нет, окна выходят на океан.
2. Да, есть балкон.
3. В номере есть двуспальная кровать.
4. Это номер на двоих/двухместный номер.
5. Да, в номере есть ванная.
6. В ванной есть душ, раковина и унитаз.

10.
1. Да.
2. Нет.
3. Нет.
4. Нет.
5. Да.
6. Нет.

11.
1. одноместный
2. одно одеяло, одна подушка
3. горничная
4. убирает комнату
5. вешалки
6. да, есть ванная
7. да, есть
8. да, есть три полотенца
9. один рулон

Chapter 10: At the bank

1.
1. денег
2. российские рубли
3. пошлина за обмен
4. банке
5. пошлина за обмен

2.
1. обменять
2. дорожные чеки
3. курс обмена
4. кассу

3. 1. наличными
2. наличных
3. обналичить чек

4. 1. сдачи
2. разменяете
3. рублёвую купюру

5. 1. долларах 7. разменять
2. курс обмена 8. рублёвую
3. стоит 9. купюр
4. к 10. мелочи
5. кассе 11. купюру
6. купюр

6. 1. срочный вклад
2. положу
3. деньги
4. сберегательную книжку
5. копить/откладывать
6. снимать
7. сбережения

7. 1. баланс
2. новые чеки
3. обналичить; чековый счёт
4. расписаться
5. чеком

8. 1. рассрочку
2. всю сумму наличными
3. задаток
4. взять ссуду
5. процентный показатель
6. ежемесячной оплаты
7. срок

9. 1. (b) 9. (i)
2. (m) 10. (c)
3. (u) 11. (q)
4. (l) 12. (f)
5. (a) 13. (s)
6. (d) 14. (p)
7. (g) 15. (h)
8. (j)

10. 1. обменяю 6. заплатил
2. положу 7. разменять
3. обналичить 8. снять
4. подписать 9. платить
5. взять 10. открыл

11. 1. на 4. -ыми
2. к 5. в
3. -ыми

Chapter 11: At the post office

1. 1. почтовый ящик
2. почту
3. пересылка
4. марок
5. марки
6. почте

2. 1. почте
2. пересылка
3. авиапочтой
4. простой почтой
5. марку
6. 60
7. заказной почтой

3. 1. один рубль
2. авиапочтой
3. Иванова Ольга
4. 420015
5. Крылов А. И.
6. две

4. 1. посылку/бандероль
2. весов
3. указывать ценность
4. таможенную декларацию
5. бьющееся
6. через/за
7. пересылка

5. 1. почтовому ящику
2. почтальон
3. почта
4. почта

Chapter 12: At the hairdresser's/salon

1. 1. стрижка
2. подровняйте
3. мыть шапунем
4. бороду; усы
5. постригите
6. состригайте
7. ножницами; машинкой
8. бреюсь

2. 1. (c) 4. (b)
2. (e) 5. (d)
3. (a) 6. (f)

3. 1. макушки 3. боков
2. шеи 4. сзади

4.
1. помойте
2. уложите
3. подровнять
4. красить
5. покрывайте лаком

Chapter 13: At the clothing store

1.
1. туфли
2. да, на резиновой подошве
3. низкие
4. да, со шнурками

2.
1. туфли
2. размер
3. размер
4. каблук
5. каблуки
6. подходят
7. пальцам
8. узкие
9. большего

3. Answers may vary.

4.
1. хотели
2. шерстяную, фланелевую
3. шерстяная
4. фланелевая
5. хлопчатобумажную
6. размер
7. размер
8. рукавами
9. рукавами
10. полосатую
11. клетчатую
12. полосатую
13. пиджаком
14. галстук
15. подходит

5.
1. (c)
2. (d)
3. (c)
4. (d)

6.
1. клетчатому
2. молния/змейка
3. каблуков
4. ремень
5. плащ
6. трусы; майки
7. снять с меня мерки
8. немнущаяся
9. подходит
10. жмёт

7. Answers may vary.

8.
1. (a)
2. (a)
3. (b)
4. (b)
5. (a)

9.
1. трусы; лифчик; комбинацию
2. немнущейся
3. подходит; клетчатой
4. снять с меня мерки

10.
1. полосатая
2. клетчатая
3. в горошек

Chapter 14: At the dry cleaner (laundry)

1.
1. сядет; отдать в химчистку
2. грязная; погладить
3. крахмалить
4. подкладка; отпоролась; подшить
5. заштопать
6. пришить
7. пятно/его

2.
1. постирать
2. погладить
3. крахмалить
4. удалить/вывести
5. выводить
6. пятна
7. сядет

Chapter 15: At the restaurant

1.
1. заказывал; столик
2. хороший ресторан
3. умеренные, доступные цены
4. в садике, на улице, на террасе

2.
1. заказывали
2. заказал
3. столик
4. столик в углу
5. окна

3.
1. официант
2. будете
3. меню
4. читают/смотрят

4.
1. ресторан по умеренным ценам
2. четыре человека
3. у окна
4. официант
5. пиво, меню

5.
1. фирменные блюда
2. блюдо
3. второе (мясное, рыбное)
4. перечень вин
5. порекомендует

6.
1. мясо на гриле
2. мясо в собственном соку
3. запечённое мясо
4. тушёное мясо
5. запечённое мясо
6. жареное мясо

7.
1. отбивные
2. белое мясо
3. куриные ножки

8.
1. отварная рыба
2. тушёная рыба
3. слегка обжаренная рыба
4. жареная рыба
5. рыба, обжаренная в сухарях
6. рыба, жареная во фритюре

9.
1. солонке; перечнице
2. сахар
3. вилки, ложки, ножа
4. пересолена

10.
1. столовая ложка
2. чайная ложка
3. скатерть
4. бокал для вина
5. тарелка
6. блюдце
7. солонка
8. салфетка
9. нож
10. вилка

11.
1. счёт
2. включено
3. чаевых
4. кредитные карточки
5. квитанцию

12.
1. ресторане
2. углу
3. заказали
4. пиво
5. официант
6. горячих блюда

13.
1. одного прибора
2. пиво
3. холодные закуски
4. мороженое с клубникой, малиной и
   взбитыми сливками
5. в кафе
6. да, было включено
7. чаевые; потому что обслуживание
   было очень приятным

Chapter 16: Shopping for food

1.
1. хлебном магазине
2. мясном магазине
3. молочном магазине
4. рыбном магазине

2.
1. в хлебном магазине
2. в мясном магазине
3. в рыбном магазине
4. в молочном магазине
5. в колбасном отделе
6. в кондитерском магазине/отделе
7. в магазине «Фрукты-Овощи»
8. в кондитерском магазине
9. в винном отделе

3.
1. стоит
2. свежие
3. сколько
4. мне/дайте
5. рубль
6. полиэтиленовый пакет

4.
1. (*a*)   4. (*a*)
2. (*c*)   5. (*b*)
3. (*b*)   6. (*c*)

5.
1. замороженная
2. завернуть
3. пакетик
4. моющее средство

6.
1. головка   8. пачка
2. килограмм   9. бутылка
3. пачка   10. ростбифа
4. банка   11. десяток
5. пучок   12. пакетик
6. бутылка   13. грамм
7. букет

Chapter 17: At the farmer's market

1.
1. зелень
2. сметана, сыр, творог, простокваша
3. квашеная капуста, малосольные
   огурцы, солёные огурцы
4. маринованные грибы

2.
1. на рынок
2. зелень
3. в овощных рядах
4. в мясном павильоне
5. в павильоне «Соленья и маринады»

6. в цветочных рядах и павильоне
7. молоко, сметана, творог, сыр, масло
8. малосольные, солёные

3. 1. ягоды/клубнику
2. просит
3. тридцать
4. дёшево
5. тридцать пять

4. 1. F   4. F
2. T   5. T
3. F

5. 1. стакан   3. килограмм
2. банка

6. 1. редиски   4. взвесить
2. зелень   5. сколько
3. почём   6. с вас

7. 1. на рынок
2. потому что там продукты более свежие
3. пучок редиски, помидоры, огурцы
4. укроп, петрушку, салат
5. малину, клубнику, чернику
6. два стакана
7. стакан
8. квашеную капусту и малосольные огурцы
9. сыр, масло и сметану
10. хороший кусок мяса

Chapter 18: At home

1. 1. кран
2. моющим средством
3. в сушилку для посуды
4. полотенцем для посуды
5. посудомоечной машине

2. 1. кастрюля   3. лист, противень
2. сковородка   4. сковородка

3. 1. нож
2. картофелечистка
3. веничек
4. дуршлаг
5. штопор
6. консервный нож

4. 1. накрошу; сковородке
2. варить

3. запекаю
4. кипения

5. 1. запекать   4. варить
2. жарить   5. запекать
3. слегка обжарить   6. растопить

6. 1. да   5. да
2. один   6. газовая
3. да   7. четыре
4. да   8. да

7. 1. мыло и вода
2. мыльницу
3. ванне
4. полотенцем
5. вешалке для полотенец
6. зеркало
7. щётку, стакан
8. шапочку для душа
9. унитаз
10. банный халат

8. 1. банный халат
2. мочалка
3. унитаз
4. аптечка
5. ванна
6. душ
7. полотенце
8. зеркало
9. туалетная бумага
10. мыло
11. вешалка для полотенец
12. кафель
13. зубная щётка
14. коврик для ванной
15. раковина

9. 1. сахарницу   4. перечницу
2. маслёнку   5. соусницу
3. солонку

10. 1. салатнице
2. глубокой тарелке
3. блюде
4. соуснице
5. духовке

11. 1. чайная ложка
2. столовая ложка
3. нож
4. вилка
5. тарелка
6. соусница
7. чашка

8. стакан для воды
9. бокал для вина
10. солонка
11. перечница
12. скатерть
13. салфетка

12.
1. занавески
2. книжном шкафу
3. кресло, камина
4. рамке
5. кровати
6. телевизор, радио
7. журнальный столик, ковёр
8. кресле, диване
9. газеты, радио
10. гостей

13.
1. ночном столике, настольная лампа
2. двуспальная кровать
3. подушки, наволочках
4. ящиков
5. вешалок, плечиков

14. подушка, наволочка, одеяло, простыня, матрац, покрывало

15. Answers may vary for all 6 questions.

16.
1. стирать
2. стиральная машина
3. гладить
4. утюг
5. гладильную доску
6. пылесосить
7. стиральную машину
8. пыль
9. пылесосить
10. стиральной машине
11. пыль

17. 1. (*b*); 2. (*d*); 3. (*a*); 4. (*c*); 5. (*f*).

18.
1. грязной посуды
2. посудомоечную машину

19.
1. лампочка перегорела
2. штепсель
3. розетка

20.
1. выключал
2. предохранитель
3. предохранителя
4. предохранитель
5. электрика

21.
1. засорилась
2. проходит
3. водопроводчика
4. трубы

Chapter 19: At the doctor's office

1.
1. горло
2. озноб
3. лимфатические узлы
4. заложен
5. грипп

2.
1. врача
2. беспокоит?
3. простуда
4. грипп
5. симптомы
6. горло
7. озноб
8. рот
9. горло
10. опухшие
11. глубоко
12. грудная клетка
13. кашляю
14. температуру
15. есть аллергия
16. рукав
17. укол
18. выпишу
19. таблетки

3.
1. грипп, температура
2. озноб
3. посмотреть, рот
4. укол, рукав

4.
1. сердца
2. аллергия
3. полиомиелита, кори, сделать прививки
4. астмой
5. жизненно важные органы
6. группу крови
7. психические отклонения
8. сердце, печень, почки
9. ветрянкой, свинкой
10. астма
11. артериальное давление
12. анализ
13. электрокардиограмму
14. вырвать

5. 1, 2, 4, 5, 6, 8, 10, 11.

6.
1. ногу
2. рентгеновский снимок
3. наложил
4. костылях

7. 1. перевяжет   2. мыть

8.
1. пальцы
2. локоть
3. запястье
4. нога
5. лодыжка
6. бок
7. плечо

Chapter 20: At the hospital

1.
1. на «Скорой помощи»
2. нет, не может
3. на носилках
4. проверяет его пульс
5. врач, интерн
6. в кабинете неотложной помощи
7. у пациента боли в животе
8. рентгеновские снимки
9. в отделение радиологии

2.
1. форму, анкету

3.
1. носилках
2. носилки, инвалидную коляску
3. неотложной помощи
4. пульс, артериальное давление
5. осматривает

4.
1. оперировать
2. операционную
3. транквилизатора
4. каталке
5. операционный стол
6. анестезиолог
7. хирург
8. операцию
9. удаляет

5.
1. делать операцию
2. хирургическое вмешательство
3. удаляют аппендикс
4. воспаление аппендикса

6.
1. послеоперационную палату
2. кислород
3. питание
4. прогноз

7.
1. беременна
2. роды
3. роды, схватки
4. акушерка
5. родильном зале

8.
1. боли в животе
2. «Скорой помощи»

3. носилках
4. отделении неотложной помощи
5. пульс, температуру
6. симптомах
7. радиологии, рентгеновские снимки
8. операцию
9. транквилизатора
10. операционный стол
11. анестезиолог
12. хирург; аппендикс
13. наложил швы
14. послеоперационной палате
15. кислородные трубки
16. внутривенное
17. прогноз

Chapter 21: At the theater and the movies

1.
1. театр
2. комедию
3. актёр, актриса
4. героя
5. действий
6. опускается/закрывается
7. антракт
8. сцену
9. спектакль
10. свистят

2.
1. трагедия
2. актриса
3. свистеть
4. занавес поднимается

3.
1. кассы театра
2. есть
3. спектакль
4. проданы
5. билеты
6. бельэтаже
7. балконе
8. билета
9. бельэтаж
10. стоят
11. билеты
12. ряд
13. начинается

4.
1. в кассе
2. нет
3. билетов
4. нет
5. два
6. нет
7. все билеты в партер проданы
8. в бельэтаже
9. оттуда плохо видно
10. в партере или бельэтаже

5.
1. Билеты можно купить в кассе.

2. Билетёр показывает зрителю, как пройти к своему месту.
3. В театре надо сдать пальто в гардероб.
4. Занавес поднимается, когда начинается спектакль.
5. В театре лучше всего видно из партера.

6.
1. идёт
2. снят
3. дублированный
4. есть
5. экрану

Chapter 22: Sports

1.
1. лыжах
2. лыжи; палки
3. ботинки; лыжам
4. костюм; шапочка
5. шерстяные
6. лыжне; лыжников
7. лыжный; популярен

2.
1. одиннадцать
2. на футбольном поле
3. вратарь
4. ловит
5. пинает
6. судья
7. счёт

3.
1. команды
2. футбольном поле
3. одиннадцать
4. передачу
5. пинает
6. ловит
7. тайм
8. ничейный

4.
1. на хоккейной площадке
2. две команды
3. когда судья даёт свисток
4. вратарь
5. в маске и щитках
6. клюшкой
7. шайбу
8. штрафной бросок (пенальти)
9. «Шайбу! Шайбу!»
10. на штрафной скамейке

5.
1. площадке; команды
2. свисток
3. вратарь

4. шайбу; она
5. штрафной
6. шайбу
7. «Шайбу! Шайбу!»
8. штрафной скамейке
9. звено
10. ничья

Chapter 23: The weather

1.
1. тёплая погода; светит
2. холодно; снег
3. ясное; хороший
4. плохая
5. прохладно
6. туман
7. гром; молния
8. моросит
9. буран
10. неустойчивая погода

2.
1. дождь
2. гром; молнии
3. снег
4. светит
5. тепло

3.
1. дождь, солнце, тепло, холодно
2. ясное небо, солнце светит
3. сильный дождь, гром, молнии
4. тепло, солнечно

4.
1. моросит, идёт
2. гром, молния, дождь
3. гроза
4. облачно, пасмурно
5. светит, тепло
6. влажно, тепло
7. гроза, молния
8. гроза, гром

5.
1. гроза
2. душно
3. неустойчивая
4. хороший

6.
1. F
2. T
3. T
4. F
5. F

7. (1)
1. нет
2. нет
3. на юге
4. на восточном побережье
5. да
6. западный
7. 25 градусов
8. 20 градусов
9. 735 миллиметров ртутного столба

(2) 1. к вечеру
     2. да
     3. два градуса тепла
     4. минус семь градусов
     5. ясно, теплее

8. 1. местами
     2. переменная облачность
     3. западный ветер
     4. неустойчивая погода
     5. максимальная температура
     6. минимальная температура

Chapter 24: Education

1. 1. (*f*)   5. (*c*)
     2. (*e*)   6. (*g*)
     3. (*b*)   7. (*h*)
     4. (*d*)

2. 1. школьники
     2. начальная
     3. учитель/учительница
     4. учебникам
     5. доске

3. 1. неполное среднее и полное среднее
        образование
     2. в школьных рюкзаках
     3. разные предметы
     4. делают записи
     5. в тетради
     6. тетради
     7. хорошие оценки
     8. аттестат зрелости

4. 1. (*a*)   4. (*a*)
     2. (*a*)   5. (*b*)
     3. (*a*)

5. 1. A   3. C
     2. B   4. D

6. 1. школьных рюкзаках
     2. оценки
     3. аттестат зрелости
     4. неполное среднее образование
     5. полное среднее образование

7. 1. поступить в университет
     2. 1 сентября
     3. стипендию
     4. ректор
     5. стать доктором наук

6. аттестат зрелости
7. лекцию
8. вступительные экзамены
9. декан
10. диплом

8. 1. вступительные экзамены; аттестат
        зрелости
     2. специальность
     3. историческом
     4. занятий
     5. лекцию
     6. слушают

9. 1. поступают
     2. аттестат зрелости
     3. answers may vary
     4. answers may vary
     5. профессоров
     6. студенты, которые хорошо учатся

10. 1. медицинский институт
     2. юридический факультет
     3. биологический факультет
     4. физический факультет
     5. исторический факультет

Chapter 25: Government and politics

1. 1. федеральное
     2. из автономых республик и округов
     3. Совет Федерации и Государственная
        Дума
     4. своих представителей
     5. из депутатов
     6. премьер-министр
     7. министры
     8. премьер-министр
     9. министерство иностранных дел
        министерство внутренних дел
        министерство финансов
        министерство юстиции
        министерство образования
     10. Коммунистическая партия Российской
        Федерации
        «Наш дом Россия»
        «Яблоко»
        Либерально-Демократическая партия
        России
        Женщины России

2. 1. министерство образования
     2. министерство иностранных дел
     3. министерство внутренних дел

4. министерство финансов
5. министерство юстиции

3.
1. в демократических
2. голосовать
3. да, есть
4. правительство
5. нет

4.
1. право голоса
2. совершеннолетним
3. права граждан
4. свобода печати, свобода слова
5. диктатуре
6. демонстрации
7. левые
8. правые

5.
1. проводить референдум
2. поправка в конституции
3. большинство
4. оппозиция
5. рассматривать
6. комитет
7. коалиция

6. 3, 4, 1, 2, 5

7.
1. обсуждать
2. референдум
3. вотуме доверия
4. внести; поддержать; одобрить
5. оппозиция

Chapter 26: Crime

1.
1. грабитель
2. грабитель
3. ограбление, воровство
4. ограбление
5. убийство
6. убитый; убийца
7. огнестрельное оружие; холодное оружие
8. изнасилование

2.
1. Да, молодая женщина была жертвой преступления.
2. Да, у неё кошелёк.
3. Да, было два карманных вора.
4. Да, молодая женщина пришла в полицейский участок.
5. Да, она заявила о преступлении.
6. Да, милиционер допросил её.
7. Да, она дала описание грабителей.

Chapter 27: Business

1.
1. (d)   4. (c)
2. (a)   5. (b)
3. (e)   6. (f)

2.
1. Цель бизнеса—получение прибыли
2. Покупатели—это потребители.
3. Люди, которые владеют акциями,—это акционеры.
4. IBM—акционерное предприятие.
5. Они—оптовые торговцы.
6. Он—розничный торговец.

3.
1. продавец, покупатель
2. потребители
3. оптовые торговцы
4. розничные торговцы
5. оптом
6. партнёров
7. компаний
8. совет директоров
9. совет директоров
10. акций
11. растёт, падает

4.
1. рынок
2. за продвижение товара на рынке
3. спрос и предложение
4. прибыль
5. налоги

5.
1. рынок
2. налоги
3. прибыль
4. цену
5. спрос и предложение
6. отвечает за продвижение товара на рынке

6.
1. бухгалтерии   5. актив
2. ведомости   6. прибыльной
3. баланс   7. банкротство
4. пассив

Chapter 28: The computer

1.
1. компьютер
2. портативный компьютер
3. клавиатура
4. принтер
5. дисплей, монитор
6. клавиша
7. персональный компьютер
8. настольный компьютер

2. 1. портативный компьютер
2. обрабатывает
3. данных
4. клавиатура, монитор
5. клавиши
6. монитор, принтер
7. программное обеспечение

3. 1. Компьютер и всё оборудование, присоединённое к нему.
2. Инструкции, которые указывают компьютеру, что он должен делать.
3. Устройство для ввода и вывода.

4. 1. инструкций
2. контроль
3. начало
4. конец
5. стереть, возврата на шаг

5. 1. мягкий, жёсткий
2. хранит
3. временно
4. диск, магнитную ленту
5. жёсткие
6. дисками (дискетами)

7. открывать, печатать
8. пароль
9. телефонным
10. меню

6. 1. Модем нужен для того, чтобы передавать и принимать данные по обычным телефонным линиям.
2. Меню—это список возможностей, которые есть в компьютере. Меню появляется на экране компьютера.
3. Текстообработка.

7. 1. (e) 5. (h)
2. (b) 6. (a)
3. (g) 7. (f)
4. (d) 8. (c)

8. 1. портативный компьютер/лаптоп
2. пиктограмма
3. сканер
4. терминал
5. клавиатура
6. программное обеспечение
7. принтер
8. модем

Key words: Russian–English
Ключевые слова: Русский–Английский

Chapter 1: At the airport

авиабилет   plane ticket
авиалиния   airline
автобус   bus
аэропорт   airport
багаж   luggage, baggage
багажная квитанция   baggage
            claim-check
беспосадочный полёт   nonstop flight
брать-взять с собой   to take along
брать-взять такси   to take a taxi
бронирование места   seat reservation
бронировать-забронировать   to reserve
в (пункт назначения)   to (destination)
виза   visa
внутренний рейс   domestic flight
вокзал   railway station
вылет   departure (takeoff) of planes
вылетать-вылететь   to leave, depart, take
            off (planes)
выписывать-выписать   to issue a ticket
    билет
выход на посадку   gate
главный вокзал   main railway station
готов   ready
делать-сделать   to change
    пересадку   (planes, trains)
досмотр   security check
ехать на автобусе   to take a bus
жетон (на ручную   tag, label
    кладь)   (identification)
из (прибывающий из)   arriving from
курить   to smoke
летать-лететь   to fly, travel by air
международный рейс   international flight
место   seat
место у прохода   aisle seat
на посадку   on board
объявление   announcement
объявлять вылет   to announce a
    рейса   flight's departure
объявлять-объявить   to announce
очередь   line
окно   window

опаздывать-опоздать   to be late
отправляться-   to leave, depart
    отправиться   (trains, buses)
паспорт   passport
пассажир   passenger
под   under
подтверждать-подтвердить   to confirm
поездка   trip
показывать-показать   to show
полёт   flight
полный (самолёт)   full
получать-получить   to claim, pick up
портфель   briefcase
посадка   stopover
посадочный талон   boarding pass
прибывать-прибыть   to arrive
прибытие   arrival
прикреплять-прикрепить   attach, affix
пробка на дороге   traffic jam
проходить-пройти регистрацию   check in
пройти регистрацию   to check one's
    багажа   luggage
проход   aisle
прямой рейс   direct flight
разница в цене   difference in price
рейс   flight
ряд   row
ручная кладь   carry-on luggage, carry-on
салон для некурящих   no-smoking section
самолёт   airplane
стоимость   fare
стойка   counter
сумка   bag
свободные (места)   available (seats)
такси   taxi
транзитный пассажир   transit, through
                passenger
умещаться-уместиться   to fit
чемодан   suitcase

Chapter 2: On the airplane

авария   emergency, accident
атмосферное давление   air pressure
безопасность   security, safety

быть ответственным за, to be responsible
нести ответственность за for
вертикальный upright (vertical)
весь entire, whole
взлёт takeoff
включено, to be lit up,
зажжено turned on
включено, горит lit, turned on
в хвостовой части in the rear,
back section
в случае in case, in the event of
в передней in the forward,
части front section
в час per hour
запрещается, не forbidden, prohibited,
разрешается not permitted
впереди in the front
время в полёте, flying time,
продолжительность duration of
полёта flight
вход воспрещён no admittance, off limits
выбирать-выбрать to choose
выпадать-выпасть, to come down,
вылетать-вылететь fall down
выполнять to follow
(инструкции) (instructions)
высота altitude
журналы magazines
завтрак breakfast
запасной, аварийный выход emergency
exit
зона zone
напитки drinks
наушники headset, headphones
находиться to be located
объявление announcement
объявлять-объявить; to announce
делать-сделать объявление
обслуживать-обслужить to take care of
одеяло blanket
оплата, плата за fee, charge
оставаться на местах с remain seated
пристёгнутыми with seat belts
ремнями fastened
отделение для overhead
ручной клади над (baggage)
сиденьем compartment
падение reduction in
атмосферного (loss of)
давления air pressure
первый класс first class
перед in front (of)

питание, еда meal
платить-заплатить to pay
под under, underneath
подушка pillow
покидать-покинуть to leave
полёты на дальние long-distance
расстояния flights
положить, разместить to place, put
посадка landing
правила безопасности safety regulations
приветствовать to greet, welcome
приземляться-приземлиться to land
пристёгивать-пристегнуть to fasten
ремни seat belts
приятный pleasant
проход aisle
работать to work
рекомендовать- to recommend,
порекомендовать advise, suggest
ремень belt
ремни безопасности seat belts
ручная кладь carry-on luggage
скорость speed, airspeed
случаться-случиться to happen
сообщать-сообщить, to tell, inform
информировать
спасательный life jacket,
жилет flotation device
спинка сиденья seat back, backrest
ставить-поставить to stand, put
стерео in stereo
стерео музыка stereo music
сталкиваться-столкнуться, to encounter,
испытывать-испытать experience
стюардесса, flight attendant
бортпроводник (stewardess/steward)
трясти, качать to bounce, shake
туалет toilet, lavatory
турбуленция turbulence
укачивание airsickness
умещаться-уместиться to fit
фильм, кинофильм, кино film, movie
экипаж crew
экипаж рейса flight personnel
экономический класс economy class

Chapter 3: Passport control and customs

в командировку on business
виза visa
виски whiskey
надолго? (for) how long?

овощи   vegetables
отдых, туризм   pleasure
открывать-открыть   to open
отпуск   vacation trip
паспорт   passport
паспортный контроль   passport control
переночевать   to lodge, stay overnight
проверять-проверить   to check, examine
проездом   to be passing through
сигареты   cigarettes
табак   tobacco
таможенная декларация   customs declaration
таможенная пошлина   pay duty (customs)
таможенник   customs agent
таможня   customs
удостоверение   personal
  личности   identification

Chapter 4: At the train station

багаж   luggage
багажная   ticket stub (luggage),
  квитанция   baggage claim-check
билет   ticket
билет в один конец   one-way ticket
билетная касса   ticket window
билет с оборотом   round-trip ticket
вагон   car
вагон-ресторан   dining car
вовремя, по расписанию   on time
вокзал   railroad station
всё в порядке   all right, OK
выходить-выйти   to get off
забирать-забрать   to pick up
забронировано   reserved
задержка, опоздание   delay
зал ожидания   waiting room
звать-позвать   to call
купейный вагон   sleeping car (4 berths)
место   seat
номер места   seat number
носильщик   porter
носить-нести   to carry
ночной поезд   night train
опаздывать-опоздать   to be late
отправление   departure
отправляться-отправиться   to leave, depart
платить-заплатить   to pay
платформа   platform
плацкартный   sleeping car (6 berths)
поезд   train

поезд местного назначения   local train
поездка на поезде   train trip
получать-получить   to get, receive
получить обратно   to get back
прибывать-прибыть   to arrive
прибытие   arrival
проверять-проверить   to check
проводник   conductor
путь   track
расписание   schedule, timetable
садиться-сесть в (поезд)   to get on (train)
сдавать-сдать (багаж)   to check (baggage)
узнавать-узнать   to find out
чаевые   tip
чемодан   suitcase

Chapter 5: The automobile

авария   accident
автоматическая   automatic
  трансмиссия, коробка   transmission
  передач с
  автоматическим
  управлением
аккумулятор   battery
акселератор   gas pedal, accelerator
багажник   trunk
бампер   bumper
«бардачок»   glove compartment
бензин   gasoline
бензозаправочная станция,   gas station
  автозаправочная
станция, бензоколонка
  ближний свет   low beams
брать-взять напрокат   to rent
буксир   tow truck
буксировать-отбуксировать,   to tow
  брать-взять на буксир
вибрировать   to vibrate
включать-включить   to turn on
вода в радиаторе   water in radiator
водительские права   driver's license
воздушная заслонка   choke
входить в, включено в   to be included
выжимать-выжать   to disengage
  сцепление   the clutch
заводить-завести (машину)   to start (a car)
заглохнуть   to stall
задаток   deposit
задний ход   reverse gear
зажигание   ignition
заменять-заменить   to replace

запасная шина   spare tire
запасные части, запчасти   spare parts
заполнять-заполнить   to fill up
зеркало заднего вида   rearview mirror
класть-положить   to put
кредитная карточка   credit card
крыло   fender
лобовое стекло   windshield
ломаться-сломаться   to break down
масло   oil
машина   car
на первой скорости   in first gear
нажимать-нажать   to step on
найти, достать   to get, procure, obtain
нейтральный   neutral
номерной знак   license plate
одометр   odometer (reading in kilometers)
оплата в день   daily charge
оплата за пробег   mileage (kilometer)
   (в километрах)   charge
оплата за/в неделю   weekly charge
                     (by the week)
останавливаться-остановиться   to stop
отсутствовать, не хватать   to be missing
педаль тормоза   brake pedal
передача, скорость   gear
перегреваться-перегреться   to overheat
переключать-переключить   to shift into
                     (a gear)
подписывать-подписать,   to sign
   расписываться-расписаться
подшипники колеса   wheel bearings
полная страховка   full insurance coverage
при повороте   turning
проверять-проверить   to check
пустой   empty
радиатор   radiator
регулировать-отрегулировать   to adjust
ремонт, починка   repairs
ремонтировать-   to repair
   отремонтировать,
   чинить-починить
ручной тормоз   hand brake
руль   steering wheel
рычаг переключения   gearshift lever
   скоростей
свечи зажигания   spark plugs
сигнал поворота   directional signal
скрип   squeak
смазывать-смазать   to grease, lubricate
спущенная шина,   flat tire
   колесо спустило

стартёр   starter
сцепление   clutch
тахометр   tachometer
течь-протекать, капать   to leak, drip out
тормозить   to brake
тормозная жидкость   brake fluid
уровень масла   oil level
шина   tire
шум   noise
щиток управления   dashboard

Chapter 6: Asking for directions

автострада   turnpike
близко, рядом   near, in the vicinity
въезд   entrance
выезжать-выехать, съехать   to get off
выезд   exit
движение   traffic
доходить-дойти,   to reach
   доезжать-доехать
ехать за кем-то   to follow (someone)
заблудиться   to lose one's way
идти обратно, назад   to go back, walk back
левый   left
место для отдыха   rest area
налево за углом   left around the corner
направление   direction
направо за углом   right around the corner
ни . . . ни   neither . . . nor
окраина   outskirts
остановка автобуса   bus stop
остановка для отдыха   rest stop
перекрёсток   intersection
поворачивать-повернуть   to turn off
поворачивать-повернуть   to turn to
   налево   the left
поворачивать-повернуть   to turn to
   направо   the right
правый   right
противоположный   opposite
прямо   straight ahead
разворачиваться-   to make a
   развернуться   U-turn
ряд   lane
светофор   traffic light
угол   corner
улица с односторонним   one-way street
   движением
улица, квартал   street, block
ходить-идти   to walk

час пик   rush hour
шоссе   highway

Chapter 7: A telephone call

город   town
длинный гудок   dial tone
добавочный номер   extension
дозваниваться-дозвониться   to get
                                through
ещё раз   again
ждать   to wait
занято   busy
звонить   to ring
звонить прямым набором   to dial directly
звонок в пределах города   local call
класть-положить,   to hang up
   вешать-повесить
коммутатор   switchboard (office)
линия   line
междугородний   long-distance call
   разговор
монета   coin
набирать-набрать   to dial
набрать неправильный   to dial a wrong
   номер   number
                        (misdial)
не работает   out of order
неправильно   be wrongly connected
   соединили
номер телефона   telephone number
общего пользования   public
отвечать-ответить   to answer
отверстие для монеты   coin slot
пользоваться-воспользоваться   to use
позже, попозже   later
пытаться-попытаться   to try
разъединять-разъединить   to cut off
разговор с конкретным   person-to-
   абонентом   person call
связь   connection
сдача   change
снимать-снять,   to pick up
   поднимать-поднять (трубку)   (receiver)
соединять-соединить   to connect,
                        put through
сообщение   message
телефонная будка,   telephone booth
   телефон-автомат
телефонная книга,   telephone
   телефонный справочник   book

телефонный звонок   telephone call
трубка   receiver

Chapter 8: Public transportation

автобус   bus
автобусная остановка,   bus stop
   остановка автобуса
брать-взять такси   to take a taxi
водитель   driver
входить-войти   to enter
вызывать-вызвать такси   to call a taxi
выходить-выйти   to exit
доезжать-доехать до   get to
единый проездной   unified monthly/
   билет   weekly pass
жетон   token
задняя площадка   rear exit
займёт целый час   will take a whole hour
занято   occupied
зелёный огонёк   green light
извинять-извинить   to excuse
касса   ticket window
книжечка   booklet
киоск   kiosk
кольцевая линия   circular route
компостер   punching machine
компостировать-   to punch
   закомпостировать
контролёр   inspector, ticket-collector
маршрутное такси   fixed-route taxi
метро   metro
на автобусе   by bus (trolley-
   (троллейбусе, трамвае)   bus, tram)
оплата   payment
останавливать-остановить   to stop
   (такси)
отвозить-отвезти   to take to
очередь   line
передавать-передать   to pass
передняя площадка   front exit
пересаживаться-пересесть   to transfer
платить-заплатить   to pay for
подниматься-подняться   to go up
предъявлять-предъявить   to show
проездной   monthly pass
проходите-пройдите   move
   (вперёд)   (to the front)
радиальная линия   radial route
разменный автомат   coin changer
садиться-сесть на (автобус)   to take a (bus)
свободен   free

сделать переход   to make a transfer
следующий   next
спускаться-спуститься   go down
станция метро   metro station
стоянка такси   taxi stand
схема метро   map, diagram of the metro
счётчик   meter
талон   coupon
трамвай   tram
трамвайная остановка,   tram stop
  остановка трамвая
троллейбус   trolley-bus
троллейбусная остановка,   trolley-bus
  остановка троллейбуса   stop
эскалатор   escalator

Chapter 9: At the hotel

банное полотенце   bath towel
бассейн   swimming pool
бланк регистрации   registration form
бритва   razor
бронировать-забронировать   to reserve
вешалка, плечики   hanger
вид на море   sea view
включать-включить   to turn on
включен(о)   turned on
входит в стоимость;   included in
  включено в стоимость   the price
входить-войти   come, go in
выключатель   light switch
выходить на, с видом на   facing
гладить-погладить   to iron
горничная   maid
горячая вода   hot water
двухместный номер,   double room
  номер на двоих
есть свободные места   rooms available
завтрак   breakfast
заполнена   filled up
заполнять-заполнить   to fill out
заказывать-заказать   to order
ключ   key
ключ от номера   room key
комната, номер   room
кран   faucet
кредитная карточка   credit card
кровать   bed
кусок мыла   bar of soap
лампочка   light bulb
мне холодно   I am cold
море   sea

мыло   soap
мыть-помыть   to wash
напряжение   voltage
неправильно   to charge
  посчитать,   wrongly
  обсчитать   (to overcharge)
номер с односпальной   twin-bedded
  кроватью   room
носильщик (в гостинице)   bellhop
обслуживание   service
одеяло   blanket
одноместный номер,   single room
  номер на одного
односпальные кровати   twin beds
окошко кассира   cashier's window
освобождать-освободить   to leave, vacate
останавливаться-остановиться   to stay
отапливается   is heated
отдавать-отдать в   to have dry-cleaned
  химчистку
отопление   heating
перегорать-перегореть   to burn out
переночевать   to stay overnight
подписывать-подписать   to sign
подтверждние   confirmation
подушка   pillow
полотенце для рук   hand towel
просить-попросить   to ask for
портье   desk-clerk
прачечная   laundry
предлагать-предложить   to offer
предметы, вещи   things
приезжать-приехать   to arrive
приезжий   guest
проживание   room and board (includes
  и питание   lunch and dinner)
работать   to work (function)
раковина   basin, sink
рулон   roll
с видом на двор   facing the courtyard
счёт   bill
стойка портье/дежурного   reception desk
  администратора
свет   light
туалетная бумага   toilet paper
убирать-убрать   to make up
  комнату   the room
улица   street
унитаз   toilet
фен для волос   electric hair drier
холодный   cold
электрическая розетка   (electric) outlet

Chapter 10: At the bank

баланс balance
банк bank
брать-взять ссуду to take out a loan
взять закладную to assume a mortgage
выше higher
давать-дать, to make a
  заплатить залог down payment
деньги money
дорожные чеки traveler's checks
ежемесячная оплата monthly payment
закладная mortgage
кассир cashier, teller
класть-положить (деньги) to deposit
копить-накопить, откладывать to save
купюра bill (money)
курс обмена rate of exchange
мелочь coin (change in coins)
наличные cash
ниже lower
обменивать-обменять to exchange, change
обналичивать-обналичить to cash
  (чек) (a check)
окно кассира, касса cashier's window
открывать-открыть to open
платить-оплатить to pay off in
  в рассрочку installments
платить-заплатить to pay
платить-заплатить to pay cash
  наличными
платить-заплатить за to pay for
подписывать-подписать to sign, to endorse
покупать-купить to purchase on the
  в рассрочку installment plan
получать-получить to receive
пошлина за charge for
  обналичивание cashing
  дорожных чеков traveler's checks
предоставлять-предоставить to grant
процент interest
процентный показатель interest rate
пункт обмена exchange bureau
расти to grow
сберегательная bankbook,
  книжка passbook
сбережения savings
сдача change (from transaction)
счёт account; bill
служащий банка teller, bank employee
снимать-снять to withdraw,
  деньги take out money

срок due date
ссуда loan
чековая книжка checkbook
чековый счёт checking account

Chapter 11: At the post office

авиапочта airmail
авиапочтой via/by airmail
адрес address
бандероль small package
брать-взять to pick up, to take
бросать-бросить в to drop, to throw into
весы scale
взвешивать-взвесить to weigh
денежный перевод money order
заказная почта registered mail
заполнять-заполнить to fill out
за сколько, через сколько take (time)
застраховать insure
индекс zip code
конверт envelope
марка stamp
отправитель, адресант sender
отправлять-отправить, to mail
  посылать-послать
пересылка (оплата) postage (fee)
письмо letter
почта mail; post office
почтовая открытка postcard
почтовый ящик mailbox, post office box
получатель, адресат receiver, addressee
посылать-послать, to send
  отправлять-отправить
посылка package
приносить-принести, to deliver
  доставлять-доставить
таможенная customs
  декларация declaration
хрупкий, бьющийся fragile
ящик box

Chapter 12: At the hairdresser's/salon

бакенбарды sideburns
бок side
борода beard
бритва razor
бритьё shave
брить-побрить to shave
бриться-побриться to shave oneself
волосы hair

в парикмахерской   at the hairdresser
в парикмахерскую   (go) to the
                    hairdresser
короткий   short
красить-покрасить   to dye
лак для ногтей   nail polish
лак для волос   hair spray
маникюр   manicure
масло для волос   hair oil
машинка   electric shears
мыть-помыть (вымыть)   to wash (out)
на макушке   on top
ноготь   fingernail
ножницы   scissors
парикмахер, мастер   barber, hairdresser
по бокам, с боков   on the sides
подравнивать-подровнять   to trim
подкрашивать-подкрасить   to tint
расчёсывать-расчесать,   to comb
    причёсывать-причесать
сзади   in the back
состригать-состричь   to cut off
стричь-постричь,   to cut
    подстригать-подстричь
стрижка   haircut
стрижка бритвой   razor cut
укладывать-уложить, сделать   to set
    укладку, причёску   (hair)
усы   mustache
химическая завивка   permanent wave
цвет   color
шея   (back of the) neck

Chapter 13: At the clothing store

блузка   blouse
брюки   pants
брючный костюм   pantsuit
в горошек   polka-dotted
вельвет, вельветовый   corduroy
вязаный   worsted
высокий   high
галстук   tie
гольфы   knee socks
домашние тапочки   house slippers
женский костюм   woman's suit
замша   suede
запонки   cufflinks
змейка, молния   zipper
каблук   heel (of a shoe)
клетчатый   checked

кожаный   leather
колготки   panty hose
комбинация; нижняя юбка   slip; half-slip
короткий   short
корсет, пояс   girdle
костюм   suit (man's)
кроссовки   sneakers
кружева   lace
купальник   bathing suit (woman's)
лёгкий уход (хорошо   easy-care
    стирается, не надо гладить)
лифчик, бюстгальтер   brassiere
майка   undershirt
манжеты   cuffs
мерки   measurements
мяться-измяться (об одежде)   to wrinkle
не гладить   no-iron
нейлоновый   nylon
немнущийся   wrinkle-resistant
ни . . . ни   neither . . . nor
нижнее бельё   underclothes
низкий   low
носки   socks
носок (чулка   toe (tip of a
    или обуви)   stocking or shoe)
носовой платок   handkerchief
пальцы ног   toes
пальто   coat
пара   pair
перчатки   gloves
пиджак от костюма   suit jacket
плавки   bathing suit (man's)
платье   dress
плащ   raincoat
плоский, без каблука   flat
подходить к   to go with, match
полосатый, в полоску   striped
портной, выполняющий   custom tailor
    индивидуальные заказы
портной   tailor
предпочитать-предпочесть   to prefer
пуговица   button
пуловер   pullover, sweater
размер   size
ремень   belt
рубашка   shirt
рукав   sleeve
сандалии   sandals
сапоги   boots
свитер   sweater
синтетическая ткань   synthetic fabric

синтетический, резиновый   rubber
смешанная ткань   blended fabric
снимать-снять   to take
  мерки   measurements
советовать-посоветовать   to recommend
спортивная куртка   jacket (sports)
сумочка   handbag, pocketbook
ткань, материал   fabric
трусы   underpants, panties
туфли   shoes
узкий   narrow
узкий, жмёт   narrow, tight
хлопчатобумажный   cotton
чулки   stockings
шарф   scarf
шерсть, шерстяной   wool
шерстяные носки   wool socks
шёлковый   silk
ширинка   fly (in pants)
широкий   wide
шнурок   shoelace
шорты   shorts
юбка   skirt

Chapter 14: At the dry cleaner (laundry)

выводить-вывести (пятно)   to remove
гладить-погладить   to iron
готово   ready
грязный   dirty
дырка   hole
крахмал   starch
крахмалить-накрахмалить   to starch
накрахмаленный   starched
обещать-пообещать   to promise
отпарываться-отпороться   to be loose,
                  unstitched
подкладка   lining
портной   tailor
посадить пятно   to stain, spot
пришивать-пришить   to sew on
пуговица   button
пятно   stain
садиться-сесть   to shrink
стирать-постирать   to wash
стирка, грязное бельё   wash, dirty wash
тряпочка   piece of clothing
химчистка   dry-cleaner's shop; dry cleaning
чинить-починить   to mend
чистить-почистить   to dry-clean
шить-зашивать   to sew

штопать-заштопать   to darn

Chapter 15: At the restaurant

аперитив   aperitif
белое вино   white wine
бифштекс, антрекот   steak
блюдце, блюдечко   saucer
блюдо   course (part of a meal), dish
блюдо (мясо)   meal cooked in
  в горшочках   one pot
варёный-сваренный   cooked, boiled
взбитые сливки   whipped cream
вилка   fork
вино   wine
включено, входит   included
  (в стоимость)
вкусно; вкусный   to taste good; tasty
в сухарях   breaded
голод   hunger
голодный, голоден   hungry
горячее блюдо   main course
графин   carafe
грязный   dirty
десерт, сладкое   dessert
дорогой   expensive
еда   food
жажда   thirst
жареный   fried
жареная курица   roasted chicken
жаренный во фритюре   deep-fried
жарить-поджарить   to roast; to fry
жаркое   stew
жёсткий   tough
заказывать-заказать   to order
  (бронировать-   (to reserve
  забронировать столик)   a table)
закуска   appetizer
запечённый   baked
квитанция   receipt
клубника   strawberries
кофе   coffee
копчёный   smoked
красное вино   red wine
кредитная карточка   credit card
куриные ножки   drumsticks
кусок, кусочек   slice, piece
малина   raspberries
меню   menu
мясо   meat
на гриле   grilled, roasted

на улице   outside
напиток   drink
недожарено, с   rare (meat)
   кровью (мясо)
не хватать   to be missing
   (не хватает)   (is missing)
нож   knife
обслуживание   service
овощи   vegetables
окно   window
оплата за обслуживание   service charge
отбивная   cutlet
открытая бутылка   open bottle of
   вина   wine
официант   waiter
официантка   waitress
паровой   steamed
перец   pepper
перечень вин   wine list
перечница   pepper shaker
пересоленный   too salty, oversalted
пивная, бар, пивбар   tavern, bar, pub
прибор   place setting
пробовать-попробовать   to try, to taste
просить-попросить   to ask for
птица   poultry
рекомендовать-   to recommend
   порекомендовать,
   советовать-посоветовать
ресторан   restaurant
ресторан по умеренным,   moderately priced
   доступным ценам   restaurant
резать-отрезать   to cut
ростбиф   roast
рубленый   chopped
ручная мельница для перца   pepper mill
рыба   fish
сад, садик   garden
салат   salad
салфетка   napkin
сахар   sugar
сахарница   sugar bowl
свинина   pork
скатерть   tablecloth
слегка обжаренный   sautéed, braised
сливки   cream
сок   juice
соль   salt
солёный   salty
солонка   saltshaker
состоять из   to consist of
стакан   glass

стол, столик   table
столик в углу,   corner table
   угловой столик
столовая ложка   soupspoon
суп   soup
Счёт, пожалуйста!   Bill, please!
сыр   cheese
тарелка   plate
телятина   veal
тушёный   poached
угол   corner
фирменное блюдо   specialty
фрукты   fruit
холодный   cold
хорошо прожаренное   well done
хотеться пить   (to be) thirsty
чаевые, на чай   tip
чайная ложка   teaspoon
чашка   cup

Chapter 16: Shopping for food

банка   can, jar
бекон   bacon
букет   bouquet (flowers)
булочка   roll
булочная, хлебный магазин   bakery
бутылка   bottle
виноград   grape
гастроном, продовольственный   grocery
   магазин, продуктовый магазин   store
головка   head (of cabbage)
грамм   gram
гроздь винограда   bunch of grapes
десяток   ten (eggs)
заворачивать-завернуть   to wrap
капуста   cabbage
катать-катить (тележку)   to push (the cart)
килограмм   kilogram
кондитерский магазин   pastry shop
коробка   box
корзинка   basket
кусочек   slice, piece
местный   local
молочный магазин   dairy store
мороженый-замороженный   frozen
морозильник, морозильная   freezer
   камера, морозилка
моющее средство или   detergent or soap
   мыло (для   (for dishwasher
   посудомоечной   and washing
   или стиральной   machine)
   машины)

мясник   butcher
нести   to carry
пачка   package
полиэтиленовый пакет   plastic bag
продавать-продать   to sell
продовольственный   food department (in
  отдел (в универмаге)   department store)
продукты   groceries
проход   aisle
пучок (моркови)   bunch (carrots)
рыбный магазин   fish store
свежий   fresh
сдавать-сдать бутылки   to return bottles
стиральный порошок   powdered
  (для стиральной   detergent or
  машины)   soap (for washing
     machine)
сумка   bag
супермаркет   supermarket
тележка для продуктов   shopping cart
универмаг   department store

рыбные ряды   fish stalls
рынок, базар   market
салат   salad
свёкла   red beet
сладкая   sweet
слишком   too
сметана   sour cream
солёные огурцы   pickled cucumbers
соленья   pickled (vegetables)
стакан   glass
сыр   cheese
творог   cottage cheese
укроп   dill
фруктовые ряды   fruit stalls
хозяин   salesperson (male) at the market
хозяйка   salesperson (female) at the market
чёрная смородина   blackcurrants
цветочный павильон   flower pavilion
черешня   black cherries
черника   blackberries
ягоды   berries

Chapter 17: At the farmer's market

банка   jar, can
вишня   cherries
дешёвый, дёшево   cheap
домашнего приготовления   home-made
зелень   greens
квашеная капуста   pickled cabbage
кинза   cilantro
клубника   strawberries
красная смородина   redcurrants
крыжовник   gooseberries
малина   raspberries
малосольные огурцы   lightly pickled
     cucumbers
маринады   marinated (vegetables)
масло   butter
мочёные яблоки   pickled apples
молочные продукты   milk products
молочный павильон   milk pavilion
мясной павильон   meat pavilion
не пожалеете   won't regret it
овощные ряды   vegetables stalls
павильон «Птица»   pavilion "Fowl"
петрушка   parsley
почём   how much (*colloq.*)
пробовать-попробовать   to taste
просить-попросить   to ask for
простокваша   sour milk
пучок   bunch

Chapter 18: At home

The kitchen

банка   can
варить, готовить   to boil, to cook
веничек   whisk, beater
взбивать-взбить   to beat, whip
включать-включить   to turn on
вытирать-вытереть   to wipe
готовить-приготовить   to prepare
губка   sponge
доводить-довести до кипения   to bring to
     a boil
духовка   oven
жарить-поджарить   to fry, roast
закрывать-закрыть   to close
кастрюля   pot (casserole)
кастрюля   pot (with handle)
кладовка   pantry
консервный нож   can opener
конфорка, горелка   burner
кран   faucet
крошить-накрошить   to dice
лист, противень   baking pan
миксер   mixer, blender
морозильная камера, морозилка   freezer
морозилка   freezer
  (в холодильнике)   compartment
моющее средство   liquid detergent
  для посуды   (for washing dishes)

мусор   garbage
мусорное ведро   garbage can
мыть-помыть, вымыть   to wash
на маленьком огне   on a low flame
                    (at low heat)
открывалка для бутылок   bottle opener
плита   stove
подогревать-подогреть   to heat
полотенце для посуды   dish towel
посуда   dishes
посудомоечная машина   dishwasher
пробка   stopper, plug
протирать-протереть пыль   to dust
раковина   sink
растапливать-растопить   to melt (butter)
резать-нарезать   to cut
ручка   handle
сковородка   frying pan
слегка обжарить   to sauté
сушилка для посуды   dish drainer
сушить-просушить   to dry
убирать-убрать   to clean up
чистить-почистить, снять кожуру   to peel
холодильник   refrigerator
штопор   corkscrew
шкафчик   cabinet

The bathroom

аптечка   medicine cabinet
банное полотенце   bath towel
банный халат   bathrobe
бритва   razor
бриться-побриться   to shave (oneself)
ванна   bathtub
ванная   bathroom
вешалка для полотенец   towel rack
выложенный кафелем   tiled
вытираться-вытереться   to dry oneself
зеркало   mirror
зубная паста   toothpaste
зубная щётка   toothbrush
кафель, кафельная плитка   tile
коврик для ванной   bath mat
крем для бритья   shaving cream
макияж   makeup
мокрый   wet
мочалка   washcloth
мыло   soap
мыло, пена для бритья   shaving soap
мыльница   soap dish
мыться-помыться   to bathe

надевать-надеть   to put something on
наносить-нанести макияж   to apply
                              makeup
полотенце для рук   (hand) towel
причёсываться-причесаться   to comb
                              one's hair
принимать-принять душ   to shower
принимать-принять ванну   to take a bath
раковина   sink
смотреть-посмотреть   to look
туалетная бумага   toilet paper
унитаз   toilet
чистить-почистить зубы   to brush one's
                              teeth
шапочка для   bathing
   ванной, душа   (shower) cap

The dining room

буфет   buffet
вставать-встать   to get up
глубокая тарелка   soup bowl
еда   meal
класть-положить   to put
маслёнка   butter dish
накрывать-накрыть   to set the table
   на стол
нож   knife
передавать-передать   to pass
перечница   pepper shaker
поднос   tray
подсвечник   candelabra, candle holder
половник   soupspoon
порционная тарелка   serving plate
разогревать-разогреть   to preheat
ручная мельница, перечница   pepper mill
садиться-сесть за стол   to take a seat
салат   salad dish
салатница   salad bowl
салфетка   napkin
сахар   sugar
сахарница   sugar bowl
скатерть   tablecloth
солонка   saltshaker
соусница   gravy boat
стакан   glass
столовая   dining room
столовая ложка   tablespoon
тарелка   plate
убирать-убрать со стола   to clear the table
чайная ложка   teaspoon
чашка   cup

The living room

беседовать, разговаривать   to converse
гардины   drapes
газета   newspaper
гостиная   living room
гость   guest
диван   sofa, couch
жалюзи   venetian blind
ждать-ожидать   to expect
журнал   magazine
журнальный столик   coffee table
занавеска   curtain
запись   record
камин   fireplace
картина   picture
кассета   cassette
книжная полка   bookshelf
книжный шкаф   bookcase
ковёр   carpet
кресло   armchair
лампа   lamp
метла, веник   broom
настольная лампа   table lamp
пол   floor
принимать-принять гостей   to receive
                                        (guests)
радио   radio
радиопередача   radio program
рамка   frame
слушать-послушать   to listen to
смотреть-посмотреть   to watch television
   телевизор
ставить-поставить   to put, place
стенка   wall unit
стол   table
торшер   floor lamp

The bedroom

будильник   alarm clock
вешалка, плечики   hanger
ворочаться   to toss and turn
вставать-встать   to get up
заправлять-заправить кровать,   to make
   стелить-застелить постель   the bed
засыпать-заснуть   to fall asleep
кровать   bed
ложиться-лечь спать   to go to bed
матрац   mattress
наволочка   pillowcase
ночной столик   night table
подушка   pillow

покрывало   bedspread
простыня   bed sheet
спальня   bedroom
спать   to sleep
ставить-поставить   to set the
   будильник   alarm clock
ящик   drawer

Housework

выносить-вынести мусор   to take out the
                                        garbage
гладильная доска   ironing board
гладить-погладить   to iron
грязный   dirty
губка   sponge
лакировать, полировать   to polish,
                                        to shine
метла   broom
мусор   garbage
мусорное ведро   garbage can
мыть-помыть (посуду)   to wash (dishes)
мыть-помыть пол   to wash the floor, wipe
облегчать-облегчить   to make easy
окно   window
освобождать-освободить   to empty
подметать-подмести   to sweep
пол   floor
пыль   dust
пылесос   vacuum cleaner
пылесосить-   to vacuum-clean
   пропылесосить
работа по дому   housework
стиральная машина   washing machine
стирка   laundry
тряпка для вытирания пыли   dustcloth
убирать-убрать   to clean
уборка дома, квартиры   housecleaning
утюг   iron
швабра   mop

Some minor problems around the home

включать-включить   to turn on
водопроводчик, слесарь   plumber
выключатель   light switch
заменять-заменить   to replace
засоренный   clogged up
коробка предохранителя   fuse box
лампочка   light bulb
предохранитель   fuse
предохранитель перегорел   fuse blown
пробка   plug

проверять-проверить   to check
проходить-пройти (вода),   to drain
  спускать-спустить (воду)
розетка   (electric) outlet
случаться-случиться   to happen
трубы   pipes
штепсель   electric plug
электрик   electrician

Chapter 19: At the doctor's office

аллергия   allergy
анализ   analysis
анамнез   medical history
антибиотик   antibiotics
аппендикс   appendix
артериальное давление   blood pressure
артрит   arthritis
астма   asthma
бедро   hip
боль, боли   pain, pains
болен   sick, ill
болезнь, заболевание   sickness, illness
венерические болезни   venereal diseases
ветрянка   chickenpox
возможность   possibility
вправлять-вправить   to set
  (кость)   (a bone)
врач, доктор   doctor
вывихнуть, растянуть   to twist, sprain
выписывать-выписать   to prescribe
вырезать, удалять-удалить   to remove
высокая температура, жар   fever
гипс   cast
гланды   tonsils
голова кружится   dizzy
головокружение   dizziness
горло   throat
горло болит   sore throat
грипп   influenza
грудная клетка   chest
группа крови   blood type
делать-сделать прививки   to vaccinate
делать-сделать   to take x-ray,
  рентгеновский   to x-ray
  снимок, рентген
диабет   diabetes
дышать   to breathe
жалобы   complaints
желудок   stomach
жизненно важные органы   vital organs

заложен, быть   to be congested,
  заложенным (о носе)   stuffed up
запор   constipation
засучивать-засучить   to roll up
иммобилизовать (кость)   immobilize
инфаркт   heart attack
инфекционный   contagious
измерять-измерить   to measure
кабинет врача   doctor's office
кашель   cough
кашлять   to cough
кисть   wrist
кишечник   bowels, intestines
кишка   intestine
клеить-наклеить   to stick on
корь   measles
кость   bone
костыли   crutches
кровь   blood
кровь на анализ   blood sample for
    analysis
лёгкие   lungs
лейкопластырь   adhesive bandage
лимфатический узел   lymph node
лодыжка   ankle
мёрзнуть-замёрзнуть   to be cold, freeze,
    be freezing
месячные, менструация   menstrual period
моча   urine
накладывать-наложить   to bandage
  повязку, перевязывать-
  перевязать
накладывать-наложить   to sew, stitch
  швы
наложить гипс   put in a cast
несчастный случай   accident
нога   leg
озноб   chills
операция   operation
оперировать-прооперировать   to operate
опухший   swollen
ортопед   orthopedist
осматривать-осмотреть   to examine
открытый перелом   compound fracture
палец   finger
пенициллин   penicillin
перелом   break, fracture
печень   liver
повязка   bandage
полиомиелит   poliomyelitis
понос   diarrhea
порезаться   to cut oneself

почки   kidneys
простой перелом   simple fracture
простуда   cold
простудиться-простыть   to have a cold
психиатр   psychiatrist
психические отклонения   psychiatric disturbances
психическое заболевание   mental illness
пульс   pulse
рак   cancer
рана   wound
рвать-вырывать   to vomit
рвота   vomiting
рентгеновский снимок   x-ray
рот   mouth
рука   arm
рукав   sleeve
свинка   mumps
сделаны прививки   vaccinated
сердце   heart
симптомы   symptoms
слизь   mucus
сломан   broken
слушать-послушать   to examine with
    (стетоскопом)   a stethoscope
снимать-снять одежду   to undress
снимать-снять швы   to remove stitches
спина   back
страдать (заболеванием)   to suffer (from an illness)
стул   stool
ступня, стопа   foot
таблетка   pill
тошнить   feel nauseous
туберкулёз   tuberculosis
укол   injection
ухо   ear
частый   frequent
чувствительный к   sensitive to
швы   stitches
шея   neck
щека   cheek
электрокардиограмма   electrocardiogram
    (ЭКГ)   (EKG)
эпилепсия   epilepsy
эпилептический припадок   epileptic fit

Chapter 20: At the hospital

акушер/акушерка   obstetrician (male/female)

анестезиолог   anesthesiologist
анестезия   anesthesia
аппендицит   appendicitis
аппендикс   appendix
артериальное давление   blood pressure
беременная   pregnant
беременность   pregnancy
болезненный   painful
боли   pains
боль в животе,   abdominal pain
    брюшной полости
больная, пациентка   patient (female)
больница, клиника   hospital
больной, пациент   patient (male)
внутривенный   intravenous
врач, доктор   doctor, physician
вырезать, удалять-удалить   to remove
геморрой   hemorrhoid
гистеректомия   hysterectomy
    (удаление матки)
готовить-подготовить   to prepare
    (больного)
грудная клетка   chest
дышать   to breathe
желчный пузырь   gallbladder
измерять-измерить   to measure
инвалидная коляска   wheelchair
интерн   intern
инъекция, укол   injection
кабинет неотложной   emergency room
    помощи
каталка   gurney
катаракта   cataract
кислород   oxygen
кислородные трубки,   oxygen tubes
    трубки с кислородом
киста   cyst
класть-положить   to place, put
медбрат   nurse (male)
медсестра   nurse (female)
мочевой пузырь   bladder
носилки   stretcher
операционная,   operating room
    операционный зал
операционный стол   operating table
операция   operation
    (хирургическое   (surgical
    вмешательство)   intervention)
оперировать-прооперировать,   to operate
    делать операцию
осматривать-осмотреть   to examine
острый аппендицит   acute appendicitis

отделение неотложной   emergency
   помощи
отделение радиологии   radiology
палата   room, ward
питание   food
полипы   polyps
послеоперационная палата   recovery room
приёмный покой   admission
принимать-принять   to admit
прогноз   prognosis
пульс   pulse
разрез, надрез   cut, incision
реанимация   intensive care
рентгеновские снимки   x-rays
родильный зал   delivery room
родовые схватки   labor pains
роды   delivery
скорая помощь   ambulance
толстая кишка   colon
транквилизатор,   tranquilizer
   успокаивающее лекарство
форма, бланк, анкета   form
хирург   surgeon
язва   ulcer
яичники   ovaries

Chapter 21: At the theater and the movies

актёр   actor
актриса   actress
антракт   intermission
аплодировать   to applaud
балкон   balcony
бельэтаж   mezzanine
билет   ticket
билетёр   usher
варьете   variety show
галёрка   top balcony
гардероб   cloakroom, coatroom
герой/героиня   hero/heroine
действие   act
драма   drama
дублированный   dubbed
дублировать   to dub
закрываться-закрыться   is closing
занавес   curtain
зритель   spectator
кассир   cashier
кинотеатр, кино   movies, cinema
комедия   comedy
ложа   box seat
место   seat

мюзикл   musical
начало   start
начинаться-начаться   to start
опускаться-опуститься   to fall
партер   orchestra
подниматься-подняться   to rise
появляться-появиться   to appear
проданы-распроданы   sold out
программа   program
пьеса   play
роль   role
ряд   row
свистеть   to whistle
сегодняшний спектакль   today's
                              performance
слишком близко   too close
снимать-снять фильм   to shoot a film
спектакль   performance
сцена   scene; stage
театр   theater
трагедия   tragedy
фильм   film, movie
экран   screen

Chapter 22: Sports

ботинки   boots
вратарь   goalkeeper
выигрывать-выиграть   to win
делать передачу, пасовать   to make a pass
длинная передача   long pass
забивать-забить   to shoot a goal
защищать-защитить,   to guard
   стоять на воротах
звено   unit
игрок   player
кататься на лыжах   to go skiing/cross-
                        country skiing
клюшка   hockey stick
короткая передача   short pass
крепления   hinged toepieces
лёд   ice
ловить-поймать   to catch
лыжа, лыжи   ski, skis
лыжная шапочка   ski hat
лыжник   skier
лыжня   trail
лыжные палки   poles
лыжный костюм   ski suit
лыжный спорт   cross-country skiing
маска   mask
меньшинство   minority

назначать-назначить　to signal
ничейный (счёт)　tie score
ничья　tie
оба, обе　both
одиннадцатиметровый, пенальти　penalty
очко　point
пинать-пнуть, ударять-ударить　to kick
　(по мячу)
популярный　popular
прикрепляться-прикрепиться　to fasten,
　　　　　　　　　　　　　　to secure
проигрывать-проиграть　to lose
разрыв　margin
свисток　whistle
сетка　net
смазывать-смазать (лыжи)　to wax
смена составов　substitution of players
состоять из　to consist of
судья　referee
тайм　period
футбольная команда　soccer team
хоккеист　hockey player
хоккейная площадка　hockey court
шайба　puck
шерстяные носки　wool socks
штанга　goal-post
штрафная скамейка　penalty bench
штрафной бросок　penalty
щитки　shinguard

Chapter 23: The weather

атмосферное давление　barometric
　　　　　　　　　　　　pressure
буран, снежная буря　snowstorm
ветрено　windy
влажный　humid
град　hail
гроза　storm
дождь　rain
душный　stuffy, oppressive
жаркий　hot
знойный　sultry
кратковременный　brief
местами　scattered
молния　lightning
моросить　to drizzle
непредсказуемый　unpredictable
неустойчивый　unstable
облако　cloud
облачно　cloudy
падать (снег, дождь)　to fall

пасмурный, пасмурно　overcast, gloomy
плохой　nasty, bad
потепление　warming
приятный　pleasant
прогноз погоды　weather forecast
прохладный, прохладно　cool, chilly
светить　to shine
слабый (ветер)　weak, light (wind)
снег　snow
снегопад　snowfall
солнце　sun
тёплый, тепло　warm
туман　fog
холодный, холодно　cold
хорошая　nice
ясный, чистый　clear

Chapter 24: Education

аттестат　certificate of
　зрелости　secondary education
декан　dean
диплом о высшем　diploma of higher
　образовании　education
директор　principal
докторская степень　doctoral degree
доска (школьная)　chalkboard
занятия　classes
записывать-записать　to take notes
зачислять-зачислить　to matriculate,
　　　　　　　　　　　　register
кандидат наук　Kandidat of science
кандидатская　Kandidat's
　диссертация　dissertation
кандидатская степень　Kandidat degree
кафедра　department
класс　grade
лекция　lecture
мел　chalk
начинаться-начаться　to begin
неполное среднее　incomplete secondary
　образование　education
неудовлетворительно　unsatisfactory
носить-нести　to carry
общежитие　dormitory
объяснять-объяснить　to explain
окончание (школы,　graduation
　университета)
оканчивать-окончить　to graduate
　(школу, университет)
отделение　division, branch
отлично　excellent

оценка   grade, mark
парта   desk
полное среднее   complete secondary
  образование   education
поступать-поступить   to enroll
предмет   subject
профессор   professor
расписание   schedule
ректор   rector, president of the university
сдавать-сдать (экзамен)   to pass (an exam)
слушать (лекцию)   to audit
собирать-собрать   to collect
специальность   major
степень   degree
стипендия   stipend
тетради   notebooks
удовлетворительно   satisfactory
учебник   textbook
ученик/ученица   pupil (male/female)
ученики   schoolchildren
учитель/учительница   teacher
                  (male/female)
учиться   to study
учить, обучать   to instruct
факультет   college
ходить-пойти   to attend
хорошо   good
хрестоматия   reader
школьный рюкзак   backpack
школьник/школьница   pupil (male/female)
экзамен   examination, test

Chapter 25: Government and politics

авторитарный   autocratic
большинство   majority
быть против   to be opposed
важный   important
верховный суд   highest court of justice
вместе   together
вносить-внести поправку   to change,
                  amend
вносить-внести предложение   to propose
вотум доверия   vote of confidence
вотум недоверия   vote of no confidence
выражение мнения   expression of opinion
голос   vote
голосовать-проголосовать   to vote
гражданин   citizen
демонстрация   demonstration
диктатор   dictator
диктатура   dictatorship

за   for, in favor of
законопроект   (legislative) bill
закрытое заседание   closed session
защищать-защитить   to protect, defend
иметь кворум   to have a quorum
иметь право голоса   to have voting rights
кабинет   cabinet
коалиция   coalition
комитет   committee
конституция   constitution
левые   leftists
либерально-   liberal-
  демократическая   democratic
  партия   party
люди   people
местные выборы   local elections
министерство   ministry
министерство юстиции   ministry of
                  justice
министерство финансов   finance ministry
министерство иностранных   foreign
  дел   ministry
министерство образования   ministry of
                  education
министерство внутренних   ministry of
  дел   interior
мнение   opinion
одобрять-одобрить   to approve
оппозиция   opposition
определять-определить   to determine
ответственный   responsible
открытое заседание   public (open)
                  session
пленарное заседание   plenary session
поддерживать-поддержать   to support
политическая партия   political party
политика   politics
поправка к конституции   constitutional
                  amendment
права человека   human rights
правило   rule
правительство   government
право   right
правые   rightists
предлагать-предложить   to propose
представитель   representative
представлять-представить   to represent
премьер-министр   chancellor,
                  prime minister
приступить к   to make a motion
  рассмотрению
против   against

рассмотрение, обсуждение   motion
референдум, плебисцит   plebiscite
                                      (referendum)
руководить   to direct
свобода печати   freedom of the press
свобода слова   freedom of speech
совершеннолетний   of legal age
состоять из   to consist of
суд   court
терпеть-потерпеть поражение   to lose
уступать-уступить   to concede
федеральное государство   federal state
федеральный   federal
федеральный   federal constitutional
  конституционный суд   court
формировать-сформировать   to form
член   member

Chapter 26: Crime

вооружённое   armed
  (ограбление)   (robbery)
вор   thief
воровать-своровать   to steal
воровство   theft
грабить   to rob
грабитель   robber
допрашивать-допросить   to interrogate
заявлять-заявить   to report
изнасилование   rape
красть-украсть   to steal
лишение   taking away, deprivation of
милицейский участок   police station
нападение   assault
насиловать-изнасиловать   to rape
незаконный   illegal
нож   knife
огнестрельное оружие   firearm
ограбление   robbery
описывать-описать   to describe
половой акт   sex
преступление   crime
преступник   criminal
принуждать-принудить   to force
присвоение   appropriation
сила   force
убивать-убить   to kill
убийство   homicide
убийца   assassin
убитый   assassinated
физический ущерб   physical harm

холодное оружие   bladed weapon
чужой   others', another's

Chapter 27: Business

актив   assets
акционер, владелец акций   stockholder
акционерная   incorporated
  компания   company
акция   stock
баланс   balance sheet
банкрот   bankruptcy
бизнес   business
бухгалтер   accountant
бухгалтерия   accounting department
ведомость   statement
дивиденды   dividends
корпорация   corporation
маркет, рынок   market
маркетинг   marketing
менеджер   manager
налоги   taxes
оптовик, оптовый торговец   wholesaler
оптом   wholesale
отвечать-ответить за   to be
                                      responsible for
падать-упасть   to go down
партнёр   partner
пассив   liabilities
покупать-купить   to buy
покупатель   buyer
потребитель   consumer
предложение   supply
предприятие   enterprise
прибыль   profit
прибыльный   profitable
принимать-принять   to make a decision
  решение
продавать-продать   to sell
продавец   seller
продвижение товара   promotion sales
  на рынке
продукция   product
производить   to produce
расти-вырасти   to go up
решение   decision
розница   retail
розничный торговец   retailer
совет директоров   board of directors
спрос   demand
товарищество   partnership

товары   goods
услуги   services
устанавливать-установить   to establish
фондовая биржа   stock market
цена   price
ценность   value

Chapter 28: The computer

аппаратные средства   hardware
ввод   input
возврат   return
возврат на шаг   backspace
восстанавливать-восстановить   to retrieve
временно   temporarily
вставка   insert
вывод   output
выходить-выйти из системы   to exit
гибкий диск   floppy, soft disk
данные   data
диск   disk
дискета   diskette
жёсткий диск   hard disk
загружать-загрузить систему   to boot
зарегистрированный   authorized user
  пользователь
клавиатура   keyboard
клавиша   key
клавиша контроля   control key
код   code
компакт-диск   CD Rom
конец   end
курсор   cursor
лаптоп   laptop computer

магнитная лента   magnetic tape
меню   menu
модем   modem
набор   set
накопитель   hard drive
начало   home
обрабатывать-обработать   to process
обработка   processing
отключать-отключить   to quit, shut
                                    down
отмена   escape
память   memory
папка   folder
пароль   password
печатать-напечатать   to print
пиктограмма, значок   icon
поиск   search
портативный компьютер   laptop
                                    computer
постоянно   permanently
принтер   printer
программа   program
программное обеспечение   software
просмотр   view
сканер   scanner
сохранять-сохранить   to save
стирать-стереть   to erase, delete, trash,
                                    scratch
текстообработка   word processing
терминал   terminal
устройство   device
файл   file
хранить-сохранить   to store
экран   screen

Key words: English–Russian
Ключевые слова: Английский–Русский

Chapter 1: At the airport

airline   **авиалиния**
airplane   **самолёт**
airport   **аэропорт**
aisle   **проход**
aisle seat   **место у прохода**
announce (*v.*)   **объявлять-объявить**
announce a flight's   **объявлять вылет**
  departure   **рейса**
announcement   **объявление**
arrival   **прибытие**
arrive (*v.*)   **прибывать-прибыть**
arriving from   **прибывающий из**
attach, affix (*v.*)   **прикреплять-**
  прикрепить
available (seats)   **свободные (места)**
bag   **сумка**
baggage claim-check   **багажная**
  квитанция
be late (*v.*)   **опаздывать-опоздать**
boarding pass   **посадочный талон**
briefcase   **портфель**
bus   **автобус**
carry-on luggage, carry-on   **ручная кладь**
change (planes, trains) (*v.*)   **делать**
  пересадку
check in (*v.*)   **проходить-пройти**
  регистрацию
check one's   **проходить-пройти**
  luggage   **регистрацию багажа**
claim, pick up (*v.*)   **получать-получить**
confirm (*v.*)   **подтверждать-подтвердить**
counter   **стойка**
departure (takeoff) of planes   **вылет**
difference in price   **разница в цене**
direct flight   **прямой рейс**
domestic flight   **внутренний рейс**
fare   **стоимость**
fit (*v.*)   **умещаться-уместиться**
flight   **полёт**
flight (number)   **рейс**
fly, travel by air (*v.*)   **летать-лететь**
full   **полный (самолёт)**

gate   **выход на посадку**
international flight   **международный рейс**
issue (*v.*) a ticket   **выписывать-выписать**
  билет
leave, depart (*v.*)   **отправляться-**
  (trains, buses)   **отправиться**
leave, depart, take   **вылетать-вылететь**
  off (*v.*) (planes)
line   **очередь**
luggage, baggage   **багаж**
main railway station   **главный вокзал**
nonstop flight   **беспосадочный полёт**
no-smoking section   **салон для**
  некурящих
on board   **на посадку**
passenger   **пассажир**
passport   **паспорт**
plane ticket   **авиабилет**
railway station   **вокзал**
ready   **готов**
reserve (*v.*)   **бронировать-забронировать**
row   **ряд**
seat   **место**
seat reservation   **бронирование места**
security check   **досмотр**
show (*v.*)   **показывать-показать**
smoke (*v.*)   **курить**
stopover (of the airplane)   **посадка**
  (самолёта)
suitcase   **чемодан**
tag, label   **жетон (на ручную**
  (identification)   **кладь)**
take a bus   **ехать на автобусе**
take a taxi   **брать-взять такси**
take along   **брать-взять с собой**
taxi   **такси**
to (destination)   **в (пункт назначения)**
traffic jam   **пробка на дороге**
transit, through passenger   **транзитный**
  пассажир
trip   **поездка**
under   **под**
visa   **виза**
window   **окно**

Chapter 2: On the airplane

air pressure   **атмосферное давление**
airsickness   **укачивание**
aisle   **проход**
altitude   **высота**
announce (*v.*)   **объявлять; делать объявление**
announcement   **объявление**
be lit up, turned on   **включено, зажжено**
be located   **находиться**
be responsible for   **быть ответственным за, нести ответственность за**
belt   **ремень**
blanket   **одеяло**
bounce, shake (*v.*)   **трясти, качать**
breakfast   **завтрак**
carry-on luggage   **ручная кладь**
choose (*v.*)   **выбирать-выбрать**
come down, fall down (*v.*)   **выпадать-выпасть, вылетать-вылететь**
crew   **экипаж**
drinks   **напитки**
economy class   **экономический класс**
emergency, accident   **авария**
emergency exit   **запасной, аварийный выход**
encounter, experience (*v.*)   **сталкиваться-столкнуться, испытывать-испытать**
entire, whole   **весь**
fasten seat belts   **пристегнуть ремни**
fee, charge   **оплата, плата за**
film, movie   **фильм, кинофильм, кино**
first class   **первый класс**
fit (*v.*)   **умещаться-уместиться**
flight attendant (stewardess/steward)   **стюардесса, бортпроводник**
flight personnel   **экипаж рейса**
flying time, duration of flight   **время в полёте, продолжительность полёта**
follow (*v.*) (instructions)   **выполнять (инструкции)**
forbidden, not permitted, prohibited   **запрещается, не разрешается**
greet, welcome (*v.*)   **приветствовать**
happen (*v.*)   **случаться-случиться**
headset, headphones   **наушники**
in case, in the event of   **в случае**

in front (of)   **перед**
in stereo   **стерео**
in the forward, front section   **в передней части**
in the front   **впереди**
in the rear, back section   **в хвостовой части**
land (*v.*)   **приземляться-приземлиться**
landing   **посадка**
leave (*v.*)   **покидать-покинуть**
life jacket, flotation device   **спасательный жилет**
lit, turned on   **включено, горит**
long-distance flights   **полёты на дальние расстояния**
magazines   **журналы**
meal   **питание, еда**
no admittance, off limits   **вход воспрещён**
overhead (baggage) compartment   **отделение для ручной клади над сиденьем**
pay (*v.*)   **платить-заплатить**
per hour   **в час**
pillow   **подушка**
place, put (*v.*)   **класть-положить, разместить**
pleasant   **приятный**
recommend, advise, suggest (*v.*)   **рекомендовать-порекомендовать**
reduction in (loss of) air pressure   **падение атмосферного давления**
remain seated with seat belts fastened   **оставаться на местах с пристёгнутыми ремнями**
safety regulations   **правила безопасности**
seat back, backrest   **спинка сиденья**
seat belts   **ремни безопасности**
security, safety   **безопасность**
speed, airspeed   **скорость**
stand, put   **ставить-поставить**
stereo music   **стерео музыка**
take care of (*v.*)   **обслуживать-обслужить**
takeoff   **взлёт**
tell, inform (*v.*)   **сообщать-сообщить, информировать**
toilet, lavatory   **туалет**
turbulence   **турбуленция**
under, underneath   **под**
upright (vertical)   **вертикальный**
work (*v.*)   **работать**
zone   **зона**

Chapter 3: Passport control and customs

be passing through   **проездом**
check, examine (*v.*)   **проверять-проверить**
cigarettes   **сигареты**
customs   **таможня**
customs agent   **таможенник**
customs declaration   **таможенная декларация**
(for) how long?   **надолго?**
lodge (*v.*)   **переночевать**
on business   **в командировку**
open (*v.*)   **открывать-открыть**
passport   **паспорт**
passport control   **паспортный контроль**
pay duty (customs)   **таможенная пошлина**
personal identification   **удостоверение личности**
pleasure   **отдых, туризм**
tobacco   **табак**
vacation trip   **отпуск**
vegetables   **овощи**
visa   **виза**
whiskey   **виски**

Chapter 4: At the train station

all right, OK   **всё в порядке**
arrival   **прибытие**
arrive (*v.*)   **прибывать-прибыть**
be late   **опаздывать-опоздать**
call (*v.*)   **звать-позвать**
car   **вагон**
carry (*v.*)   **носить-нести**
check (*v.*)   **проверять-проверить**
check (*v.*) (baggage)   **сдавать-сдать (багаж)**
conductor   **проводник**
delay   **задержка, опоздание**
departure   **отправление**
dining car   **вагон-ресторан**
find out (*v.*)   **узнавать-узнать**
get, receive (*v.*)   **получать-получить**
get back (*v.*)   **получить обратно**
get off (*v.*)   **выходить-выйти**
get on (*v.*)   **садиться-сесть в (поезд)**
leave, depart (*v.*)   **отправляться-отправиться**
local train   **поезд местного назначения**
luggage   **багаж**
night train   **ночной поезд**
on time   **вовремя, по расписанию**

one-way ticket   **билет в один конец**
pay (*v.*)   **платить-заплатить**
pick up (*v.*)   **забирать-забрать**
platform   **платформа**
porter   **носильщик**
railroad station   **вокзал**
reserved   **забронировано**
round-trip ticket   **билет с оборотом**
schedule, timetable   **расписание**
seat   **место**
seat number   **номер места**
sleeping car (4 berths)   **купейный вагон**
sleeping car (6 berths)   **плацкартный**
suitcase   **чемодан**
ticket   **билет**
ticket stub (luggage), baggage, claim-check   **багажная квитанция**
ticket window   **билетная касса**
tip   **чаевые**
track   **путь**
train   **поезд**
train trip   **поездка на поезде**
waiting room   **зал ожидания**

Chapter 5: The automobile

accident   **авария**
adjust (*v.*)   **регулировать-отрегулировать**
automatic transmission   **автоматическая трансмиссия, коробка передач с автоматическим управлением**
battery   **аккумулятор**
be included   **входить в, включено в**
be missing   **отсутствовать, не хватать**
brake (*v.*)   **тормозить-затормозить**
brake fluid   **тормозная жидкость**
brake pedal   **педаль тормоза**
break down (*v.*)   **ломаться-сломаться**
bumper   **бампер**
car   **машина**
check (*v.*)   **проверять-проверить**
choke   **воздушная заслонка**
clutch   **сцепление**
credit card   **кредитная карточка**
daily charge   **оплата в день**
dashboard   **щиток управления**
deposit   **задаток**
directional signal   **сигнал поворота**
disengage the clutch (*v.*)   **выжимать-выжать сцепление**

driver's license   **водительские права**
empty   **пустой**
fender   **крыло**
fill up (*v.*)   **заполнять-заполнить**
flat tire   **спущенная шина, колесо спустило**
full insurance coverage   **полная страховка**
gas pedal, accelerator   **акселератор**
gas station   **бензозаправочная станция, автозаправочная станция, бензоколонка**
gasoline   **бензин**
gear   **передача, скорость**
gearshift lever   **рычаг переключения скоростей**
get, procure, obtain (*v.*)   **находить-найти, доставать-достать**
glove compartment   **«бардачок»**
grease, lubricate (*v.*)   **смазывать-смазать**
hand brake   **ручной тормоз**
ignition   **зажигание**
in first gear   **на первой скорости**
leak, drip out (*v.*)   **течь-протекать, капать**
license plate   **номерной знак**
low beams   **ближний свет**
mileage (kilometer) charge   **оплата за пробег (в километрах)**
neutral   **нейтральный**
noise   **шум**
odometer   **одометр**
oil   **масло**
oil level   **уровень масла**
overheat (*v.*)   **перегреваться-перегреться**
put (*v.*)   **класть-положить**
radiator   **радиатор**
rearview mirror   **зеркало заднего вида**
rent (*v.*)   **брать-взять напрокат**
repair (*v.*)   **ремонтировать-отремонтировать, чинить-починить**
repairs   **ремонт, починка**
replace (*v.*)   **заменять-заменить**
reverse gear   **задний ход**
shift (*v.*) (gears)   **переключать-переключить скорости**
sign (*v.*)   **подписывать-подписать, расписываться-расписаться**
spare parts   **запасные части, запчасти**
spare tire   **запасная шина**
spark plugs   **свечи зажигания**
squeak   **скрип**

stall (*v.*)   **глохнуть-заглохнуть**
start (*v.*) (a car)   **заводить-завести (машину)**
starter   **стартёр**
steering wheel   **руль**
step on (*v.*)   **нажимать-нажать**
stop (*v.*)   **останавливаться-остановиться**
tachometer   **тахометр**
tire   **шина**
tow (*v.*)   **буксировать-отбуксировать, брать-взять на буксир**
tow truck   **буксир**
trunk   **багажник**
turn on (*v.*)   **включать-включить**
turning   **при повороте**
vibrate (*v.*)   **вибрировать**
water in radiator   **вода в радиаторе**
weekly charge (by the week)   **оплата за/в неделю**
wheel bearings   **подшипники колеса**
windshield   **лобовое стекло**

Chapter 6: Asking for directions

bus stop   **остановка автобуса**
corner   **угол**
direction   **направление**
entrance   **въезд**
exit   **выезд**
follow (*v.*) (someone)   **ехать за кем-то**
get off (*v.*)   **выезжать-выехать**
go back, walk back (*v.*)   **идти обратно, назад**
highway   **шоссе**
intersection   **перекрёсток**
lane   **ряд**
left   **левый**
left around the corner   **налево за углом**
lose one's way (*v.*)   **заблудиться**
make a U-turn (*v.*)   **разворачиваться-развернуться**
near, in the vicinity   **близко, рядом**
neither . . . nor   **ни . . . ни**
one-way street   **улица с односторонним движением**
opposite   **противоположный**
outskirts   **окраина**
reach (*v.*)   **доезжать-доехать**
rest area   **место для отдыха**
rest stop   **остановка для отдыха**
right   **правый**
right around the corner   **направо за углом**

rush hour   час пик
straight ahead   прямо
street, block   улица, квартал
traffic   движение
traffic light   светофор
turn off (*v.*)   поворачивать-повернуть
turn to the left   поворачивать-повернуть налево
turn to   поворачивать-повернуть
   the right   направо
turnpike   автострада
walk (*v.*)   ходить-идти

Chapter 7: A telephone call

again   ещё раз
answer (*v.*)   отвечать-ответить
be wrongly connected   неправильно соединили
busy   занято
call up (*v.*)   звонить-позвонить
change   сдача
coin   монета
coin slot   отверстие для монеты
connect, put   соединять-соединить
   through (*v.*)
connection   связь
cut off (*v.*)   разъединять-разъединить
dial (*v.*)   набирать-набрать
dial a wrong   набрать неправильный
   number (misdial)   номер
dial directly   звонить прямым набором
dial tone   длинный гудок
extension   добавочный номер
get through (*v.*)   дозвониться
hang up (*v.*)   вешать, класть (трубку)
later   позже, попозже
line   линия
local call   звонок в пределах города
long-distance call   междугородний разговор
message   сообщение
out of order   не работает
person-to-person   разговор с конкретным
   call   абонентом
pick up (*v.*)   снимать-снять,
   (receiver)   поднимать-поднять (трубку)
public   общего пользования
receiver   трубка
ring (*v.*)   звонить

switchboard (office)   коммутатор
telephone   телефонная книга,
   book   телефонный справочник
telephone booth   телефонная будка, телефон-автомат
telephone call   телефонный звонок
telephone number   номер телефона
town   город
try (*v.*)   пытаться-попытаться
use (*v.*)   пользоваться-воспользоваться
wait (*v.*)   ждать

Chapter 8: Public transportation

booklet   книжечка
bus   автобус
bus stop   автобусная остановка, остановка автобуса
by bus (trolley-   на автобусе
   bus, tram)   (троллейбусе, трамвае)
call (*v.*) a taxi   вызывать-вызвать такси
circular route   кольцевая линия
coin changer   разменный автомат
coupon   талон
driver   водитель
enter (*v.*)   входить-войти
escalator   эскалатор
excuse (*v.*)   извинять-извинить
exit (*v.*)   выходить-выйти
fixed-route taxi   маршрутное такси
free   свободен
front exit   передняя площадка
get to (*v.*)   доезжать-доехать до
go down (*v.*)   спускаться-спуститься
go up (*v.*)   подниматься-подняться
green light   зелёный огонёк
inspector, ticket-collector   контролёр
kiosk   киоск
line   очередь
make a transfer (*v.*)   делать-сделать переход
map, diagram of the metro   схема метро
meter   счётчик
metro   метро
metro station   станция метро
monthly pass   проездной
move (*v.*)   проходите-пройдите
   (to the front)   (вперёд)
next   следующий
occupied   занято
pass (*v.*)   передавать-передать
pay for (*v.*)   платить-заплатить

payment **оплата**
punch (*v.*) (ticket, **компостировать-**
 coupon) **закомпостировать**
punching machine **компостер**
radial route **радиальная линия**
rear exit **задняя площадка**
show (*v.*) **предъявлять-предъявить**
stop (*v.*) **останавливать-остановить**
 (такси)
take (*v.*) **садиться-сесть на**
 a bus **(автобус)**
take (*v.*) a taxi **брать-взять такси**
take to (*v.*) **отвозить-отвезти**
taxi stand **стоянка такси**
ticket window **касса**
token **жетон**
tram **трамвай**
tram stop **трамвайная остановка,**
 остановка трамвая
transfer (*v.*) **пересаживаться-пересесть**
trolley-bus **троллейбус**
trolley-bus **троллейбусная остановка,**
 stop **остановка троллейбуса**
unified monthly/ **единый проездной**
 weekly pass **билет**
will take a whole hour **займёт целый час**

Chapter 9: At the hotel

arrive (*v.*) **приезжать- приехать**
ask for (*v.*) **просить-попросить**
bar of soap **кусок мыла**
basin, sink **раковина**
bath towel **банное полотенце**
bed **кровать**
bellhop **носильщик (в гостинице)**
bill **счёт**
blanket **одеяло**
breakfast **завтрак**
burn out (*v.*) **перегорать-перегореть**
cashier's window **окошко кассира**
charge wrongly **неправильно**
 (overcharge) (*v.*) **посчитать,**
 обсчитать
cold **холодный**
come in, go in, enter (*v.*) **входить-войти**
confirmation **подтверждние**
credit card **кредитная карточка**
desk-clerk **портье**
double room **двухместный номер, номер**
 на двоих
electric hair drier **фен для волос**

electric outlet **электрическая розетка**
facing **выходить на, с видом на**
facing the courtyard **с видом на двор**
faucet **кран**
fill out (*v.*) **заполнять-заполнить**
filled up **заполнена**
guest **приезжий**
hand towel **полотенце для рук**
hanger **вешалка, плечики**
have dry-cleaned (*v.*) **отдавать-отдать в**
 химчистку
heating **отопление**
hot water **горячая вода**
I am cold **мне холодно**
included in **входит в стоимость;**
 the price **включено в стоимость**
iron (*v.*) **гладить-погладить**
is heated **отапливается**
key **ключ**
laundry **прачечная**
leave, vacate (*v.*) **освобождать-**
 освободить
light **свет**
light bulb **лампочка**
light switch **выключатель**
maid **горничная**
make up the room **убирать-убрать**
 комнату
offer (*v.*) **предлагать-предложить**
order (*v.*) **заказывать-заказать**
pillow **подушка**
razor **бритва**
reception **стойка портье, дежурного**
 desk **администратора**
registration form **бланк регистрации**
reserve (*v.*) **бронировать-забронировать**
roll (toilet paper) **рулон (туалетной**
 бумаги)
room **комната, номер**
room and board **проживание**
 (includes lunch **и питание**
 and dinner)
room key **ключ от номера**
rooms available **есть свободные места**
sea **море**
sea view **вид на море**
service **обслуживание**
sign (*v.*) **подписывать-подписать**
single room **одноместный номер, номер**
 на одного
soap **мыло**
stay (*v.*) **останавливаться-остановиться**

stay overnight (*v.*)   **переночевать**
street   **улица**
swimming pool   **бассейн**
things   **предметы, вещи**
toilet   **унитаз**
toilet paper   **туалетная бумага**
turn on (*v.*)   **включать-включить**
turned on   **включен(о)**
twin beds   **односпальные кровати**
twin-bedded   **номер с односпальной**
  room   **кроватью**
voltage   **напряжение**
wash (*v.*)   **мыть-помыть**
work (function) (*v.*)   **работать**

Chapter 10: At the bank

account   **счёт**
assume a mortgage   **взять закладную**
balance   **баланс**
bank   **банк**
bankbook, passbook   **сберегательная**
              книжка
bill   **счёт**
bill (money)   **купюра**
cash   **наличные**
cash (*v.*) (a check)   **обналичивать-**
              обналичить (чек)
cashier, teller   **кассир**
cashier's window   **окно кассира, касса**
change (from transaction)   **сдача**
charge for cashing   **пошлина за**
  traveler's checks   **обналичивание**
              дорожных чеков
checkbook   **чековая книжка**
checking account   **чековый счёт**
coin (change in coins)   **мелочь**
deposit (*v.*)   **класть-положить (деньги)**
due date   **срок**
exchange bureau   **пункт обмена**
exchange,   **обменивать-обменять**
  change (*v.*)
grant (*v.*)   **предоставлять-предоставить**
grow (*v.*)   **расти**
higher   **выше**
interest   **процент**
interest rate   **процентный показатель**
loan   **ссуда**
lower   **ниже**
make a down   **давать-дать, заплатить**
  payment   **задаток**

money   **деньги**
monthly payment   **ежемесячная оплата**
mortgage   **закладная**
open (*v.*)   **открывать-открыть**
pay (*v.*)   **платить-заплатить**
pay cash   **платить-заплатить наличными**
pay for (*v.*)   **платить-заплатить за**
pay off in   **платить-оплатить в**
  installments   **рассрочку**
purchase on the   **покупать-купить в**
  installment plan   **рассрочку**
rate of exchange   **курс обмена**
receive (*v.*)   **получать-получить**
save (*v.*)   **копить-накопить, откладывать**
savings   **сбережения**
sign, endorse (*v.*)   **подписывать-подписать**
take out a loan   **брать-взять ссуду**
teller, bank employee   **служащий банка**
traveler's checks   **дорожные чеки**
withdraw (*v.*),   **снимать-снять деньги**
  take out money

Chapter 11: At the post office

address   **адрес**
airmail   **авиапочта**
box   **ящик**
customs declaration   **таможенная**
              декларация
deliver (*v.*)   **приносить-принести,**
              доставлять-доставить
envelope   **конверт**
fill out (*v.*)   **заполнять-заполнить**
fragile   **хрупкий, бьющийся**
insure (*v.*)   **страховать-застраховать**
letter   **письмо**
mail   **почта**
mail (*v.*)   **отправлять-отправить,**
              посылать-послать
mailbox, post office box   **почтовый ящик**
money order   **денежный перевод**
package   **посылка**
pick up (*v.*)   **брать-взять**
post office   **почта**
postage (fee)   **пересылка (оплата)**
postcard   **почтовая открытка**
receiver, addressee   **получатель, адресат**
registered mail   **заказная почта**
scale   **весы**
send (*v.*)   **посылать-послать,**
              отправлять-отправить

sender   отправитель, адресант
small package   бандероль
stamp   марка
take (time)   за сколько, через сколько
throw, drop into (v.)   бросать-бросить в
via/by airmail   авиапочтой
weigh (v.)   взвешивать-взвесить
zip code   индекс

Chapter 12: At the hairdresser's/salon

(back of the) neck   шея
barber, hairdresser   парикмахер, мастер
(go) to the hairdresser   в парикмахерскую
at the hairdresser   в парикмахерской
beard   борода
color   цвет
comb (v.)   расчёсывать-расчесать,
                причёсывать-причесать
cut (v.)   стричь-постричь,
                подстригать-подстричь
cut off (v.)   состригать-состричь
dye (v.)   красить-покрасить
electric shears   машинка
fingernail   ноготь
hair   волосы
hair oil   масло для волос
hair spray   лак для волос
haircut   стрижка
in the back   сзади
manicure   маникюр
mustache   усы
nail polish   лак для ногтей
on the sides   по бокам, с боков
on top   на макушке
permanent wave   химическая завивка
razor   бритва
razor cut   стрижка бритвой
scissors   ножницы
set (hair) (v.)   укладывать-уложить,
                сделать укладку,
                сделать причёску
shave   бритьё
shave (v.)   брить-побрить
shave oneself (v.)   бриться-побриться
short   короткий
side   бок
sideburns   бакенбарды
tint (v.)   подкрашивать-подкрасить
trim (v.)   подравнивать-подровнять
wash (out) (v.)   мыть-помыть (вымыть)

Chapter 13: At the clothing store

bathing suit (man's)   плавки
bathing suit (woman's)   купальник
belt   ремень
blended fabric   смешанная ткань
blouse   блузка
boots   сапоги
brassiere   лифчик, бюстгальтер
button   пуговица
checked   клетчатый
coat   пальто
corduroy   вельвет, вельветовый
cotton   хлопчатобумажный
cufflinks   запонки
cuffs   манжеты
custom tailor   портной, выполняющий
                индивидуальные заказы
dress   платье
easy-care   лёгкий уход (хорошо
                стирается, не надо гладить)
fabric   ткань, материал
flat   плоский, без каблука
fly (in pants)   ширинка
girdle   корсет, пояс
gloves   перчатки
go with, match (v.)   подходить к
handbag, pocketbook   сумочка
handkerchief   носовой платок
heel (of a shoe)   каблук
high   высокий
house slippers   домашние тапочки
jacket (sports)   спортивная куртка
knee socks   гольфы
lace   кружева
leather   кожаный
low   низкий
measurements   мерки
narrow   узкий
narrow, tight   узкий, жмёт
neither . . . nor   ни . . . ни
no-iron   не гладить
nylon   нейлоновый
pair   пара
pants   брюки
pantsuit   брючный костюм
panty hose   колготки
polka-dotted   в горошек
prefer (v.)   предпочитать
pullover, sweater   пуловер
raincoat   плащ
recommend (v.)   советовать-посоветовать

rubber   **синтетический, резиновый**
sandals   **сандалии**
scarf   **шарф**
shirt   **рубашка**
shoelace   **шнурок**
shoes   **туфли**
short   **короткий**
shorts   **шорты**
silk   **шёлковый**
size   **размер**
skirt   **юбка**
sleeve   **рукав**
slip; half-slip   **комбинация; нижняя юбка**
sneakers   **кроссовки**
socks   **носки**
stockings   **чулки**
striped   **полосатый, в полоску**
suede   **замша**
suit (man's)   **костюм**
suit jacket   **пиджак от костюма**
sweater   **свитер**
synthetic fabric   **синтетическая ткань**
tailor   **портной**
take measurements (*v.*)   **снимать-снять мерки**
tie   **галстук**
toe (tip of a stocking or shoe   **носок (чулка или обуви)**
toes   **пальцы ног**
underclothes   **нижнее бельё**
underpants, panties   **трусы**
undershirt   **майка**
wide   **широкий**
woman's suit   **женский костюм**
wool   **шерсть, шерстяной**
wool socks   **шерстяные носки**
worsted   **вязаный**
wrinkle (*v.*) (clothes)   **мяться-измяться (об одежде)**
wrinkle-resistant   **немнущийся**
zipper   **змейка, молния**

Chapter 14: At the dry cleaner (laundry)

be loose (*v.*)   **отпарываться-отпороться**
button   **пуговица**
darn (*v.*)   **штопать-заштопать**
dirty   **грязный**
dry-clean (*v.*)   **чистить-почистить**
dry-cleaner's shop; dry cleaning   **химчистка**
hole   **дырка**
iron (*v.*)   **гладить-погладить**

lining   **подкладка**
mend (*v.*)   **чинить-починить**
piece of clothing   **тряпочка**
promise (*v.*)   **обещать-пообещать**
ready   **готово**
remove (*v.*) (spot)   **выводить-вывести (пятно)**
sew (*v.*)   **шить-зашивать**
sew on (*v.*)   **пришивать-пришить**
shrink (*v.*)   **садиться-сесть**
stain   **пятно**
stain, spot (*v.*)   **посадить пятно**
starch   **крахмал**
starch (*v.*)   **крахмалить-накрахмалить**
starched   **накрахмаленный**
tailor   **портной**
wash (*v.*)   **стирать-постирать**
wash, dirty wash   **стирка, грязное бельё**

Chapter 15: At the restaurant

aperitif   **аперитив**
appetizer   **закуска**
ask for (*v.*)   **просить-попросить**
baked   **запечённый**
be missing (is missing) (*v.*)   **не хватать (не хватает)**
be thirsty (*v.*)   **хотеться пить**
Bill, please!   **Счёт, пожалуйста!**
breaded   **в сухарях**
carafe   **графин**
cheese   **сыр**
chopped   **рубленый**
coffee   **кофе**
cold   **холодный**
consist of (*v.*)   **состоять из**
cooked, boiled   **варёный-сваренный**
corner   **угол**
corner table   **столик в углу, угловой столик**
course (part of a meal), dish   **блюдо**
cream   **сливки**
credit card   **кредитная карточка**
cup   **чашка**
cut (*v.*)   **резать-отрезать**
cutlet   **отбивная**
deep-fried   **жаренный во фритюре**
dessert   **десерт, сладкое**
dirty   **грязный**
drink   **напиток**
drumsticks   **куриные ножки**
expensive   **дорогой**

fish   рыба
food   еда
fork   вилка
fried   жареный
fruit   фрукты
garden   сад, садик
glass   стакан
grilled, roasted   на гриле
hunger   голод
hungry   голодный, голоден
included   включено, входит (в стоимость)
juice   сок
knife   нож
main course   горячее блюдо
meal cooked   блюдо (мясо) в
   in one pot   горшочках
meat   мясо
menu   меню
moderately priced   ресторан по
   restaurant   умеренным,
                доступным ценам
napkin   салфетка
open bottle   открытая бутылка
   of wine   вина
order (v.),   заказывать-заказать,
   reserve (a table)   бронировать-
                забронировать
                (столик)
outside   на улице
pepper   перец
pepper mill   ручная мельница для перца
pepper shaker   перечница
place setting   прибор
plate   тарелка
poached   тушёный
pork   свинина
poultry   птица
rare   недожарено, с кровью
   (meat)   (мясо)
raspberries   малина
receipt   квитанция
recommend (v.)   рекомендовать-
                порекомендовать,
                советовать-посоветовать
red wine   красное вино
restaurant   ресторан
roast   ростбиф
roast, fry (v.)   жарить-поджарить
roasted chicken   жареная курица
salad   салат
salt   соль
saltshaker   солонка

salty   солёный
saucer   блюдце, блюдечко
sautéed, braised   слегка обжаренный
service   обслуживание
service charge   оплата за обслуживание
slice, piece   кусок, кусочек
smoked   копчёный
soup   суп
soupspoon   столовая ложка
specialty (dish)   фирменное блюдо
steak   бифштекс, антрекот
steamed   паровой
stew   жаркое
strawberries   клубника
sugar   сахар
sugar bowl   сахарница
table   стол, столик
tablecloth   скатерть
taste good (v.)   вкусно
tavern, bar, pub   пивная, бар, пивбар
teaspoon   чайная ложка
thirst   жажда
tip   чаевые, на чай
too salty, oversalted   пересоленный
tough   жёсткий
try, taste (v.)   пробовать-попробовать
veal   телятина
vegetables   овощи
waiter   официант
waitress   официантка
well done   хорошо прожаренное
whipped cream   взбитые сливки
white wine   белое вино
window   окно
wine   вино
wine list   перечень вин

Chapter 16: Shopping for food

aisle   проход
bacon   бекон
bag   сумка
bakery   булочная, хлебный магазин
basket   корзинка
bottle   бутылка
bouquet (flowers)   букет
box   коробка
bunch (carrots)   пучок (моркови)
bunch of grapes   гроздь винограда
butcher   мясник
cabbage   капуста
can, jar   банка

carry (*v.*)   **носить-нести**
dairy store   **молочный магазин**
department store   **универмаг**
detergent or soap   **моющее средство**
  (for dishwasher and   **или мыло (для**
  washing machine)   **посудомоечной**
     или стиральной
     машины)
fish store   **рыбный магазин**
food department (in   **продовольственный**
  department store)   **отдел**
     (в универмаге)
freezer   **морозильник, морозильная**
     камера, морозилка
fresh   **свежий**
frozen   **мороженый-замороженный**
gram   **грамм**
grape   **виноград**
groceries   **продукты**
grocery   **гастроном, продовольственный**
  store   **магазин, продуктовый магазин**
head (of cabbage)   **головка**
kilogram   **килограмм**
local   **местный**
package   **пачка**
pastry shop   **кондитерский магазин**
plastic bag   **полиэтиленовый пакет**
powdered detergent   **стиральный**
  or soap (for washing   **порошок (для**
  machine)   **стиральной**
     машины)
push (*v.*) (the cart)   **катать-катить**
     (тележку)
return (*v.*) bottles   **сдавать-сдать**
     бутылки
roll   **булочка**
sell (*v.*)   **продавать-продать**
shopping cart   **тележка для продуктов**
slice, piece   **кусочек**
supermarket   **супермаркет**
ten (eggs)   **десяток**
wrap (*v.*)   **заворачивать-завернуть**

cheap   **дешёвый, дёшево**
cheese   **сыр**
cherries   **вишня**
cilantro   **кинза**
cottage cheese   **творог**
dill   **укроп**
fish stalls   **рыбные ряды**
flower pavilion   **цветочный павильон**
fruit stalls   **фруктовые ряды**
glass   **стакан**
gooseberries   **крыжовник**
greens   **зелень**
home-made   **домашнего приготовления**
how much (*colloq.*)   **почём**
jar, can   **банка**
lightly pickled cucumbers   **малосольные**
     огурцы
marinated (vegetables)   **маринады**
market   **рынок, базар**
meat pavilion   **мясной павильон**
milk pavilion   **молочный павильон**
milk products   **молочные продукты**
parsley   **петрушка**
pavilion "Fowl"   **павильон «Птица»**
pickled (vegetables)   **соленья**
pickled apples   **мочёные яблоки**
pickled cabbage   **квашеная капуста**
pickled cucumbers   **солёные огурцы**
raspberries   **малина**
red beet   **свёкла**
redcurrants   **красная смородина**
salad   **салат**
salesperson (female) at the market   **хозяйка**
salesperson (male) at the market   **хозяин**
sour cream   **сметана**
sour milk   **простокваша**
strawberries   **клубника**
sweet   **сладкая**
taste (*v.*)   **пробовать-попробовать**
too   **слишком**
vegetables stalls   **овощные ряды**
won't regret it   **не пожалеете**

Chapter 17: At the farmer's market

ask for (*v.*)   **просить-попросить**
berries   **ягоды**
black cherries   **черешня**
blackberries   **черника**
blackcurrants   **чёрная смородина**
bunch   **пучок**
butter   **масло**

Chapter 18: At home

alarm clock   **будильник**
apply (*v.*)   **наносить-нанести**
  makeup   **макияж**
armchair   **кресло**
baking pan   **лист, противень**
bath mat   **коврик для ванной**
bath towel   **банное полотенце**

bathe (v.)   **мыться-помыться**
bathing (shower) cap   **шапочка для ванной, душа**
bathrobe   **банный халат**
bathroom   **ванная**
bathtub   **ванна**
beat, whip (v.)   **взбивать-взбить**
bed   **кровать**
bed sheet   **простыня**
bedroom   **спальня**
bedspread   **покрывало**
boil, cook (v.)   **варить, готовить**
bookcase   **книжный шкаф**
bookshelf   **книжная полка**
bottle opener   **открывалка для бутылок**
bring (v.) to a boil   **доводить-довести до кипения**
broom   **метла, веник**
brush (v.)   **чистить-почистить**
  one's teeth   **зубы**
buffet   **буфет**
burner   **конфорка, горелка**
butter dish   **маслёнка**
cabinet   **шкафчик**
can   **банка**
can opener   **консервный нож**
candelabra, candle holder   **подсвечник**
carpet   **ковёр**
cassette   **кассета**
check (v.)   **проверять-проверить**
clean up (v.)   **убирать-убрать**
clear (v.)   **убирать-убрать со**
  the table   **стола**
clogged up   **засоренный**
close (v.)   **закрывать-закрыть**
coffee table   **журнальный столик**
comb (v.) one's hair   **причёсываться-причесаться**
converse (v.)   **беседовать, разговаривать**
corkscrew   **штопор**
cup   **чашка**
curtain   **занавеска**
cut (v.)   **резать-нарезать**
dice (v.)   **крошить-накрошить**
dining room   **столовая**
dirty   **грязный**
dish drainer   **сушилка для посуды**
dish towel   **полотенце для посуды**
dishes   **посуда**
dishwasher   **посудомоечная машина**
drain (v.)   **проходить-пройти (вода), спускать-спустить (воду)**

drapes   **гардины**
drawer   **ящик**
dry (v.)   **сушить-просушить**
dry (v.) oneself   **вытираться-вытереться**
dust   **пыль**
dust (v.)   **протирать-протереть пыль**
dustcloth   **тряпка для вытирания пыли**
electric outlet   **розетка**
electric plug   **штепсель**
electrician   **электрик**
empty (v.)   **освобождать-освободить**
expect (v.)   **ждать-ожидать**
fall asleep (v.)   **засыпать-заснуть**
faucet   **кран**
fireplace   **камин**
floor   **пол**
floor lamp   **торшер**
frame   **рамка**
freezer   **морозильная камера, морозилка**
freezer   **морозилка (в**
  compartment   **холодильнике)**
fry, roast (v.)   **жарить-поджарить**
frying pan   **сковородка**
fuse   **предохранитель**
fuse blown   **предохранитель перегорел**
fuse box   **коробка предохранителя**
garbage   **мусор**
garbage can   **мусорное ведро**
get up (v.)   **вставать-встать**
glass   **стакан**
go to bed (v.)   **ложиться-лечь спать**
gravy boat   **соусница**
guest   **гость**
hand towel   **полотенце для рук**
handle   **ручка**
hanger   **вешалка, плечики**
happen (v.)   **случаться-случиться**
heat (v.)   **подогревать-подогреть**
housecleaning   **уборка дома, квартиры**
housework   **работа по дому**
iron   **утюг**
iron (v.)   **гладить-погладить**
ironing board   **гладильная доска**
knife   **нож**
lamp   **лампа**
laundry   **стирка**
light bulb   **лампочка**
light switch   **выключатель**
liquid detergent   **моющее средство**
  (for washing dishes)   **для посуды**
listen to (v.)   **слушать-послушать**
living room   **гостиная**

look (*v.*) смотреть-посмотреть
magazine журнал
make easy (*v.*) облегчать-облегчить
make (*v.*) заправлять-заправить
  the bed кровать, стелить-застелить
    постель
makeup макияж
mattress матрац
meal еда
medicine cabinet аптечка
melt (*v.*) растапливать-растопить
mirror зеркало
mixer, blender миксер
mop швабра
napkin салфетка
newspaper газета
night table ночной столик
on a low flame на маленьком
  (at low heat) огне
oven духовка
pantry кладовка
pass (*v.*) передавать-передать
peel (*v.*) чистить-почистить, снять
    кожуру
pepper mill ручная мельница,
    перечница
pepper shaker перечница
picture картина
pillow подушка
pillowcase наволочка
pipes трубы
plate тарелка
plug пробка
plumber водопроводчик, слесарь
polish, shine (*v.*) лакировать,
    полировать
pot (casserole) кастрюля
pot (with handle) кастрюля
preheat (*v.*) разогревать-разогреть
prepare (*v.*) готовить-приготовить
put (*v.*) класть-положить
put something on (*v.*) надевать-надеть
  (clothing)
put, place (*v.*) ставить-поставить
radio радио
radio program радиопередача
razor бритва
receive (*v.*) принимать-принять
  (guests) гостей
record запись
refrigerator холодильник
replace (*v.*) заменять-заменить

salad bowl салатница
salad dish салат
saltshaker солонка
sauté (*v.*) слегка обжарить
serving plate порционная тарелка
set (*v.*) ставить-поставить
  the alarm clock будильник
set (*v.*) the table накрывать на стол
shave (*v.*) (oneself) бриться-побриться
shaving cream крем для бритья
shaving soap мыло, пена для бритья
shower (*v.*) принимать-принять душ
sink раковина
sleep (*v.*) спать-поспать
soap мыло
soap dish мыльница
sofa, couch диван
soup bowl глубокая тарелка
soupspoon половник
sponge губка
stopper, plug пробка
stove плита
sugar сахар
sugar bowl сахарница
sweep (*v.*) подметать-подмести
table стол
table lamp настольная лампа
tablecloth скатерть
tablespoon столовая ложка
take (*v.*) a bath принимать-принять ванну
take (*v.*) a seat садиться-сесть за стол
take out (*v.*) выносить-вынести
  the garbage мусор
teaspoon чайная ложка
tile кафель, кафельная плитка
tiled выложенный кафелем
toilet унитаз
toilet paper туалетная бумага
toothbrush зубная щётка
toothpaste зубная паста
toss and turn (*v.*) ворочаться
towel rack вешалка для полотенец
tray поднос
turn on (*v.*) включать-включить
vacuum-clean (*v.*) пылесосить-
    пропылесосить
vacuum cleaner пылесос
venetian blind жалюзи
wall unit стенка
wash (*v.*) (dishes) мыть-помыть (посуду)
wash (*v.*) мыть-помыть/вымыть
wash the floor, wipe (*v.*) мыть-помыть пол

washcloth   мочалка
washing machine   стиральная машина
watch (*v.*)   смотреть-
    television   посмотреть телевизор
wet   мокрый
whisk, beater   веничек
window   окно
wipe (*v.*)   вытирать-вытереть

Chapter 19: At the doctor's office

accident   несчастный случай
adhesive bandage   лейкопластырь
allergy   аллергия
analysis   анализ
ankle   лодыжка
antibiotics   антибиотик
appendix   аппендикс
arm   рука
arthritis   артрит
asthma   астма
back   спина
bandage   повязка
bandage (*v.*)   накладывать-наложить
                повязку,
                перевязывать-перевязать
be cold, freeze,   мёрзнуть-замёрзнуть
    be freezing (*v.*)
be congested,   быть заложенным
    stuffed up (*v.*)   (о носе)
blood   кровь
blood pressure   артериальное давление
blood sample for analysis   кровь на анализ
blood type   группа крови
bone   кость
bowels, intestines   кишечник
break, fracture   перелом
breathe (*v.*)   дышать
broken   сломан
cancer   рак
cast   гипс
cheek   щека
chest   грудная клетка
chickenpox   ветрянка
chills   озноб
cold   простуда
complaints   жалобы
compound fracture   открытый перелом
constipation   запор
contagious   инфекционный
cough   кашель
cough (*v.*)   кашлять

crutches   костыли
cut oneself (*v.*)   порезаться
diabetes   диабет
diarrhea   понос
dizziness   головокружение
dizzy (to be dizzy)   голова кружится
doctor   врач, доктор
doctor's office   кабинет врача
ear   ухо
electrocardiogram   электрокардиограмма
    (EKG)   (ЭКГ)
epilepsy   эпилепсия
epileptic fit   эпилептический припадок
examine (*v.*)   осматривать-осмотреть
examine with   слушать-послушать
    a stethoscope   (стетоскопом)
feel (*v.*) nauseous   тошнить
fever   высокая температура, жар
finger   палец
foot   ступня, стопа
frequent   частый
have a cold (*v.*)   простудиться-простыть
heart   сердце
heart attack   инфаркт
hip   бедро
immobilize (*v.*)   иммобилизовать
influenza   грипп
injection   укол
intestine   кишка
kidneys   почки
leg   нога
liver   печень
lungs   лёгкие
lymph node   лимфатический узел
measles   корь
measure (*v.*)   измерять-измерить
medical history   анамнез
menstrual period   месячные,
                менструация
mental illness   психическое заболевание
mouth   рот
mucus   слизь
mumps   свинка
neck   шея
operate (*v.*)   оперировать-прооперировать
operation   операция
orthopedist   ортопед
pain, pains   боль, боли
penicillin   пенициллин
pill   таблетка
poliomyelitis   полиомиелит
possibility   возможность

prescribe (*v.*)   **выписывать-выписать**
psychiatric disturbances   **психические**
    отклонения
psychiatrist   **психиатр**
pulse   **пульс**
put (*v.*) in a cast   **наложить гипс**
remove (*v.*)   **вырезать, удалять-удалить**
remove stitches   **снимать-снять швы**
roll up (*v.*)   **засучивать-засучить**
sensitive to   **чувствительный к**
set (*v.*)   **вправлять-вправить**
    a bone   **(кость)**
sew, stitch (*v.*)   **накладывать-наложить**
    швы

sick, ill   **болен**
sickness, illness   **болезнь, заболевание**
simple fracture   **простой перелом**
sleeve   **рукав**
sore throat   **горло болит**
stick on (*v.*)   **клеить-наклеить**
stitches   **швы**
stomach   **желудок**
stool   **стул**
suffer from (*v.*)   **страдать**
    (an illness)   **(заболеванием)**
swollen   **опухшие**
symptoms   **симптомы**
take x-ray,   **делать-сделать**
    x-ray (*v.*)   **рентгеновский снимок,**
    рентген
throat   **горло**
tonsils   **гланды**
tuberculosis   **туберкулёз**
twist, sprain (*v.*)   **вывихнуть, растянуть**
undress (*v.*)   **снимать-снять одежду**
urine   **моча**
vaccinate (*v.*)   **делать-сделать прививки**
vaccinated   **сделаны прививки**
venereal diseases   **венерические болезни**
vital organs   **жизненно важные органы**
vomit (*v.*)   **рвать-вырывать**
vomiting   **рвота**
wound   **рана**
wrist   **кисть**
x-ray   **рентгеновский снимок**

Chapter 20: At the hospital

abdominal pain   **боль в животе,**
    брюшной полости
acute appendicitis   **острый аппендицит**

admission   **приёмный покой**
admit (*v.*)   **принимать-принять**
ambulance   **скорая помощь**
anesthesia   **анестезия**
anesthesiologist   **анестезиолог**
appendicitis   **аппендицит**
appendix   **аппендикс**
bladder   **мочевой пузырь**
blood pressure   **артериальное давление**
breathe (*v.*)   **дышать**
cataract   **катаракта**
chest   **грудная клетка**
colon   **толстая кишка**
cut, incision   **разрез, надрез**
cyst   **киста**
delivery   **роды**
delivery room   **родильный зал**
doctor, physician   **врач, доктор**
emergency   **отделение неотложной**
    помощи
emergency room   **кабинет неотложной**
    помощи
examine (*v.*)   **осматривать-осмотреть**
food   **питание**
form   **форма, бланк, анкета**
gallbladder   **желчный пузырь**
gurney   **каталка**
hemorrhoid   **геморрой**
hospital   **больница, клиника**
hysterectomy   **гистеректомия (удаление**
    матки)
injection   **инъекция, укол**
intensive care   **реанимация**
intern   **интерн**
intravenous   **внутривенный**
labor pains   **родовые схватки**
measure (*v.*)   **измерять-измерить**
nurse (female)   **медсестра**
nurse (male)   **медбрат**
obstetrician   **акушер/акушерка**
    (male/female)
operate (*v.*)   **оперировать-**
    прооперировать,
    делать операцию
operating room   **операционная,**
    операционный зал
operating table   **операционный стол**
operation   **операция**
    (surgical   **(хирургическое**
    intervention)   **вмешательство)**
ovaries   **яичники**
oxygen   **кислород**

oxygen tubes **кислородные трубки, трубки с кислородом**
painful **болезненный**
pains **боли**
patient (female) **больная, пациентка**
patient (male) **больной, пациент**
place, put (*v.*) **класть- положить**
polyps **полипы**
pregnancy **беременность**
pregnant **беременная**
prepare (*v.*) **готовить-подготовить (больного)**
prognosis **прогноз**
pulse **пульс**
radiology **отделение радиологии**
recovery room **послеоперационная палата**
remove (*v.*) **вырезать, удалять**
room, ward **палата**
stretcher **носилки**
surgeon **хирург**
tranquilizer **транквилизатор, успокаивающее лекарство**
ulcer **язва**
wheelchair **инвалидная коляска**
x-rays **рентгеновские снимки**

open (*v.*) **открывать-открыть**
orchestra **партер**
performance **спектакль**
play **пьеса**
program **программа**
rise (*v.*) **подниматься-подняться**
role **роль**
row **ряд**
scene **сцена**
screen **экран**
seat **место**
shoot (*v.*) a film **снимать-снять фильм**
sold out **проданы-распроданы**
spectator **зритель**
stage **сцена**
start **начало**
start (*v.*) **начинаться-начаться**
theater **театр**
ticket **билет**
today's performance **сегодняшний спектакль**
too close **слишком близко**
top balcony **галёрка**
tragedy **трагедия**
usher **билетёр**
variety show **варьете**
whistle (*v.*) **свистеть**

Chapter 21: At the theater and the movies

act **действие**
actor **актёр**
actress **актриса**
appear (*v.*) **появляться-появиться**
applaud (*v.*) **аплодировать**
balcony **балкон**
box seat **ложа**
cashier **кассир**
cloakroom, coatroom **гардероб**
close (*v.*) **закрывать-закрыть**
comedy **комедия**
curtain **занавес**
drama **драма**
dub (*v.*) **дублировать**
dubbed **дублированный**
fall (*v.*) **опускаться-опуститься**
film, movie **фильм**
hero/heroine **герой/героиня**
intermission **антракт**
mezzanine **бельэтаж**
movies, cinema **кинотеатр, кино**
musical **мюзикл**

Chapter 22: Sports

boots **ботинки**
both **оба, обе**
catch (*v.*) **ловить-поймать**
consist of (*v.*) **состоять из**
cross-country skiing **лыжный спорт**
fasten, secure (*v.*) **прикрепляться-прикрепиться**
goalkeeper **вратарь**
goal-post **штанга**
guard (*v.*) **защищать-защитить, стоять на воротах**
hinged toepieces **крепления**
hockey court **хоккейная площадка**
hockey player **хоккеист**
hockey stick **клюшка**
ice **лёд**
kick (*v.*) **пинать-пнуть, ударять-ударить (по мячу)**
long pass **длинная передача**
lose (*v.*) **проигрывать-проиграть**
make a pass (*v.*) **делать-сделать передачу, пасовать**

margin **разрыв**
mask **маска**
minority **меньшинство**
net **сетка**
penalty **одиннадцатиметровый,
пенальти**
penalty bench **штрафная скамейка**
period **тайм**
player **игрок**
point **очко**
poles **лыжные палки**
popular **популярный**
puck **шайба**
referee **судья**
shinguard **щитки**
shoot a goal (*v.*) **забивать-забить гол**
short pass **короткая передача**
signal (*v.*) **назначать-назначить**
ski, skis **лыжа, лыжи**
ski hat **лыжная шапочка**
ski suit **лыжный костюм**
skier **лыжник**
to go skiing, **кататься на
cross-country skiing лыжах**
soccer team **футбольная команда**
substitution of players **смена составов**
tie **ничья**
tie score **ничейный суёт**
trail **лыжня**
unit **звено**
wax (*v.*) **смазывать-смазать (лыжи)**
whistle **свисток**
win (*v.*) **выигрывать-выиграть**
wool socks **шерстяные носки**

Chapter 23: The weather

barometric pressure **атмосферное
давление**
brief **кратковременный**
clear **ясный, чистый**
cloud **облако**
cloudy **облачно**
cold **холодный, холодно**
cool, chilly **прохладный, прохладно**
drizzle (*v.*) **моросить**
fall (*v.*) **падать (снег, дождь)**
fog **туман**
hail **град**
hot **жаркий**
humid **влажный**
lightning **молния**

nasty, bad **плохой**
nice **хороший**
overcast, gloomy **пасмурный, пасмурно**
pleasant **приятный**
rain **дождь**
scattered **местами**
shine (*v.*) **светить**
snow **снег**
snowfall **снегопад**
snowstorm **буран, снежная буря**
storm **гроза**
stuffy, oppressive **душный**
sultry **знойный**
sun **солнце**
unpredictable **непредсказуемый**
unstable **неустойчивый**
warm **тёплый, тепло**
warming **потепление**
weak, light (wind) **слабый (ветер)**
weather forecast **прогноз погоды**
windy **ветреный, ветрено**

Chapter 24: Education

attend (*v.*) **ходить-пойти**
audit (*v.*) **слушать (лекцию)**
backpack **школьный рюкзак**
begin (*v.*) **начинаться-начаться**
carry (*v.*) **носить-нести**
certificate of secondary **аттестат
education зрелости**
chalk **мел**
chalkboard **доска (школьная)**
classes **занятия**
collect (*v.*) **собирать-собрать**
college **факультет**
complete secondary **полное среднее
education образование**
dean **декан**
degree **степень**
department **кафедра**
desk **парта**
diploma of higher **диплом о высшем
education образовании**
division, branch **отделение**
doctoral degree **докторская степень**
dormitory **общежитие**
enroll (*v.*) **поступать-поступить**
examination, test **экзамен**
excellent **отлично**
explain (*v.*) **объяснять-объяснить**
good **хорошо**

grade   **класс**
grade, mark   **оценка**
graduate (*v.*)   **оканчивать-окончить университет**
graduation   **окончание школы**
incomplete secondary education   **неполное среднее образование**
instruct (*v.*)   **учить, обучать**
Kandidat degree   **кандидатская степень**
Kandidat of sciences   **кандидат наук**
Kandidat's dissertation   **кандидатская диссертация**
lecture   **лекция**
major   **специальность**
matriculate, register (*v.*)   **зачислять-зачислить**
notebooks   **тетради**
pass (*v.*) (an exam)   **сдавать-сдать (экзамен)**
principal   **директор**
professor   **профессор**
pupil (male/female)   **ученик/ученица, школьник/школьница**
reader   **хрестоматия**
rector, president of the university   **ректор**
satisfactory   **удовлетворительно**
schedule   **расписание**
schoolchildren   **ученики**
stipend   **стипендия**
study (*v.*)   **учиться**
subject   **предмет**
take notes (*v.*)   **записывать-записать**
teacher (male/female)   **учитель/учительница**
textbook   **учебник**
unsatisfactory   **неудовлетворительно**

Chapter 25: Government and politics

against   **против**
approve (*v.*)   **одобрять-одобрить**
autocratic   **авторитарный**
be opposed (*v.*)   **быть против**
cabinet   **кабинет**
chancellor, prime-minister   **премьер-министр**
change, amend (*v.*)   **вносить-внести поправку**
citizen   **гражданин**
closed session   **закрытое заседание**
coalition   **коалиция**
committee   **комитет**

concede (*v.*)   **уступать-уступить**
consist of (*v.*)   **состоять из**
constitution   **конституция**
constitutional amendment   **поправка к конституции**
court   **суд**
demonstration   **демонстрация**
determine (*v.*)   **определять-определить**
dictator   **диктатор**
dictatorship   **диктатура**
direct (*v.*)   **руководить**
expression of opinion   **выражение мнения**
federal   **федеральный**
federal constitutional court   **федеральный конституционный суд**
federal state   **федеральное государство**
finance ministry   **министерство финансов**
for, in favor of   **за**
foreign ministry   **министерство иностранных дел**
form (*v.*)   **формировать-сформировать**
freedom of speech   **свобода слова**
freedom of the press   **свобода печати**
government   **правительство**
have a quorum   **иметь кворум**
have voting rights   **иметь право голоса**
highest court of justice   **верховный суд**
human rights   **права человека**
important   **важный**
leftists   **левые**
legislative bill   **законопроект**
liberal-democratic party   **либерально-демократическая партия**
local elections   **местные выборы**
lose (*v.*)   **терпеть-потерпеть поражение**
majority   **большинство**
make (*v.*) a motion   **приступить к рассмотрению**
member   **член**
ministry   **министерство**
ministry of education   **министерство образования**
ministry of interior   **министерство внутренних дел**
ministry of justice   **министерство юстиции**
motion   **рассмотрение, обсуждение**
of legal age   **совершеннолетний**

opinion   мнение
opposition   оппозиция
people   люди
plebiscite (referendum)   **референдум,
плебисцит**
plenary session   **пленарное заседание**
political party   **политическая партия**
politics   **политика**
propose (*v.*)   **вносить-внести
предложение,
предлагать-предложить**
protect, defend (*v.*)   **защищать-защитить**
public (open) session   **открытое
заседание**
represent (*v.*)   **представлять-представить**
representative   **представитель**
responsible   **ответственный**
right   **право**
rightists   **правые**
rule   **правило**
support (*v.*)   **поддерживать-поддержать**
together   **вместе**
vote   **голос**
vote (*v.*)   **голосовать-проголосовать**
vote of confidence   **вотум доверия**
vote of no confidence   **вотум недоверия**

Chapter 26: Crime

appropriation   **присвоение**
armed (robbery)   **вооружённое
(ограбление)**
assassin   **убийца**
assassinated   **убитый**
assault   **нападение**
bladed weapon   **холодное оружие**
crime   **преступление**
criminal   **преступник**
describe (*v.*)   **описывать-описать**
firearm   **огнестрельное оружие**
force   **сила**
force (*v.*)   **принуждать-принудить**
homicide   **убийство**
illegal   **незаконный**
interrogate (*v.*)   **допрашивать-допросить**
kill (*v.*)   **убивать-убить**
knife   **нож**
others', another's   **чужой**
physical harm   **физический ущерб**
police station   **милицейский участок**
rape (*v.*)   **насиловать-изнасиловать**
rape   **изнасилование**

report (*v.*)   **заявлять-заявить**
rob (*v.*)   **грабить-ограбить**
robber   **грабитель**
robbery   **ограбление**
sex   **половой акт**
steal (*v.*)   **воровать-своровать,
красть-украсть**
taking away, deprivation of   **лишение**
theft   **воровство**
thief   **вор**

Chapter 27: Business

accountant   **бухгалтер**
accounting department   **бухгалтерия**
assets   **актив**
balance sheet   **баланс**
bankruptcy   **банкрот**
be responsible
for (*v.*)   **отвечать-ответить за**
board of directors   **совет директоров**
business   **бизнес**
buy (*v.*)   **покупать-купить**
buyer   **покупатель**
consumer   **потребитель**
corporation   **корпорация**
decision   **решение**
demand   **спрос**
dividends   **дивиденды**
enterprise   **предприятие**
establish (*v.*)   **устанавливать-установить**
go down (*v.*)   **падать-упасть**
go up (*v.*)   **расти-вырасти**
goods   **товары**
incorporated company   **акционерная
компания**
liabilities   **пассив**
make (*v.*) a decision   **принимать-принять
решение**
manager   **менеджер**
market   **маркет, рынок**
marketing   **маркетинг**
partner   **партнёр**
partnership   **товарищество**
price   **цена**
produce (*v.*)   **производить-произвести**
product   **продукция**
profit   **прибыль**
profitable   **прибыльный**
promotion sales   **продвижение товара на
рынке**
retail   **розница**

retailer розничный торговец
sell (*v.*) продавать-продать
seller продавец
services услуги
statement ведомость
stock акция
stock market фондовая биржа
stockholder акционер, владелец акций
supply предложение
taxes налоги
value ценность
wholesale оптом
wholesaler оптовый торговец, оптовик

Chapter 28: The computer

authorized user зарегистрированный пользователь
backspace возврат на шаг
boot (*v.*) загружать-загрузить систему
CD-ROM компакт-диск
code код
control key клавиша контроля
cursor курсор
data данные
device устройство
disk диск
diskette дискета
end конец
erase, delete, trash, scratch (*v.*) стирать-стереть
escape отмена
exit (*v.*) выходить-выйти из системы
file файл
floppy disk гибкий диск
folder папка
hard disk жёсткий диск
hard drive накопитель

hardware аппаратные средства
home начало
icon пиктограмма, значок
input ввод
insert вставка
key клавиша
keyboard клавиатура
laptop computer лаптоп, портативный компьютер
magnetic tape магнитная лента
memory память
menu меню
modem модем
output вывод
password пароль
permanently постоянно
print (*v.*) печатать-напечатать
printer принтер
process (*v.*) обрабатывать-обработать
processing обработка
program программа
quit, shut down (*v.*) отключать-отключить
retrieve (*v.*) восстанавливать-восстановить
return возврат
save (*v.*) сохранять-сохранить
scanner сканер
screen экран
search поиск
set набор
soft disk гибкий диск
software программное обеспечение
store (*v.*) хранить-сохранить
temporarily временно
terminal терминал
view просмотр
word processing текстообработка

Glossary: Russian–English
Словарь: Русско–Английский

авария   emergency, accident
август   August
авиабилет   plane ticket
авиалиния   airline
авиапочта   airmail
авиапочтой   via/by airmail
автобус   bus
автобусная остановка,   bus stop
  остановка автобуса
автоматическая трансмиссия,   automatic
  коробка передач с   transmission
  автоматическим управлением
авторитарный   autocratic
автострада   turnpike
адрес   address
аккумулятор   battery
акселератор   gas pedal, accelerator
актёр   actor
актив   assets
актриса   actress
акушер/акушерка   obstetrician (male/female)
акционер   stockholder
акционерная компания   incorporated company
акция   stock
аллергия   allergy
анализ   analysis
анамнез   medical history
анестезиолог   anesthesiologist
анестезия   anesthesia
антибиотик   antibiotics
антракт   intermission
аперитив   aperitif
аплодировать   to applaud
аппаратные средства   hardware
аппендицит   appendicitis
аппендикс   appendix
апрель   April
аптечка   medicine cabinet
артериальное давление   blood pressure
артрит   arthritis
астма   asthma
атмосферное   air pressure,
  давление   barometric pressure
аттестат зрелости   certificate of secondary
  education
аэропорт   airport

багаж   luggage, baggage
багажная   ticket stub (luggage), baggage
  квитанция   claim-check

багажник   trunk
бакенбарды   sideburns
баланс   balance, balance sheet
балкон   balcony
бампер   bumper
бандероль   small package
банк   bank
банка   can, jar
банкрот   bankruptcy
банное полотенце   bath towel
банный халат   bathrobe
«бардачок»   glove compartment
бассейн   swimming pool
бедро   hip
безопасность   security, safety
бекон   bacon
белое вино   white wine
бельэтаж   mezzanine
бензин   gasoline
бензозаправочная станция,   gas station
  автозаправочная станция,
  бензоколонка
беременная   pregnant
беременность   pregnancy
беседовать, разговаривать   to converse
бизнес   business
беспосадочный полёт   nonstop flight
билет   ticket
билет с оборотом   round-trip ticket
билет в один конец   one-way ticket
билетёр   usher
билетная касса   ticket window
бифштекс, антрекот   steak
бланк регистрации   registration form
ближний свет   low beams
близко, рядом   near, in the vicinity
блузка   blouse
блюдце, блюдечко   saucer
блюдо   course (part of a meal), dish
блюдо (мясо) в   meal cooked in
  горшочках   one pot
бок   side
болен   sick, ill
болезнь, заболевание   sickness, illness
болезненный   painful
боль в животе,   abdominal pain
  брюшной полости
боль, боли   pain, pains
больная, пациентка   patient (female)
больница, клиника   hospital

больной, пациент   patient (male)
большинство   majority
борода   beard
ботинки   boots
бронировать-забронировать   to reserve
брюки   pants
брючный костюм   pantsuit
брать-взять   to pick up, to take
брать-взять напрокат   to rent
брать-взять с собой   to take along
брать-взять ссуду   to take out a loan
брать-взять такси   to take a taxi
бритва   razor
брить-побрить   to shave
бритьё   shave
бриться-побриться   to shave oneself
бронирование места   seat reservation
бронировать-забронировать   to reserve
бросать-бросить в   to drop, to throw into
будильник   alarm clock
будний   weekday
будущий   next
букет   bouquet (flowers)
буксир   tow truck
буксировать-отбуксировать,   to tow
    брать-взять на буксир
булочка   roll
булочная, хлебный магазин   bakery
буран, снежная буря   snowstorm
бутылка   bottle
буфет   buffet
бухгалтер   accountant
бухгалтерия   accounting department
быть ответственным за,   to be responsible
    нести ответственность за   for
быть против   to be opposed

в (пункт назначения)   to (destination)
вагон   car
вагон-ресторан   dining car
важный   important
ванна   bathtub
ванная   bathroom
варёный-сваренный   cooked, boiled
варить, готовить   to boil, to cook
варьете   variety show
ввод   input
ведомость   statement
век   century
Великая, Страстная Пятница   Good Friday
вельвет, вельветовый   corduroy
венерические болезни   venereal diseases
веничек   whisk, beater
вертикальный   upright (vertical)
верховный суд   highest court of justice

весь   entire, whole
весы   scale
ветреный, ветрено   windy
ветрянка   chickenpox
весна   spring
вечер, вечерний   evening
вечером   in the evening
вешалка для полотенец   towel rack
вешалка, плечики   hanger
взбитые сливки   whipped cream
взбивать-взбить   to beat, whip
взвешивать-взвесить   to weigh
взлёт   takeoff
взять закладную   to assume a mortgage
вибрировать   to vibrate
вид на море   sea view
виза   visa
вилка   fork
вино   wine
виноград   grape
виски   whiskey
вишня   cherries (sour)
включать-включить   to turn on
включен(о), горит,   turned on,
    зажжено   be lit up
включено, входит (в стоимость)   included
вкусно, вкусный   to taste good, tasty
владелец акций   stockholder
влажный   humid
вместе   together
вносить-внести поправку   to change, amend
вносить-внести предложение   to propose
внутренний рейс   domestic flight
внутривенный   intravenous
вовремя, по расписанию   on time
вода в радиаторе   water in radiator
водитель   driver
водительские права   driver's license
водопроводчик, слесарь   plumber
возврат   return
возврат на шаг   backspace
воздушная заслонка   choke
возможность   possibility
вокзал   railway station
волосы   hair
вооружённое (ограбление)   armed (robbery)
вор   thief
воровать-своровать   to steal
воровство   theft
ворочаться   to toss and turn
воскресенье   Sunday
восстанавливать-восстановить   to retrieve
вотум доверия   vote of confidence
вотум недоверия   vote of no confidence
впереди   in the front
вправлять-вправить кость   to set a bone

вратарь   goalkeeper
врач, доктор   doctor, physician
временно   temporarily
время   time
время в полёте,   flying time,
   продолжительность полёта   duration of flight
всё в порядке   all right, OK
вставать-встать   to get up
вставка   insert
вторник   Tuesday
вход воспрещён   no admittance, off limits
входить в, включено в   to be included
входить-войти   to enter, come, go in
вчера   yesterday
выбирать-выбрать   to choose
вывихнуть, растянуть   to twist, sprain
вывод   output
выводить-вывести (пятно)   to remove
выезжать-выехать, съехать   to get off
выезд   exit
выжимать-выжать сцепление   to disengage
                                     the clutch
вызывать-вызвать такси   to call a taxi
выигрывать-выиграть   to win
выключатель   light switch
вылет   departure (takeoff) of planes
вылетать, вылететь   to leave, depart, take off
                                (planes)
выложенный кафелем   tiled
выносить-вынести мусор   to take out the
                                     garbage
выпадать-выпасть,   to come down,
   вылетать-вылететь   fall down
выписывать-выписать   to prescribe
выписывать-выписать билет   to issue a ticket
выполнять (инструкции)   to follow
                                     (instructions)
выражение мнения   expression of opinion
вырезать, удалять-удалить   to remove
высокая температура, жар   fever
высокий   high
высота   altitude
вытирать-вытереть   to wipe
вытираться-вытереться   to dry oneself
выход на посадку   gate
выходить на, с видом на   facing
выходить-выйти   to get off, to exit
выходить-выйти из системы   to exit
   (компьютер)   (computer)
выходной   weekend, day off
выше   higher
вязаный   worsted

галёрка   top balcony
галстук   tie (clothing)
гардероб   cloakroom, coatroom

гардины   drapes
гастроном, продовольственный   grocery store
   магазин, продуктовый магазин
газета   newspaper
геморрой   hemorrhoid
герой/героиня   hero/heroine
гибкий диск   floppy, soft disk
гипс   cast
гистеректомия (удаление матки)   hysterectomy
главный вокзал   main railway station
гладильная доска   ironing board
гладить-погладить   to iron
гланды   tonsils
глубокая тарелка   soup bowl
год   year
головокружение   dizziness
голод   hunger
голодный, голоден   hungry
голос   vote
голосовать-проголосовать   to vote
гольфы   knee socks
горло   throat
горло болит   sore throat
горничная   maid
город   town
горошек (в горошек)   polka-dotted
горячая вода   hot water
горячее блюдо   main course
гость   guest
гостиная   living room
готов   ready
готовить-приготовить   to prepare
готово   ready
грабить   to rob
грабитель   robber
град   hail
гражданин   citizen
грамм   gram
графин   carafe
грипп   influenza
гроза   storm
гроздь винограда   bunch of grapes
грудная клетка   chest
группа крови   blood type
грязный   dirty
губка   sponge

данные   data
декабрь   December
денежный перевод   money order
день   day
день рождения   birthday
день святого   saint's day
День Независимости   Independence Day
деньги   money
десерт, сладкое   dessert

десяток   ten (eggs)
дешёвый, дёшево   cheap
диабет   diabetes
диван   sofa, couch
дивиденды   dividends
диктатор   dictator
диктатура   dictatorship
диплом о высшем   diploma of higher
  образовании   education
директор   principal
диск   disk
дискета   diskette
длинная передача   long pass
днём   in the afternoon
добавочный номер   extension
доводить-довести до кипения   to bring to a
                              boil
доезжать-доехать   to reach, get to
дождь   rain
дозваниваться-дозвониться   to get through
докторская степень   doctoral degree
домашнего приготовления   home-made
домашние тапочки   house slippers
допрашивать-допросить   to interrogate
дорогой   expensive
дорожные чеки   traveler's checks
доска (школьная)   chalkboard
досмотр   security check
доходить-дойти, доезжать-доехать   to reach
драма   drama
дублированный   dubbed
дублировать   to dub
духовка   oven
душный   stuffy, oppressive
движение   traffic
двухместный номер, номер на двоих   double
                              room
днём   in the afternoon
дырка   hole
дышать   to breathe

еда   food, meal
единый проездной   unified monthly/
  билет   weekly pass
ежемесячная оплата   monthly payment
ездить-ехать за кем-то   to follow
ездить-ехать на автобусе   to take a bus
есть свободные места   rooms available
ещё раз   again

жажда   thirst
жалобы   complaints
жалюзи   venetian blind
желудок   stomach
желчный пузырь   gallbladder
женский костюм   woman's suit

жёсткий   tough
жёсткий диск   hard disk
жетон   token
жетон (на ручную кладь)   tag, label
                              (identification)
жизненно важные органы   vital organs
журнал   magazine
журнальный столик   coffee table

за   for, in favor of
за (сколько времени)   take (time)
забирать-забрать   to pick up
забивать-забить   to shoot a goal
заблудиться   to lose one's way
заводить-завести (машину)   to start (a car)
заворачивать-завернуть   to wrap
завтра   tomorrow
завтрак   breakfast
заглохнуть   to stall
загружать-загрузить систему   to boot
задаток   deposit, down payment
задержка, опоздание   delay
задний ход   reverse gear
задняя площадка   rear exit
зажигание   ignition
займёт целый час   will take a whole hour
заказная почта   registered mail
заказывать-заказать   to order
закладная   mortgage
законопроект   (legislative) bill
закрытое заседание   closed session
закрывать-закрыть   to close
закуска   appetizer
зал ожидания   waiting room
заложен, быть   to be congested,
  заложенным (о носе)   stuffed up
заменять-заменить   to replace
замша   suede
занавес, занавеска   curtain
занятия   classes
занято   busy, occupied
запасная шина   spare tire
запасной, аварийный выход   emergency exit
запасные части, запчасти   spare parts
запечённый   baked
записывать-записать   to take notes
запись   record
заполнена   filled up
заполнять-заполнить   to fill out
запонки   cufflinks
запор   constipation
заправлять-заправить кровать,   to make
  стелить-застелить постель   the bed
запрещается, не   forbidden, prohibited,
  разрешается   not permitted

зарегистрированный пользователь　authorized user

заря　dawn; sunset

засоренный　clogged up

застраховать　insure

засучивать-засучить (рукава)　to roll up (sleeves)

засыпать-заснуть　to fall asleep

зачислять-зачислить　to matriculate, register

защищать-защитить　to protect, defend

защищать-защитить, стоять на воротах　to guard

заявлять-заявить　to report

звать-позвать　to call

звено　unit

звонить-зазвонить　to ring

звонить прямым набором　to dial directly

звонить-позвонить　to call up

звонок в пределах города　local call

зелёный огонёк　green light

зелень　greens

зеркало　mirror

зеркало заднего вида　rearview mirror

зима　winter

змейка, молния　zipper

знойный　sultry

зона　zone

зритель　spectator

зубная щётка　toothbrush

зубная паста　toothpaste

игрок　player

идти обратно, назад　to go back, walk back

из (прибывающий из)　arriving from

извинять-извинить　to excuse

измерять-измерить　to measure

изнасилование　rape

иммобилизовать (кость)　immobilize

инвалидная коляска　wheelchair

индекс　zip code

интерн　intern

инфаркт　heart attack

инфекционный　contagious

инъекция, укол　injection

июль　July

июнь　June

кабинет врача　doctor's office

кабинет неотложной помощи　emergency room

каблук　heel (of a shoe)

какой　what, what kind of

камин　fireplace

кандидат наук　Kandidat of sciences

кандидатская диссертация　Kandidat's dissertation

кандидатская степень　Kandidat degree

канун　eve

капуста　cabbage

картина　picture

касса　ticket window

кассета　cassette

кассир　cashier, teller

кастрюля　pot (casserole)

каталка　gurney

катаракта　cataract

катать-катить (тележку)　to push (the cart)

кататься на лыжах　to go skiing, cross-country skiing

кафедра　department

кафель, кафельная плитка　tile

кашель　cough

кашлять　to cough

квашеная капуста　pickled cabbage

квитанция　receipt

килограмм　kilogram

кинза　cilantro

кинотеатр, кино　movies, cinema

киоск　kiosk

кислород　oxygen

кислородные трубки, трубки с кислородом　oxygen tubes

киста　cyst

кисть　wrist

кишечник　bowels, intestines

кишка　intestine

клавиатура　keyboard

клавиша　key

клавиша контроля　control key

кладовка　pantry

класс　grade

класть-положить　to place, put

класть-положить (деньги)　to deposit

клеить-наклеить　to stick on

клетчатый, в клетку　checked, checkered

клубника　strawberries

ключ　key

ключ от номера　room key

клюшка　hockey stick

книжечка　booklet

книжная полка　bookshelf

книжный шкаф　bookcase

ковёр　carpet

коврик для ванной　bath mat

код　code

кожаный　leather

колготки　panty hose

кольцевая линия　circular route

комбинация; нижняя юбка　slip; half-slip

комедия　comedy

комитет　committee

коммутатор　switchboard (office)

комната, номер   room
компакт-диск   CD-ROM
компостер   punching machine
компостировать-закомпостировать   to punch
конверт   envelope
кондитерский магазин   pastry shop
конец   end
консервный нож   can opener
конституция   constitution
контролёр   inspector, ticket-collector
конфорка, горелка   burner
копчёный   smoked
копить-накопить, откладывать   to save
(money)
корзинка   basket
коробка   box
коробка предохранителя   fuse box
короткая передача   short pass
короткий   short
корпорация   corporation
корсет, пояс   girdle
корь   measles
костыли   crutches
кость   bone
костюм   suit
который   which
кофе   coffee
кран   faucet
красить-покрасить (волосы)   to dye
красная смородина   redcurrants
красное вино   red wine
красть-украсть   to steal
кратковременный   brief
крахмал   starch
крахмалить-накрахмалить   to starch
кредитная карточка   credit card
крем для бритья   shaving cream
крепления   hinged toepieces
кресло   armchair
кровать   bed
кровь   blood
кровь на анализ   blood sample for analysis
кроссовки   sneakers
крошить-накрошить   to dice
кружева   lace
крыжовник   gooseberries
крыло   fender
купальник   bathing suit (woman's)
купейный вагон   sleeping car (4 berths)
купюра   bill (money)
куриные ножки   drumsticks
курить   to smoke
курс обмена   rate of exchange
курсор   cursor
кусок мыла   bar of soap
кусок, кусочек   slice, piece

лак для волос   hair spray
лак для ногтей   nail polish
лакировать, полировать   to polish, to shine
лампа   lamp
лампочка   light bulb
лаптоп   laptop computer
левые   leftists
левый   left
лёгкие   lungs
лёгкий уход (хорошо стирается,   easy-care
не надо гладить)
лёд   ice
лейкопластырь   adhesive bandage
лекция   lecture
летать-лететь   to fly, travel by air
лето   summer
либерально-демократическая   liberal-
партия   democratic
party
лимфатический узел   lymph node
линия   line
лист, противень   baking pan
лифчик, бюстгалтер   brassiere
лишение   taking away, deprivation of
лобовое стекло   windshield
ловить-поймать   to catch
лодыжка   ankle
ложа   box seat
ложиться-лечь спать   to go to bed
ломаться-сломаться   to break down
лыжа, лыжи   ski, skis
лыжная шапочка   ski hat
лыжник   skier
лыжные палки   poles (ski)
лыжный костюм   ski suit
лыжный спорт   cross-country skiing
лыжня   ski trail
люди   people

магнитная лента   magnetic tape
май   May
майка   undershirt
макияж   makeup
малина   raspberries
малосольные огурцы   lightly pickled
cucumbers
манжеты   cuffs
маникюр   manicure
маринады   marinated (vegetables)
марка   stamp
маркет, рынок   market
маркетинг   marketing
март   March
маршрутное такси   fixed-route taxi
маска   mask
маслёнка   butter dish

масло   oil; butter
масло для волос   hair oil
матрац   mattress
машина   car
машинка   electric shears
медбрат   nurse (male)
медсестра   nurse (female)
междугородний разговор   long-distance call
международный рейс   international flight
мел   chalk
мелочь   coin (change in coins)
менеджер   manager
меньшинство   minority
меню   menu
мёрзнуть-замёрзнуть   to be cold, freeze, be freezing
мерки   measurements
месяц   month
месячные, менструация   menstrual period
местами   scattered
местные выборы   local elections
местный   local
место   seat
место для отдыха   rest area
место у прохода   aisle seat
метла, метёлка, веник   broom
метро   metro
миксер   mixer, blender
милицейский участок   police station
министерство   ministry
министерство юстиции   ministry of justice
министерство финансов   finance ministry
министерство иностранных дел   foreign ministry
министерство образования   ministry of education
министерство внутренних дел   ministry of interior
минута   minute
мнение   opinion
модем   modem
мокрый   wet
молния   lightning
молочные продукты   milk products
молочный магазин   dairy store
молочный павильон   milk pavilion
монета   coin
море   sea
мороженый-замороженный   frozen
морозильная камера, морозилка   freezer
морозилка (в холодильнике)   freezer compartment
моросить   to drizzle
моча   urine
мочалка   washcloth
мочевой пузырь   bladder

мочёные яблоки   pickled apples
моющее средство для мытья посуды   liquid detergent (for washing dishes)
моющее средство или мыло (для посудомоечной или стиральной машины)   detergent or soap (for dishwasher and washing machine)
мусор   garbage
мусорное ведро   garbage can
мыло   soap
мыло, пена для бритья   shaving soap
мыльница   soap dish
мыть-помыть (вымыть)   to wash (out)
мыться-помыться   to bathe
мюзикл   musical
мясник   butcher
мясной павильон   meat pavilion
мясо   meat
мяться-измяться (об одежде)   to wrinkle

набирать-набрать   to dial
набор   set
наволочка   pillowcase
надевать-надеть   to put something on
нажимать-нажать   to step on
назначать-назначить   to signal
накладывать-наложить повязку, перевязывать-перевязать   to bandage
накладывать-наложить швы   to sew, stitch
накопитель   hard drive
накрахмаленный   starched
накрывать-накрыть на стол   to set the table
налево за углом   left around the corner
наличные   cash
налоги   taxes
наложить гипс   put in a cast
наносить-нанести макияж   to apply makeup
нападение   assault
напиток   drink
направление   direction
направо за углом   right around the corner
напряжение   voltage
насиловать-изнасиловать   to rape
настольная лампа   table lamp
наушники   headset, headphones
находить-найти, доставать-достать   to get, procure, obtain
находиться   to be located
начало   "home" key, start
начинаться-начаться   to start, to begin
не хватать (не хватает)   to be missing (is missing)
неделя   week
недожарено, с кровью (мясо)   rare (meat)
незаконный   illegal

нейлоновый nylon
нейтральный neutral
немнущийся wrinkle-resistant
неполное среднее incomplete secondary
  образование education
неправильно посчитать, to charge wrongly
  обсчитать (to overcharge)
непредсказуемый unpredictable
несчастный случай accident
неудовлетворительно unsatisfactory
неустойчивый unstable
ни . . . ни neither . . . nor
ниже lower
нижнее бельё underclothes
низкий low
ничейный (счёт) tie score
ничья tie (game)
новый new
новогодний New Year's
нога leg
ноготь fingernail
нож knife
ножницы scissors
номерной знак license plate
номер number; room
номер места seat number
носилки stretcher
носильщик porter
носильщик (в гостинице) bellhop
носить-нести to carry
носки socks
носовой платок handkerchief
носок (чулка или обуви) toe (tip of a
  stocking or shoe)

ноябрь November

оба, обе both
обещать-пообещать to promise
облако cloud
облачно cloudy
облегчать-облегчить to make easy
обменивать-обменять to exchange, change
обналичивать-обналичить (чек) to cash (a
  check)
обрабатывать-обработать to process
обработка processing
обслуживание service
обслуживать-обслужить to take care of
общего пользования public
общежитие dormitory
объявление announcement
объявлять-объявить to announce
объяснять-объяснить to explain
овощи vegetables
овощные ряды vegetables stalls
огнестрельное оружие firearm

ограбление robbery
одеяло blanket
одиннадцатиметровый, пенальти penalty
одноместный номер, single room
  номер на одного
односпальные кровати twin beds
одобрять-одобрить to approve
одометр odometer (reading in kilometers)
озноб chills
оканчивать-окончить to graduate
  (школу, университет)
окно window
окно, окошко кассира, касса cashier's
  window
окончание (школы, университета) graduation
окраина outskirts
октябрь October
опаздывать-опоздать to be late
операционная, операционный зал operating
  room
операционный стол operating table
операция (хирургическое operation (surgical
  вмешательство) intervention)
оперировать-прооперировать, to operate
  делать операцию
описывать-описать to describe
оплата payment, fee, charge
оплата в день daily charge
оплата за обслуживание service charge
оплата за пробег mileage (kilometer)
  (в километрах) charge
оплата за/в неделю weekly charge
  (by the week)
оппозиция opposition
определять-определить to determine
оптовик, оптовый торговец wholesaler
оптом wholesale
опускаться-опуститься to fall
опухший swollen
ортопед orthopedist
освобождать-освободить to leave, vacate;
  to empty
осень autumn, fall
осматривать-осмотреть to examine
останавливать-остановить (такси) to stop
останавливаться-остановиться to stop;
  to stay
остановка автобуса bus stop
остановка для отдыха rest stop
оставаться на местах с remain seated
  пристёгнутыми with seat belts
  ремнями fastened
острый аппендицит acute appendicitis
отапливаться to be heated
отбивная cutlet
отвечать-ответить to answer

отвечать-ответить за   to be responsible for
отверстие для монеты   coin slot
ответственный   responsible
отвозить-отвезти   to take to
отдавать-отдать в химчистку   to have
                                                            dry-cleaned
отделение   division, branch
отделение для ручной   overhead (baggage)
   клади над сиденьем   compartment
отделение неотложной помощи   emergency
отделение радиологии   radiology
отдых   pleasure
отключать-отключить   to quit, shut down
открывалка для бутылок   bottle opener
открывать-открыть,   to open
   открываться-открыться
открытая бутылка вина   open bottle of wine
открытое заседание   public (open) session
открытый перелом   compound fracture
отлично   excellent
отмена   escape
отопление   heating
отпарываться-отпороться   to be loose,
                                                    unstitched
отправитель, адресант   sender
отправление   departure
отправлять-отправить,   to mail
   посылать-послать
отправляться-отправиться   to leave, depart
                                                    (trains, buses)
отпуск   vacation trip
отсутствовать, не хватать   to be missing
официант   waiter
официантка   waitress
оценка   grade, mark
очередь   line
очко   point

павильон «Птица»   pavilion "Fowl"
падать (снег, дождь)   to fall
падать-упасть   to go down (shares)
падение атмосферного   reduction in (loss of)
   давления   air pressure
палата   room, ward
палец   finger
пальто   coat
пальцы ног   toes
память   memory
папка   folder
пара   pair
парикмахер, мастер   barber, hairdresser
паровой   steamed
пароль   password
парта   desk
партер   orchestra
партнёр   partner

пасмурный, пасмурно   overcast, gloomy
паспорт   passport
паспортный контроль   passport control
пассажир   passenger
пассив   liabilities
Пасха   Easter
пачка   package
педаль тормоза   brake pedal
пенициллин   penicillin
первый класс   first class
перегорать-перегореть   to burn out
перегреваться-перегреться   to overheat
перед   in front (of)
передача, скорость   gear
передавать-передать   to pass
передняя площадка   front exit
переключать-переключить   to shift into
                                                    (a gear)
перекрёсток   intersection
перелом   break, fracture
переночевать   to stay overnight
пересаживаться-пересесть   to transfer
пересоленный   too salty, oversalted
пересылка (оплата)   postage (fee)
перец   pepper
перечень вин   wine list
перечница   pepper shaker
перчатки   gloves
петрушка   parsley
печатать-напечатать   to print
печень   liver
пивная, бар, пивбар   tavern, bar, pub
пиджак от костюма   suit jacket
пиктограмма, значок   icon
пинать-пнуть, ударять-ударить   to kick
   (по мячу)
письмо   letter
питание, еда   meal, food
плавки   bathing suit (man's)
платить-оплатить в рассрочку   to pay off in
                                                    installments
платить-заплатить   to pay
платформа   platform
платье   dress
плацкартный   sleeping car (6 berths)
плащ   raincoat
пленарное заседание   plenary session
плита   stove
плоский, без каблука   flat
плохой   nasty, bad
по бокам, с боков   on the sides
поворачивать-повернуть   to turn off
повязка   bandage
под   under, underneath
поддерживать-поддержать   to support
подкладка   lining

подкрашивать-подкрасить   to tint
подметать-подмести   to sweep
подниматься-подняться   to go up, to rise
поднос   tray
подогревать-подогреть   to heat
подписывать-подписать,   to sign,
  расписываться-расписаться   to endorse
подравнивать-подровнять   to trim
подсвечник   candelabra, candle holder
подтверждать-подтвердить   to confirm
подтверждение   confirmation
подушка   pillow
подшипники колеса   wheel bearings
подходить-подойти к   to go with, match
поезд   train
поезд местного назначения   local train
поездка   trip
поездка на поезде   train trip
позавчера   day before yesterday
поздно   late
позже, попозже   later
поиск   search
показывать-показать   to show
покидать-покинуть   to leave
покрывало   bedspread
покупать-купить   to buy
покупать-купить   to purchase on
  в рассрочку   the installment plan
покупатель   buyer
пол   floor
полдень   noon
полёт   flight
полёты на дальние расстояния   long-distance
                                  flights
полиэтиленовый пакет   plastic bag
полиомиелит   poliomyelitis
полипы   polyps
политическая партия   political party
политика   politics
полная страховка   full insurance coverage
полное среднее   complete secondary
  образование   education
полночь   midnight
полный (самолёт)   full
половник   soupspoon
половой акт   sex
полосатый, в полоску   striped
полотенце для посуды   dish towel
полотенце для рук   hand towel
получать-получить   to get, receive
получатель, адресат   receiver, addressee
получать-получить обратно   to get back
пользоваться-воспользоваться,   to use
  использовать
понедельник   Monday
понос   diarrhea

поправка к конституции   constitutional
                          amendment
популярный   popular
порционная тарелка   serving plate
порезать(ся)   to cut (oneself)
портативный компьютер   laptop computer
портной   tailor
портной, выполняющий   custom tailor
  индивидуальные заказы
портфель   briefcase
портье   desk-clerk
посадить пятно   to stain, spot
посадка   stopover of an airplane; landing
посадочный талон   boarding pass
послезавтра   day after tomorrow
послеоперационная палата   recovery room
постоянно   permanently
поступать-поступить   to enroll
посуда   dishes
посудомоечная машина   dishwasher
посылать-послать,   to send
  отправлять-отправить
посылка   package
потепление   warming
потребитель   consumer
почём   how much (colloq.)
почки   kidneys
почта   mail; post office
почтовая открытка   postcard
почтовый ящик   mailbox, post office box
пошлина за обналичивание   charge for cashing
  дорожных чеков   traveler's checks
появляться-появиться   to appear
права человека   human rights
правила безопасности   safety regulations
правило   rule
правительство   government
право   right
правые   rightists (politics)
правый   right (direction)
праздник   holiday
прачечная   laundry
предлагать-предложить   to offer, propose
предложение   supply
предмет   subject
предметы, вещи   things
предоставлять-предоставить   to grant
предохранитель   fuse
предпочитать-предпочесть   to prefer
предприятие   enterprise
представитель   representative
представлять-представить   to represent
предъявлять-предъявить   to show
премьер-министр   chancellor, prime minister
преступление   crime
преступник   criminal

преступность   crime, criminality
прибор   place setting
прибывать-прибыть   to arrive
прибыль   profit
прибыльный   profitable
прибытие   arrival
приветствовать   to greet, welcome
приезжий   guest
приёмный покой   admission
приземляться-приземлиться   to land
прикреплять-прикрепить   to attach, fasten, secure
примерно   approximately
принимать-принять   to admit
принимать-принять душ   to take a shower
принимать-принять гостей   to receive (guests)
принимать-принять решение   to make a decision
принимать-принять ванну   to take a bath
приносить-принести,   to deliver
  доставлять-доставить
принтер   printer
принуждать-принудить   to force
присвоение   appropriation
пристёгивать-пристегнуть ремни   to fasten seat belts
приступить к рассмотрению   to make a motion
причёсываться-причесаться   to comb one's hair
пришивать-пришить   to sew on
приятный   pleasant
пробка   stopper, plug
пробка на дороге   traffic jam
пробовать-попробовать   to try, to taste
проверять-проверить   to check, examine
проводник   conductor
проданы-распроданы   sold out
продавать-продать   to sell
продавец   seller
продвижение товара на рынке   promotion sales
продовольственный   food department
  отдел (в универмаге)   (in department store)
продукты   groceries
продукция   product
проездной   monthly pass
проездом   to be passing through
прогноз   prognosis
прогноз погоды   weather forecast
программа   program
программное обеспечение   software
проживание   room and board
  и питание   (includes lunch and dinner)
проигрывать-проиграть   to lose
производить-произвести   to produce

пройти регистрацию багажа   to check one's luggage
просить-попросить   to ask for
просмотр   view
простой перелом   simple fracture
простокваша   sour milk
простуда   cold (illness)
простудиться-простыть   to have a cold
простыня   bed sheet
против   against
противоположный   opposite
протирать-протереть пыль   to dust
профессор   professor
прохладный, прохладно   cool, chilly
проход   aisle
проходить-пройти (вода)   to drain
проходить-пройти регистрацию   check in
проходите-пройдите   move (to the front)
  (вперёд)
процент   interest
процентный показатель   interest rate
прошлый   last
прямо   straight ahead
прямой рейс   direct flight
психиатр   psychiatrist
психические отклонения   psychiatric disturbances
психическое заболевание   mental illness
птица   poultry
пуговица   button
пуловер   pullover, sweater
пульс   pulse
пункт обмена   exchange bureau
пустой   empty
путь   track
пучок   bunch
пылесос   vacuum cleaner
пылесосить-пропылесосить   to vacuum-clean
пыль   dust
пытаться-попытаться   to try
пьеса   play
Пятидесятница, Троицын день   Pentecost
пятница   Friday
пятно   stain

работа по дому   housework
работать   to work (function)
радиальная линия   radial route
радиатор   radiator
радио   radio
радиопередача   radio program
разворачиваться-развернуться   to make a U-turn
разговор с конкретным   person-to-person call
  абонентом
разменный автомат   coin changer

размер   size
разница в цене   difference in price
разогревать-разогреть   to preheat
разрез, надрез   cut, incision
разрыв   margin
разъединять-разъединить   to cut off
рак   cancer
раковина   basin, sink
рамка   frame
рана   wound
рано   early
расписание   schedule, timetable
рассвет   dawn, daybreak
рассмотрение, обсуждение   motion
растапливать-растопить   to melt
расти-вырасти   to grow, to go up
расчёсывать-расчесать,   to comb
  причёсывать-причесать
рвать-вырывать   to vomit
рвота   vomiting
реанимация   intensive care
регулировать-отрегулировать   to adjust
резать-отрезать, нарезать   to cut
рейс   flight
рекомендовать-   to recommend, advise,
  порекомендовать   suggest
ректор   rector, president of the university
ремень   belt
ремни безопасности   seat belts
ремонт, починка   repairs
ремонтировать-отремонтировать,   to repair
  чинить-починить
рентгеновский снимок   x-ray
ресторан   restaurant
ресторан по умеренным,   moderately priced
  доступным ценам   restaurant
референдум, плебисцит   plebiscite
                                (referendum)
решение   decision
родильный зал   delivery room
родовые схватки   labor pains
роды   delivery
Рождество   Christmas
розетка   (electric) outlet
розница   retail
розничный торговец   retailer
роль   role
ростбиф   roast
рот   mouth
рубашка   shirt
рубленый   chopped
рука   arm
рукав   sleeve
руководить   to direct
рулон   roll
руль   steering wheel

ручка   handle
ручная кладь   carry-on luggage, carry-on
ручная мельница, перечница   pepper mill
ручной тормоз   hand brake
рыбные ряды   fish stalls
рыбный магазин   fish store
рынок, базар   market
рычаг переключения скоростей   gearshift lever
ряд   row, lane

сад, садик   garden
садиться-сесть   to shrink
садиться-сесть на (автобус)   to take a (bus)
садиться-сесть в (поезд)   to get on
садиться-сесть за стол   to take a seat
салат   salad; salad dish
салатница   salad bowl
салон для некурящих   no-smoking section
салфетка   napkin
самолёт   airplane
сандалии   sandals
сапоги   boots
сахар   sugar
сахарница   sugar bowl
сберегательная книжка   bankbook, passbook
сбережения   savings
свежий   fresh
свет   light
светить   to shine
светофор   traffic light
свечи зажигания   spark plugs
свёкла   red beet
свинина   pork
свинка   mumps
свистеть   to whistle
свисток   whistle
свитер   sweater
свобода печати   freedom of the press
свобода слова   freedom of speech
свободный, свободен   free
свободные (места)   available (seats)
связь   connection
сдавать-сдать (экзамен)   to pass (exam)
сдавать-сдать (багаж)   to check (baggage)
сдавать-сдать бутылки   to return bottles
сдача   change
сегодня   today
сегодняшний спектакль   today's performance
секунда   second
сейчас   now
сентябрь   September
сердце   heart
сетка   net
сзади   in the back
сигареты   cigarettes
сигнал поворота   directional signal

сила   force
симптомы   symptoms
синтетическая ткань   synthetic fabric
синтетический, резиновый   rubber
сканер   scanner
скатерть   tablecloth
сковородка   frying pan
скорая помощь   ambulance
скорость   speed, airspeed
скрип   squeak
слабый (ветер)   weak, light (wind)
сладкий   sweet
слегка обжаренный   sautéed, braised
слегка обжарить   to sauté
следующий   next
сливки   cream
слизь   mucus
слишком   too
слишком близко   too close
сломан   broken
служащий банка   teller, bank employee
случаться-случиться   to happen
слушать (лекцию)   to audit
слушать-послушать   to listen to
слушать-послушать   to examine with
  (стетоскопом)   a stethoscope
смазывать-смазать   to grease, lubricate
смазывать-смазать (лыжи)   to wax (skis)
смена составов   substitution of players
сметана   sour cream
смешанная ткань   blended fabric
смотреть-посмотреть   to look
смотреть-посмотреть   to watch
  телевизор   television
снег   snow
снегопад   snowfall
снимать-снять деньги   to withdraw,
                         take out money
снимать-снять фильм   to shoot a film
снимать-снять мерки   to take measurements
снимать-снять одежду   to undress
снимать-снять швы   to remove stitches
снимать-снять, поднимать-   to pick up
  поднять (трубку)   (receiver)
собирать-собрать   to collect
совершеннолетний   of legal age
совет директоров   board of directors
советовать-посоветовать   to recommend
соединять-соединить   to connect, put through
сок   juice
солёные огурцы   pickled cucumbers
солёный   salty
соленья   pickled (vegetables)
солнце   sun
солонка   saltshaker
соль   salt

сообщать-сообщить,   to tell, inform
  информировать
сообщение   message
состоять из   to consist of
состригать-состричь   to cut off
соусница   gravy boat
сохранять-сохранить   to save (computer)
Сочельник, канун Рождества   Christmas Eve
спальня   bedroom
спасательный жилет   life jacket, flotation
                              device
спать   to sleep
специальность   major
спектакль   performance
спина   back
спинка сиденья   seat back, backrest
спортивная куртка   jacket (sports)
спрос   demand
спущенная шина, колесо спустило   flat tire
спускать-спустить (воду)   to drain
спускаться-спуститься   to go down
среда   Wednesday
срок   due date
ссуда   loan
ставить-поставить   to put, place
ставить-поставить будильник   to set the alarm
                                      clock
стакан   glass
сталкиваться-столкнуться,   to encounter,
  испытывать-испытать   experience
станция метро   metro station
стартёр   starter
стенка   wall unit
степень   degree
стерео   stereo
стипендия   stipend
стиральная машина   washing machine
стиральный порошок   powdered detergent
  (для стиральной   or soap (for
  машины)   washing machine)
стирать-постирать   to wash (clothes)
стирать-стереть   to erase, delete, trash, scratch
стирка   laundry, wash
стоимость   fare
стойка   counter
стойка портье, дежурного   reception desk
  администратора
стол, столик   table
столик в углу, угловой столик   corner table
столовая   dining room
столовая ложка   soupspoon, tablespoon
стоянка такси   taxi stand
страдать (заболеванием)   to suffer (from an
                              illness)
стричь-постричь,   to cut
  подстригать-подстричь

стрижка   haircut
стрижка бритвой   razor cut
стул   stool
ступня, стопа   foot
стюардесса,   flight attendant
  бортпроводник   (stewardess/steward)
суббота   Saturday
суд   court
судья   referee
сумерки   dusk, twilight
сумка   bag
сумочка   handbag, pocketbook
суп   soup
супермаркет   supermarket
сутки   24-hour period
сушилка для посуды   dish drainer
сушить-просушить   to dry
сцена   scene; stage
сцепление   clutch
счёт   bill; account
счётчик   meter
схема метро   map, diagram of the metro
сыр   cheese

табак   tobacco
таблетка   pill
тайм   period
такси   taxi
талон   coupon
таможенная декларация   customs declaration
таможенная пошлина   duty (customs)
таможенник   customs agent
таможня   customs
тарелка   plate
тахометр   tachometer
творог   cottage cheese
театр   theater
текстообработка   word processing
телефонная будка,   telephone booth
  телефон-автомат
телефонная книга,   telephone book
  телефонный справочник
телефонный звонок   telephone call
тележка для продуктов   shopping cart
телятина   veal
терминал   terminal
терпеть-потерпеть поражение   to lose
тетради   notebooks
тёплый, тепло   warm
течь-протекать, капать   to leak, drip out
ткань, материал   fabric
товарищество   partnership
товары   goods
толстая кишка   colon
тормозить   to brake
тормозная жидкость   brake fluid

торшер   floor lamp
тошнить   feel nauseous
трагедия   tragedy
трамвай   tram
трамвайная остановка,   tram stop
  остановка трамвая
транзитный пассажир   transit, through
                                                passenger
транквилизатор, успокаивающее   tranquilizer
  лекарство
троллейбус   trolley-bus
троллейбусная остановка,   trolley-bus stop
  остановка троллейбуса
тряпка для вытирания пыли   dustcloth
тряпочка   piece of clothing
трясти, качать   to bounce, shake
трубка   receiver
трубы   pipes
трусы   underpants, panties
туалет   toilet, lavatory
туалетная бумага   toilet paper
туберкулёз   tuberculosis
туфли   shoes
туман   fog
турбуленция   turbulence
тушёный   poached

убивать-убить   to kill
убирать-убрать   to clean up
убирать-убрать комнату   to make up the
                                                room
убирать-убрать со стола   to clear the table
убийство   homicide
убийца   assassin
убитый   assassinated
уборка дома, квартиры   housecleaning
угол   corner
удовлетворительно   satisfactory
удостоверение личности   personal
                                                identification
узкий   narrow
узкий, жмёт   narrow, tight
узнавать-узнать   to find out
укачивание   airsickness
укладывать-уложить,   to set (hair)
  сделать укладку, причёску
укол   injection
укроп   dill
улица   street
улица с односторонним   one-way street
  движением
улица, квартал   street, block
умещаться-уместиться   to fit
универмаг   department store
унитаз   toilet
уровень масла   oil level

услуги   services
устанавливать-установить   to establish
устройство   device
уступать-уступить   to concede
усы   mustache
утро, утренний   morning
утром   in the morning
утюг   iron
ухо   ear
учебник   textbook
ученик/ученица   pupil (male/female)
ученики   schoolchildren
учить, обучать   to instruct
учиться   to study
учитель/учительница   teacher (male/female)

файл   file
факультет   college
февраль   February
федеральное государство   federal state, government
федеральный   federal
федеральный конститу-   federal constitutional
ционный суд   court
фен для волос   electric hair drier
физический ущерб   physical harm
фильм   film, movie
фирменное блюдо   specialty (dish)
фондовая биржа   stock market
форма, бланк, анкета   form
формировать-сформировать   to form
фруктовые ряды   fruit stalls
фрукты   fruit
футбольная команда   soccer team

химчистка   dry-cleaner's shop; dry cleaning
химическая завивка   permanent wave
хирург   surgeon
хлопчатобумажный   cotton
ходить-идти   to walk
ходить-пойти (в школу)   to attend
хозяин   salesperson (male) at the market
хозяйка   salesperson (female) at the market
хоккеист   hockey player
хоккейная площадка   hockey court
холодильник   refrigerator
холодное оружие   bladed weapon
холодный, холодно   cold (weather)
хороший, хорошо   nice, good
хорошо прожаренный   well-done
хотеться пить   to be thirsty
хранить-сохранить   to store
хрестоматия   reader
хрупкий, бьющийся   fragile

цвет   color

цветочный павильон   flower pavilion
цена   price
ценность   value

час   hour
чашка   cup
чековая книжка   checkbook
чековый счёт   checking account
чемодан   suitcase
черешня   black cherries
черника   blackberries
четверг   Thursday
чинить-починить   to mend
чистить-почистить   to dry-clean
чистить-почистить зубы   to brush one's teeth
чистить-почистить, снять кожуру   to peel
член   member
чувствительный к   sensitive to
чужой   others', another's
чулки   stockings

шайба   puck
шапочка для ванной, душа   bathing (shower) cap
шарф   scarf
швабра   mop
швы   stitches
шёлковый   silk
шерсть, шерстяной   wool
шерстяные носки   wool socks
шея   neck
шина   tire
ширинка   fly (in pants)
широкий   wide
шить-зашивать   to sew
шкафчик   cabinet
школьник/школьница   pupil (male/female)
школьный рюкзак   backpack
шнурок   shoelace
шорты   shorts
шоссе   highway
штанга   goal-post
штепсель   electric plug
штопать-заштопать   to darn
штопор   corkscrew
штрафная скамейка   penalty bench
штрафной бросок   penalty
шум   noise

щека   cheek
щитки   shinguard
щиток управления   dashboard

экзамен   examination, test
экипаж   crew
экипаж рейса   flight personnel

экономический класс   economy class
экран   screen
электрик   electrician
электрическая розетка   (electric) outlet
электрокардиограмма   electrocardiogram
  (ЭКГ)   (EKG)
эпилепсия   epilepsy
эпилептический припадок   epileptic fit
эскалатор   escalator

юбка   shirt

ягоды   berries
язва   ulcer
яичники   ovaries
январь   January
ясный, чистый   clear
ящик   box, drawer

Glossary: English–Russian
Словарь: Англо-Русский

abdominal pain   **боль в животе, брюшной полости**

accident   **авария, несчастный случай**

account   **счёт**

accountant   **бухгалтер**

accounting department   **бухгалтерия**

act   **действие**

actor   **актёр**

actress   **актриса**

acute appendicitis   **острый аппендицит**

address   **адрес**

adhesive bandage   **лейкопластырь**

to adjust   **регулировать-отрегулировать**

admission   **приёмный покой**

to admit   **принимать-принять**

afternoon (in the afternoon)   **время после обеда (днём)**

again   **ещё раз**

against   **против**

air pressure   **атмосферное давление**

airline   **авиалиния**

airmail   **авиапочта**

airplane   **самолёт**

airport   **аэропорт**

airsickness   **укачивание**

aisle   **проход**

aisle seat   **место у прохода**

alarm clock   **будильник**

all right, OK   **всё в порядке**

allergy   **аллергия**

altitude   **высота**

ambulance   **скорая помощь**

analysis   **анализ**

anesthesia   **анестезия**

anesthesiologist   **анестезиолог**

ankle   **лодыжка**

to announce   **объявлять-объявить**

to announce a flight's departure   **объявлять вылет рейса**

announcement   **объявление**

to answer   **отвечать-ответить**

antibiotics   **антибиотик**

aperitif   **аперитив**

to appear   **появляться-появиться**

appendicitis   **аппендицит**

appendix   **аппендикс**

appetizer   **закуска**

to applaud   **аплодировать**

to apply makeup   **наносить-нанести макияж**

appropriation   **присвоение**

to approve   **одобрять-одобрить**

approximately   **примерно**

April   **апрель**

arm   **рука**

armchair   **кресло**

armed (robbery)   **вооружённое (ограбление)**

arrival   **прибытие**

to arrive   **прибывать-прибыть, приезжать-приехать**

arriving from   **прибывающий из**

arthritis   **артрит**

to ask for   **просить-попросить**

assassin   **убийца**

assassinated   **убитый**

assault   **нападение**

assets   **актив**

assume a mortgage   **взять закладную**

asthma   **астма**

at the hairdresser   **в парикмахерской**

to attach, affix   **прикреплять-прикрепить**

to attend   **ходить-пойти**

to audit   **слушать (лекцию)**

August   **август**

authorized user   **зарегистрированный пользователь**

autocratic   **авторитарный**

automatic transmission   **автоматическая трансмиссия; коробка передач с автоматическим управлением**

autumn, fall   **осень**

available (seats)   **свободные (места)**

back   **спина**

backpack   **школьный рюкзак**

backspace   **возврат на шаг**

bacon   **бекон**

bag   **сумка**

baggage claim-check   **багажная квитанция**

baked   **запечённый**

bakery   **булочная, хлебный магазин**

baking pan   **лист, противень**

balance   **баланс**

balance sheet   **баланс (ведомость)**

balcony   **балкон**

bandage   **повязка**

to bandage   **накладывать-наложить повязку, перевязывать-перевязать**

bank   банк
bankbook, passbook   сберегательная книжка
bankruptcy   банкрот
bar of soap   кусок мыла
barber, hairdresser   парикмахер, мастер
barometric pressure   атмосферное давление
basin, sink   раковина
basket   корзинка
bath mat   коврик для ванной
bath towel   банное полотенце
to bathe   мыться-помыться
bathing (shower cap)   шапочка для ванной, душа
bathing suit (man's)   плавки
bathing suit (woman's)   купальник
bathrobe   банный халат
bathroom   ванная
bathtub   ванна
battery   аккумулятор
to be cold, freeze, be freezing   мёрзнуть-замёрзнуть
to be congested, stuffed up   быть заложенным (о носе)
to be included   входить в, включено в
to be late   опаздывать-опоздать
to be lit up, turned on   включено, зажжено
to be located   находиться
to be loose   отпарываться-отпороться
to be missing   не хватать (не хватает);
(is missing)   отсутствовать
to be opposed   быть против
to be passing through   проездом
to be responsible for   нести ответственность за
to be thirsty   хотеться пить
to be wrongly connected   неправильно соединили
beard   борода
to beat, whip   взбивать-взбить
bed   кровать
bed sheet   простыня
bedroom   спальня
bedspread   покрывало
to begin   начинать-начать
bellhop   носильщик (в гостинице)
belt   ремень
berries   ягоды
bill   счёт
bill (money)   купюра
birthday   день рождения
black cherries   черешня
blackberries   черника
blackcurrants   чёрная смородина
bladder   мочевой пузырь
bladed weapon   холодное оружие
blanket   одеяло

blended fabric   смешанная ткань
blood   кровь
blood pressure   артериальное давление
blood sample for analysis   кровь на анализ
blood type   группа крови
blouse   блузка
board of directors   совет директоров
boarding pass   посадочный талон
to boil, cook   варить, готовить
bone   кость
bookcase   книжный шкаф
booklet   книжечка
bookshelf   книжная полка
to boot   загружать-загрузить систему
boots   сапоги, ботинки
both   оба, обе
bottle   бутылка
bottle opener   открывалка для бутылок
to bounce, shake   трясти, качать
bouquet (flowers)   букет
bowels, intestines   кишечник
box   ящик, коробка
box seat   ложа
to brake   тормозить-затормозить
brake fluid   тормозная жидкость
brake pedal   педаль тормоза
brassiere   лифчик, бюстгалтер
breaded   в сухарях
to break down   ломаться-сломаться
break, fracture   перелом
breakfast   завтрак
to breathe   дышать
brief   кратковременный
briefcase   портфель
to bring to a boil   доводить-довести до кипения
broken   сломан
broom   веник
to brush one's teeth   чистить-почистить зубы
buffet   буфет
bumper   бампер
bunch   пучок
bunch of grapes   гроздь винограда
to burn out   перегорать-перегореть
burner   конфорка, горелка
bus   автобус
bus stop   автобусная остановка, остановка автобуса
business   бизнес
busy   занято
butcher   мясник
butter   масло
butter dish   маслёнка
button   пуговица
to buy   покупать-купить
buyer   покупатель

by bus   **на автобусе**
  (trolley-bus, tram)   **(троллейбусе, трамвае)**

cabbage   **капуста**
cabinet   **шкафчик**
to call   **звать-позвать**
to call a taxi   **вызывать-вызвать такси**
to call up   **звонить-позвонить**
can   **банка**
can opener   **консервный нож**
cancer   **рак**
candelabra, candle holder   **подсвечник**
candidate (Kandidat) degree   **кандидатская степень**
candidate of sciences   **кандидат наук**
candidate's dissertation   **кандидатская диссертация**
car   **вагон (поезда); машина**
carafe   **графин**
carpet   **ковёр**
to carry   **носить-нести**
carry-on luggage, carry-on   **ручная кладь**
cash   **наличные**
to cash (a check)   **обналичивать-обналичить (чек)**
cashier   **кассир**
cashier's window   **окошко кассира, окно кассира, касса**
cassette   **кассета**
cast   **гипс**
cataract   **катаракта**
to catch   **ловить-поймать**
CD-ROM   **компакт-диск**
century   **век**
certificate of secondary education   **аттестат зрелости**
chalk   **мел**
chalkboard   **доска (школьная)**
chancellor, prime-minister   **премьер-министр**
change   **сдача**
to change (planes, trains)   **делать пересадку**
to change, amend   **вносить-внести поправку**
charge for cashing   **пошлина за обналичивание**
  traveler's checks   **дорожных чеков**
to charge wrongly   **неправильно посчитать,**
  (overcharge)   **обсчитать**
cheap   **дешёвый, дёшево**
to check   **проверять-проверить**
to check (baggage)   **сдавать-сдать (багаж)**
to check in   **проходить-пройти регистрацию**
to check one's   **проходить-пройти**
  luggage   **регистрацию багажа**
to check, examine   **проверять-проверить**
checkbook   **чековая книжка**
checked, checkered   **клетчатый, в клетку**
checking account   **чековый счёт**

cheek   **щека**
cheese   **сыр**
cherries   **вишня**
chest   **грудная клетка**
chickenpox   **ветрянка**
chills   **озноб**
choke   **воздушная заслонка**
to choose   **выбирать-выбрать**
chopped   **рубленый**
Christmas   **Рождество**
Christmas Eve   **Сочельник, канун Рождества**
cigarettes   **сигареты**
cilantro   **кинза**
circular route   **кольцевая линия**
citizen   **гражданин**
to claim, pick up   **получать-получить**
classes   **занятия**
to clean up   **убирать-убрать**
clear   **ясный, чистый**
to clear the table   **убирать-убрать со стола**
cloakroom, coatroom   **гардероб**
clogged up   **засоренный**
to close   **закрывать-закрыть**
closed session   **закрытое заседание**
cloud   **облако**
cloudy   **облачно**
clutch   **сцепление**
coat   **пальто**
code   **код**
coffee   **кофе**
coffee table   **журнальный столик**
coin   **монета**
coin (change in coins)   **мелочь**
coin changer   **разменный автомат**
coin slot   **отверстие для монеты**
cold (illness)   **простуда**
cold (weather)   **холодный, холодно**
to collect   **собирать-собрать**
college   **факультет**
colon   **толстая кишка**
color   **цвет**
to comb   **расчёсывать-расчесать, причёсывать-причесать**
to comb one's hair   **причёсываться-причесаться**
to come down,   **выпадать-выпасть,**
  fall down   **вылетать-вылететь**
to come in, go in, enter   **входить-войти**
comedy   **комедия**
committee   **комитет**
complaints   **жалобы**
complete secondary   **полное среднее**
  education   **образование**
compound fracture   **открытый перелом**
to concede   **уступать-уступить**
conductor   **проводник**

to confirm   подтверждать-подтвердить
confirmation   подтверждние
to connect, put through   соединять-соединить
connection   связь
to consist of   состоять из
constipation   запор
constitution   конституция
constitutional amendment   поправка к
конституции

consumer   потребитель
contagious   инфекционный
control key   клавиша контроля
to converse   беседовать, разговаривать
cooked, boiled   варёный-сваренный
cool, chilly   прохладный, прохладно
corduroy   вельвет, вельветовый
corkscrew   штопор
corner   угол
corner table   столик в углу, угловой столик
corporation   корпорация
cottage cheese   творог
cotton   хлопчатобумажный
cough   кашель
to cough   кашлять
counter   стойка
coupon   талон
course (part of a meal), dish   блюдо
court   суд
cream   сливки
credit card   кредитная карточка
crew   экипаж
crime   преступление
criminal   преступник
criminality   преступность
cross-country skiing   лыжный спорт
crutches   костыли
cufflinks   запонки
cuffs   манжеты
cup   чашка
cursor   курсор
curtain   занавес, занавеска
custom tailor   портной, выполняющий
индивидуальные заказы
customs   таможня
customs agent   таможенник
customs declaration   таможенная декларация
to cut (food)   резать-отрезать, нарезать
to cut (hair)   стричь-постричь,
подстригать-подстричь
to cut (oneself)   порезать(ся)
to cut off (hair)   состригать-состричь
to cut off (telephone)   разъединять-
разъединить
cut, incision   разрез, надрез
cutlet   отбивная
cyst   киста

daily charge   оплата в день
dairy store   молочный магазин
to darn   штопать-заштопать
dashboard   щиток управления
data   данные
dawn   заря, рассвет
day   день
day after tomorrow   послезавтра
day before yesterday   позавчера
dean   декан
December   декабрь
decision   решение
deep-fried   жаренный во фритюре
degree   степень
delay   задержка, опоздание
to deliver   приносить-принести,
доставлять-доставить
delivery   роды
delivery room   родильный зал
demand   спрос
demonstration   демонстрация
department   кафедра
department store   универмаг
departure   отправление
departure (takeoff) of planes   вылет
deposit, down payment   задаток
to deposit   класть-положить (деньги)
to describe   описывать-описать
desk   парта
desk-clerk   портье
dessert   десерт, сладкое
detergent or soap   моющее средство или
(for dishwasher   мыло (для
and washing machine)   посудомоечной или
стиральной машины)
to determine   определять-определить
device   устройство
diabetes   диабет
to dial   набирать-набрать
to dial a wrong   набрать неправильный
number (misdial)   номер
to dial directly   звонить прямым набором
dial-tone   длинный гудок
diarrhea   понос
to dice   крошить-накрошить
dictator   диктатор
dictatorship   диктатура
difference in price   разница в цене
dill   укроп
dining car   вагон-ресторан
dining room   столовая
diploma of higher   диплом о высшем
education   образовании
to direct   руководить
direct flight   прямой рейс
direction   направление

directional signal   **сигнал поворота**
dirty   **грязный**
to disengage the clutch   **выжимать-выжать
сцепление**
dish drainer   **сушилка для посуды**
dish towel   **полотенце для посуды**
dishes   **посуда**
dishwasher   **посудомоечная машина**
disk   **диск**
diskette   **дискета**
dividends   **дивиденды**
division, branch   **отделение**
dizziness   **головокружение**
doctor, physician   **врач, доктор**
doctor's office   **кабинет врача**
doctoral degree   **докторская степень**
domestic flight   **внутренний рейс**
dormitory   **общежитие**
double room   **двухместный номер, номер на
двоих**
to drain   **проходить-пройти (вода), спускать-
спустить (воду)**
drama   **драма**
drapes   **гардины**
drawer   **ящик**
dress   **платье**
drink   **напиток**
driver   **водитель**
driver's license   **водительские права**
to drizzle   **моросить**
drumsticks   **куриные ножки**
to dry   **сушить-просушить**
to dry oneself   **вытираться-вытереться**
to dry-clean   **чистить-почистить**
dry-cleaner's shop; dry cleaning   **химчистка**
to dub   **дублировать**
dubbed   **дублированный**
due date   **срок**
dusk, twilight   **сумерки**
dust   **пыль**
to dust   **протирать-протереть пыль**
dustcloth   **тряпка для вытирания пыли**
duty (customs)   **таможенная пошлина**
to dye   **красить-покрасить (волосы)**

ear   **ухо**
early   **рано**
Easter   **Пасха**
easy-care   **лёгкий уход (хорошо стирается, не
надо гладить)**
economy class   **экономический класс**
electric hair drier   **фен для волос**
electric outlet   **электрическая розетка**
electric plug   **штепсель**
electric shears   **машинка**

electrician   **электрик**
electrocardiogram   **электрокардиограмма
(EKG)   (ЭКГ)**
emergency   **отделение неотложной помощи**
emergency, accident   **авария**
emergency exit   **запасной, аварийный выход**
emergency room   **кабинет неотложной
помощи**
empty   **пустой**
to empty, vacate   **освобождать-освободить**
to encounter,   **сталкиваться-столкнуться,
experience   испытывать-испытать**
end   **конец**
to enroll   **поступать-поступить**
to enter   **входить-войти**
enterprise   **предприятие**
entire, whole   **весь**
entrance   **въезд**
envelope   **конверт**
epilepsy   **эпилепсия**
epileptic fit   **эпилептический припадок**
to erase, delete, trash, scratch   **стирать-стереть**
escalator   **эскалатор**
escape   **отмена**
to establish   **устанавливать-установить**
eve   **канун**
evening (in the evening)   **вечер, вечерний
(вечером)**
examination, test   **экзамен**
to examine   **осматривать-осмотреть**
to examine with a   **слушать-послушать
stethoscope   (стетоскопом)**
excellent   **отлично**
exchange bureau   **пункт обмена**
to exchange, change   **обменивать-обменять**
to excuse   **извинять-извинить**
exit   **выезд**
to exit   **выходить-выйти**
to expect   **ждать-ожидать**
expensive   **дорогой**
to explain   **объяснять-объяснить**
expression of opinion   **выражение мнения**
extension   **добавочный номер**

fabric   **ткань, материал**
facing   **выходить на, с видом на**
facing the courtyard   **с видом на двор**
to fall   **опускаться-опуститься, падать-упасть**
to fall asleep   **засыпать-заснуть**
fare   **стоимость**
to fasten seat belts   **пристёгивать-пристегнуть
ремни**
to fasten, to secure   **прикрепляться-
прикрепиться**
faucet   **кран**

February   **февраль**
federal   **федеральный**
federal constitutional   **федеральный**
    court   **конституционный суд**
federal state, government   **федеральное**
                государство
fee, charge   **оплата, плата за**
to feel nauseous   **тошнить**
fender   **крыло**
fever   **высокая температура, жар**
file   **файл**
to fill out   **заполнять-заполнить**
filled up   **заполнен**
film, movie   **фильм, кинофильм, кино**
finance ministry   **министерство финансов**
to find out   **узнавать-узнать**
finger   **палец**
fingernail   **ноготь**
firearm   **огнестрельное оружие**
fireplace   **камин**
first class   **первый класс**
fish   **рыба**
fish stalls   **рыбные ряды**
fish store   **рыбный магазин**
to fit   **умещаться-уместиться**
fixed-route taxi   **маршрутное такси**
flat   **плоский, без каблука**
flat tire   **спущенная шина**
flight   **полёт**
flight (number)   **рейс**
flight attendant   **стюардесса,**
    (stewardess/steward)   **бортпроводник**
flight personnel   **экипаж рейса**
floor   **пол**
floor lamp   **торшер**
floppy disk   **гибкий диск**
flower pavilion   **цветочный павильон**
fly (in pants)   **ширинка**
to fly, travel by air   **летать-лететь**
flying time, duration   **время в полёте,**
    of flight   **продолжительность**
                полёта
fog   **туман**
folder   **папка**
to follow (instructions)   **выполнять**
                (инструкции)
to follow (someone)   **ехать за кем-то**
food   **еда, питание**
food department   **продовольственный**
    (in department store)   **отдел (в универмаге)**
foot   **ступня, стопа**
(for) how long?   **надолго?**
for, in favor of   **за**
to forbid   **запрещать-запретить**
force   **сила**
to force   **принуждать-принудить**

foreign ministry   **министерство иностранных**
                дел
fork   **вилка**
form   **форма, бланк, анкета**
to form   **формировать-сформировать**
fowl pavilion   **павильон «Птица»**
fragile   **хрупкий, бьющийся**
frame   **рамка**
free   **свободен**
freedom of speech   **свобода слова**
freedom of the press   **свобода печати**
freezer   **морозильник, морозильная камера,**
                морозилка
freezer compartment   **морозилка (в**
                холодильнике)
frequent   **частый**
fresh   **свежий**
Friday   **пятница**
fried   **жареный**
front exit   **передняя площадка**
frozen   **мороженный-замороженный**
fruit   **фрукты**
fruit stalls   **фруктовые ряды**
to fry, roast   **жарить-поджарить**
frying pan   **сковородка**
full   **полный**
full insurance coverage   **полная страховка**
fuse box   **коробка предохранителя**

gallbladder   **желчный пузырь**
garbage   **мусор**
garbage can   **мусорное ведро**
garden   **сад, садик**
gas pedal, accelerator   **акселератор**
gas station   **бензозаправочная станция,**
                автозаправочная станция,
                бензоколонка
gasoline   **бензин**
gate   **выход на посадку**
gear   **передача, скорость**
gearshift lever   **рычаг переключения**
                скоростей
to get back   **получить обратно**
to get off   **выходить-выйти,**
                выезжать-выехать
to get, procure, obtain   **находить-найти,**
                доставать-достать
to get, receive   **получать-получить**
to get on   **садиться-сесть в (поезд)**
to get through   **дозваниваться-дозвониться**
to get to   **доезжать-доехать до**
to get up   **вставать-встать**
girdle   **корсет, пояс**
glass   **стакан**
glove compartment   **«бардачок»**
gloves   **перчатки**

to go back, walk back   **идти обратно, назад**
to go down   **спускаться-спуститься**
to go down (shares)   **падать-упасть**
to go to bed   **ложиться-лечь спать**
to go up   **подниматься-подняться, расти-вырасти**
to go with, match   **подходить к**
goalkeeper   **вратарь**
goal-post   **штанга**
good   **хорошо**
Good Friday   **Великая, Страстная Пятница**
goods   **товары**
gooseberries   **крыжовник**
government   **правительство**
grade   **класс**
grade, mark   **оценка**
to graduate   **оканчивать-окончить**
graduation   **окончание школы, университета**
gram   **грамм**
to grant   **предоставлять-предоставить**
grape   **виноград**
gravy boat   **соусница**
to grease, lubricate   **смазывать-смазать**
green light   **зелёный огонёк**
greens   **зелень**
to greet, welcome   **приветствовать**
grilled, roasted   **на гриле**
groceries   **продукты**
grocery store   **гастроном, продовольственный магазин, продуктовый магазин**
to grow   **расти-вырасти**
to guard   **защищать-защитить, стоять на воротах**
guest   **приезжий; гость**
gurney   **каталка**

hail   **град**
hair   **волосы**
hair oil   **масло для волос**
hair spray   **лак для волос**
haircut   **стрижка**
hand brake   **ручной тормоз**
hand towel   **полотенце для рук**
handbag, pocketbook   **сумочка**
handkerchief   **носовой платок**
handle   **ручка**
to hang up   **вешать, класть (трубку)**
hanger   **вешалка, плечики**
to happen   **случаться-случиться**
hard disk   **жёсткий диск**
hard drive   **накопитель**
hardware   **аппаратные средства**
to have a cold   **простудиться-простыть**
to have dry-cleaned   **отдавать-отдать в химчистку**

headset, headphones   **наушники**
heart   **сердце**
heart attack   **инфаркт**
to heat   **подогревать-подогреть**
heating   **отопление**
heel (of a shoe)   **каблук**
hemorrhoid   **геморрой**
hero/heroine   **герой/героиня**
high   **высокий**
higher   **выше**
highest court of justice   **верховный суд**
highway   **шоссе**
hinged toepieces   **крепления**
hip   **бедро**
hockey court   **хоккейная площадка**
hockey player   **хоккеист**
hockey stick   **клюшка**
hole   **дырка**
holiday   **праздник**
"home" (key)   **начало (клавиша)**
home-made   **домашнего приготовления**
homicide   **убийство**
hospital   **больница, клиника**
hot   **жаркий**
hot water   **горячая вода**
hour   **час**
house slippers   **домашние тапочки**
housecleaning   **уборка дома, квартиры**
housework   **работа по дому**
how much (*colloq.*)   **почём**
human rights   **права человека**
humid   **влажный**
hunger   **голод**
hungry   **голодный, голоден**
hysterectomy   **гистеректомия (удаление матки)**

ice   **лёд**
icon   **пиктограмма, значок**
ignition   **зажигание**
illegal   **незаконный**
to immobilize   **иммобилизовать**
important   **важный**
in case, in the event of   **в случае**
in first gear   **на первой скорости**
in front (of)   **перед**
in stereo   **стерео**
in the back   **сзади**
in the forward, front section   **в передней части**
in the front   **впереди**
in the rear, back section   **в хвостовой части**
included (in the price)   **включено, входит (в стоимость)**
incomplete secondary education   **неполное среднее образование**
incorporated company   **акционерная компания**

Independence Day   День Независимости
influenza   грипп
injection   инъекция, укол
input   ввод
insert   вставка
inspector, ticket-collector   контролёр
to instruct   учить, обучать
to insure   страховать-застраховать
intensive care   реанимация
interest   процент
interest rate   процентный показатель
intermission   антракт
intern   интерн
international flight   международный рейс
to interrogate   допрашивать-допросить
intersection   перекрёсток
intestine   кишка
intravenous   внутривенный
iron   утюг
to iron   гладить-погладить
ironing board   гладильная доска
to issue a ticket   выписывать-выписать билет

jacket (sports)   спортивная куртка
January   январь
jar, can   банка
juice   сок
July   июль
June   июнь

key   ключ; клавиша
keyboard   клавиатура
to kick   пинать-пнуть, ударять-ударить
    (по мячу)
kidneys   почки
to kill   убивать-убить
kilogram   килограмм
kiosk   киоск
knee socks   гольфы
knife   нож

labor pains   родовые схватки
lace   кружева
lamp   лампа
to land   приземляться-приземлиться
landing   посадка
lane   ряд
laptop computer   лаптоп, портативный
    компьютер
last   прошлый
late   поздно
later   позже, попозже
laundry   прачечная; стирка
to leak, drip out   течь-протекать, капать
leather   кожаный
to leave   покидать-покинуть

to leave, depart   отправляться-отправиться
    (trains, buses)
to leave, depart,   вылетать-вылететь
    take off (planes)
to leave, vacate   освобождать-освободить
lecture   лекция
left   левый
leftists   левые
leg   нога
legislative bill   законопроект
letter   письмо
liabilities   пассив
liberal-democratic   либерально-
    party   демократическая партия
license plate   номерной знак
life jacket, flotation device   спасательный
    жилет
light   свет
light bulb   лампочка
light switch   выключатель
lightly pickled cucumbers   малосольные
    огурцы
lightning   молния
line   очередь; линия
lining   подкладка
liquid detergent   моющее средство для
    (for washing dishes)   посуды
to listen to   слушать-послушать
lit, turned on   включено, горит
liver   печень
living room   гостиная
loan   ссуда
local   местный
local call   звонок в пределах города
local elections   местные выборы
local train   поезд местного назначения
to lodge   переночевать
long pass   длинная передача
long-distance call   междугородний разговор
long-distance flights   полёты на дальние
    расстояния
to look   смотреть-посмотреть
to lose   проигрывать-проиграть
to lose   терпеть-потерпеть поражение
to lose one's way   заблудиться
low   низкий
low beams   ближний свет
lower   ниже
luggage, baggage   багаж
lungs   лёгкие
lymph node   лимфатический узел

magazine   журнал
magnetic tape   магнитная лента
maid   горничная
mail   почта

to mail   **отправлять-отправить,**
            посылать-послать
mailbox, post office box   **почтовый ящик**
main course   **горячее блюдо**
main railway station   **главный вокзал**
major   **специальность**
majority   **большинство**
to make a decision   **принимать-принять**
            решение
to make a motion   **приступить к**
            рассмотрению
to make a pass   **делать-сделать передачу,**
            пасовать
to make a transfer   **делать-сделать переход**
to make a U-turn   **разворачиваться-**
            развернуться
to make easy   **облегчать-облегчить**
to make the bed   **заправлять кровать, стелить**
            постель
to make up the room   **убирать-убрать**
            комнату
makeup   **макияж**
manager   **менеджер**
manicure   **маникюр**
map, diagram of the metro   **схема метро**
March   **март**
margin   **разрыв**
marinated (vegetables)   **маринады**
market   **рынок, базар; маркет**
marketing   **маркетинг**
mask   **маска**
to matriculate, register   **зачислять-зачислить**
mattress   **матрац**
May   **май**
meal   **питание, еда**
meal cooked in one pot   **блюдо (мясо) в**
            горшочках
measles   **корь**
to measure   **измерять-измерить**
measurements   **мерки**
meat   **мясо**
meat pavilion   **мясной павильон**
medical history   **анамнез**
medicine cabinet   **аптечка**
to melt   **растапливать-растопить**
member   **член**
memory   **память**
to mend   **чинить-починить**
menstrual period   **месячные, менструация**
mental illness   **психическое заболевание**
menu   **меню**
message   **сообщение**
meter   **счётчик**
metro   **метро**
metro station   **станция метро**
mezzanine   **бельэтаж**

midnight   **полночь**
mileage (kilometer) charge   **оплата за пробег**
            (в километрах)
milk pavilion   **молочный павильон**
milk products   **молочные продукты**
ministry   **министерство**
ministry of education   **министерство**
            образования
ministry of finance   **министерство финансов**
ministry of foreign affairs   **министерство**
            иностранных дел
ministry of interior   **министерство внутренних**
            дел
ministry of justice   **министерство юстиции**
minority   **меньшинство**
minute   **минута**
mirror   **зеркало**
mixer, blender   **миксер**
modem   **модем**
moderately priced   **ресторан по умеренным,**
    restaurant   **доступным ценам**
Monday   **понедельник**
money   **деньги**
money order   **денежный перевод**
month   **месяц**
monthly pass   **проездной**
monthly payment   **ежемесячная оплата**
mop   **швабра**
morning (in the morning)   **утро, утренний**
            (утром)
mortgage   **закладная**
motion   **рассмотрение, обсуждение**
mouth   **рот**
to move (to the front)   **проходить-пройти**
            (вперёд)
movies, cinema   **кинотеатр, кино**
mucus   **слизь**
mumps   **свинка**
musical   **мюзикл**
mustache   **усы**

nail polish   **лак для ногтей**
napkin   **салфетка**
narrow, tight   **узкий, жмёт**
nasty, bad   **плохой**
near, in the vicinity   **близко, рядом**
neck   **шея**
neither . . . nor   **ни . . . ни**
net   **сетка**
neutral   **нейтральный**
new   **новый**
newspaper   **газета**
New Year's   **новогодний**
next   **следующий**
nice   **хороший**
night table   **ночной столик**

night train   ночной поезд
no admittance, off limits   вход воспрещён
no-iron   не гладить
noise   шум
nonstop flight   беспосадочный полёт
noon   полдень
no-smoking section   салон для некурящих
notebook   тетрадь
November   ноябрь
now   сейчас
nurse (female)   медсестра
nurse (male)   медбрат
nylon   нейлоновый

obstetrician (male/female)   акушер/акушерка
occupied   занято
October   октябрь
odometer   одометр
of legal age   совершеннолетний
to offer   предлагать-предложить
oil   масло
oil level   уровень масла
on a low flame (at low heat)   на маленьком
                                                            огне
on board   на посадку
on business   в командировку
on the sides   по бокам, с боков
on time   вовремя, по расписанию
on top   на макушке
one-way street   улица с односторонним
                                        движением
one-way ticket   билет в один конец
to open   открывать-открыть
open bottle of wine   открытая бутылка вина
to operate   оперировать-прооперировать,
                        делать операцию
operating room   операционная,
                                операционный зал
operating table   операционный стол
operation   операция
operation (surgical   операция (хирургическое
   intervention)   вмешательство)
opinion   мнение
opposite   противоположный
opposition   оппозиция
orchestra   партер
to order   заказывать-заказать
orthopedist   ортопед
others', another's   чужой
out of order   не работает
output   вывод
outside   на улице
outskirts   окраина
ovaries   яичники
oven   духовка

overcast, gloomy   пасмурный, пасмурно
overhead (baggage)   отделение для ручной
   compartment   клади над сиденьем
to overheat   перегревать-перегреть
oxygen   кислород
oxygen tubes   кислородные трубки, трубки с
                            кислородом

package   посылка; пачка
pain, pains   боль, боли
painful   болезненный
pair   пара
pantry   кладовка
pants   брюки
pantsuit   брючный костюм
panty hose   колготки
parsley   петрушка
partner   партнёр
partnership   товарищество
to pass   передавать-передать
to pass (an exam)   сдавать-сдать (экзамен)
passenger   пассажир
passport   паспорт
passport control   паспортный контроль
password   пароль
pastry shop   кондитерский магазин
patient (female)   больная, пациентка
patient (male)   больной, пациент
to pay cash   платить-заплатить наличными
to pay for   платить-заплатить за
to pay off in installments   платить-оплатить в
                                        рассрочку
payment   оплата
to peel   чистить-почистить, снять кожуру
penalty   одиннадцатиметровый, пенальти
penalty bench   штрафная скамейка
penicillin   пенициллин
Pentecost   Пятидесятница, Троицын день
people   люди
pepper   перец
pepper mill   ручная мельница для перца
pepper shaker   перечница
per hour   в час
performance   спектакль
period   тайм
permanent wave   химическая завивка
permanently   постоянно
personal identification   удостоверение
                                        личности
person-to-person call   разговор с конкретным
                                        абонентом
physical harm   физический ущерб
to pick up   забирать-забрать, брать-взять
to pick up   снимать-снять,
   (receiver)   поднимать-поднять (трубку)
pickled (vegetables)   соленья

pickled apples   мочёные яблоки
pickled cabbage   квашеная капуста
pickled cucumbers   солёные огурцы
picture   картина
piece of clothing   тряпочка
pill   таблетка
pillow   подушка
pillowcase   наволочка
pipes   трубы
place setting   прибор
to place, put   класть-положить
plane ticket   авиабилет
plastic bag   полиэтиленовый пакет
plate   тарелка
platform   платформа
play   пьеса
player   игрок
pleasant   приятный
pleasure   отдых, туризм
plebiscite (referendum)   референдум,
   плебисцит
plenary session   пленарное заседание
plug   пробка
plumber   водопроводчик, слесарь
poached   тушёный
point   очко
poles (ski)   лыжные палки
police station   милицейский участок
poliomyelitis   полиомиелит
to polish, shine   лакировать, полировать
political party   политическая партия
politics   политика
polka-dotted   в горошек
polyps   полипы
popular   популярный
pork   свинина
porter   носильщик
possibility   возможность
post office   почта
postage (fee)   пересылка (оплата)
postcard   почтовая открытка
pot (casserole)   кастрюля
poultry   птица
powdered detergent   стиральный порошок
   or soap (for   (для стиральной
   washing machine)   машины)
to prefer   предпочитать-предпочесть
pregnancy   беременность
pregnant   беременная
to preheat   разогревать-разогреть
to prepare   готовить-приготовить
to prescribe   выписывать-выписать
price   цена
principal   директор
to print   печатать-напечатать
printer   принтер

to process   обрабатывать-обработать
processing   обработка
to produce   производить-произвести
product   продукция
professor   профессор
profit   прибыль
profitable   прибыльный
prognosis   прогноз
program   программа
to promise   обещать-пообещать
promotion sales   продвижение товара на
   рынке
to propose   вносить-внести предложение,
   предлагать-предложить
to protect, defend   защищать-защитить
psychiatric disturbances   психические
   отклонения
psychiatrist   психиатр
public   общего пользования
public (open) session   открытое заседание
puck   шайба
pullover, sweater   пуловер
pulse   пульс
to punch   компостировать-
   (ticket, coupon)   закомпостировать
punching machine   компостер
pupil (male/female)   ученик/ученица,
   школьник/школьница
to purchase on the   покупать-купить в
   installment plan   рассрочку
to push (the cart)   катать-катить (тележку)
to put   класть-положить, ставить-поставить
to put in a cast   наложить гипс
to put something on   надевать-надеть
   (clothing)

to quit, shut down   отключать-отключить

radial route   радиальная линия
radiator   радиатор
radio   радио
radio program   радиопередача
radiology   отделение радиологии
railroad station   вокзал
rain   дождь
raincoat   плащ
rape   изнасилование
to rape   насиловать-изнасиловать
rare (meat)   с кровью, недожаренное (мясо)
raspberries   малина
rate of exchange   курс обмена
razor   бритва
razor cut   стрижка бритвой
to reach   доезжать-доехать
reader   хрестоматия
ready   готов

rear exit   задняя площадка
rearview mirror   зеркало заднего вида
receipt   квитанция
to receive   получать-получить
to receive (guests)   принимать-принять
                      (гостей)
receiver   трубка
receiver, addressee   получатель, адресат
reception desk   стойка портье, дежурного
                   администратора
to recommend   рекомендовать-
                порекомендовать,
                советовать-посоветовать
record   запись
recovery room   послеоперационная палата
rector, president of the university   ректор
red beet   свёкла
red wine   красное вино
red currants   красная смородина
reduction in (loss of)   падение атмосферного
  air pressure   давления
referee   судья
refrigerator   холодильник
registered mail   заказная почта
registration form   бланк регистрации
to remain seated with   оставаться на местах с
  seat belts fastened   пристёгнутыми
                             ремнями
to remove   вырезать, удалять-удалить
to remove (spot)   выводить-вывести (пятно)
to remove stitches   снимать-снять швы
to rent   брать-взять напрокат
to repair   ремонтировать-отремонтировать,
             чинить-починить
repairs   ремонт, починка
to replace   заменять-заменить
to report   заявлять-заявить
to represent   представлять-представить
representative   представитель
to reserve   бронировать-забронировать
reserved   забронировано
responsible   ответственный
rest area   место для отдыха
rest stop   остановка для отдыха
restaurant   ресторан
retail   розница
retailer   розничный торговец
to retrieve   восстанавливать-восстановить
return   возврат
to return bottles   сдавать-сдать бутылки
reverse gear   задний ход
right (direction)   правый
right (politics)   право
right around the corner   направо за углом
rightists   правые
to ring   звонить-зазвонить

to rise   подниматься-подняться
roast   ростбиф
to roast, fry   жарить-поджарить
roasted chicken   жареная курица
to rob   грабить-ограбить
robber   грабитель
robbery   ограбление
role   роль
roll   булочка
roll (toilet paper)   рулон (туалетной бумаги)
to roll up (sleeves)   засучивать-засучить
                        (рукава)
room   комната, номер
room and board   проживание и
  (includes lunch and dinner)   питание
room key   ключ от номера
room, ward   палата
rooms available   есть свободные места
round-trip ticket   билет с оборотом
row   ряд
rubber   синтетический, резиновый
rule   правило
rush hour   час пик

safety regulations   правила безопасности
saint's day   день святого
salad   салат
salad bowl   салатница
salad dish   салат
salesperson (female) at the market   хозяйка
salesperson (male) at the market   хозяин
salt   соль
saltshaker   солонка
salty   солёный
sandals   сандалии
satisfactory   удовлетворительно
Saturday   суббота
saucer   блюдце, блюдечко
to sauté   слегка обжарить
sautéed, braised   слегка обжаренный
to save (computer)   сохранять-сохранить
to save (money)   копить-накопить,
                   откладывать
savings   сбережения
scale   весы
scanner   сканер
scarf   шарф
scattered   местами
scene   сцена
schedule, timetable   расписание
schoolchildren   ученики
scissors   ножницы
screen   экран
sea   море
sea view   вид на море
search   поиск

seat   место
seat back, backrest   спинка сиденья
seat belts   ремни безопасности
seat number   номер места
seat reservation   бронирование места
second   секунда
security, safety   безопасность
security check   досмотр
to sell   продавать-продать
seller   продавец
to send   посылать-послать,
            отправлять-отправить
sender   отправитель, адресант
sensitive to   чувствительный к
September   сентябрь
service   обслуживание
service charge   оплата за обслуживание
services   услуги
serving plate   порционная тарелка
set   набор
to set a bone   вправлять-вправить кость
to set hair   укладывать-уложить, сделать
            укладку, сделать причёску
to set the alarm clock   ставить-поставить
                            будильник
to set the table   накрывать на стол
to sew   шить-зашивать
to sew, stitch   накладывать-наложить швы
to sew on   пришивать-пришить
sex   половой акт
shave   бритьё
to shave   брить-побрить
to shave oneself   бриться-побриться
shaving cream   крем для бритья
shaving soap   мыло, пена для бритья
to shift gears   переключать-переключить
                    скорости
to shine   светить
shinguard   щитки
shirt   рубашка
shoelace   шнурок
shoes   туфли
to shoot a film   снимать-снять фильм
to shoot a goal   забивать-забить гол
shopping cart   тележка для продуктов
short   короткий
short pass   короткая передача
shorts   шорты
to show   показывать-показать,
            предъявлять-предъявить
to shower   принимать-принять душ
to shrink   садиться-сесть
sick, ill   больной
sickness, illness   болезнь, заболевание
side   бок
sideburns   бакенбарды

to sign   подписывать-подписать,
            расписываться-расписаться
to signal   назначать-назначить
silk   шёлковый
simple fracture   простой перелом
single room   одноместный номер/номер на
                одного
sink   раковина
size   размер
ski, skis   лыжа, лыжи
ski hat   лыжная шапочка
ski suit   лыжный костюм
skier   лыжник
to go skiing, cross-country skiing   кататься на
                                        лыжах
skirt   юбка
to sleep   спать-поспать
sleeping car (4 berths)   купейный вагон
sleeping car (6 berths)   плацкартный
sleeve   рукав
slice, piece   кусок, кусочек
slip; half-slip   комбинация; нижняя юбка
small package   бандероль
to smoke   курить
smoked   копчёный
sneakers   кроссовки
snow   снег
snowfall   снегопад
snowstorm   буран, снежная буря
soap   мыло
soap dish   мыльница
soccer team   футбольная команда
socks   носки
sofa, couch   диван
soft disk   гибкий диск
software   программное обеспечение
sold out   проданы-распроданы
sore throat   горло болит
soup   суп
soup bowl   глубокая тарелка
soupspoon   столовая ложка; половник
sour cream   сметана
sour milk   простокваша
spare parts   запасные части, запчасти
spare tire   запасная шина
spark plugs   свечи зажигания
specialty (dish)   фирменное блюдо
spectator   зритель
speed, airspeed   скорость
sponge   губка
squeak   скрип
stage   сцена
stain   пятно
to stain, spot   посадить пятно
to stall   глохнуть-заглохнуть
stamp   марка

to stand, put **ставить-поставить**
starch **крахмал**
to starch **крахмалить-накрахмалить**
starched **накрахмаленный**
start **начало**
to start **начинать-начать**
to start a car **заводить-завести машину**
starter **стартёр**
statement **ведомость**
to stay **останавливаться-остановиться**
to stay overnight **переночевать**
steak **бифштекс, антрекот**
to steal **воровать-своровать, красть-украсть**
steamed **паровой**
steering wheel **руль**
to step on **нажимать-нажать**
stereo music **стерео музыка**
stew **жаркое**
to stick on **клеить-наклеить**
stipend **стипендия**
stitches **швы**
stock **акция**
stock market **фондовая биржа**
stockholder **акционер, владелец акций**
stockings **чулки**
stomach **желудок**
stool **стул**
to stop **останавливать(ся)-остановить(ся)**
stopover (of an airplane) **посадка (самолёта)**
stopper, plug **пробка**
to store **хранить-сохранить**
storm **гроза**
stove **плита**
straight ahead **прямо**
strawberries **клубника**
street, block **улица, квартал**
stretcher **носилки**
striped **полосатый, в полоску**
to study **учиться**
stuffy, oppressive **душный**
subject **предмет**
substitution of players **смена составов**
suede **замша**
to suffer from (an illness) **страдать (заболеванием)**
sugar **сахар**
sugar bowl **сахарница**
suit (man's) **костюм**
suit jacket **пиджак от костюма**
suitcase **чемодан**
sultry **знойный**
summer **лето**
sun **солнце**
Sunday **воскресенье**
supermarket **супермаркет**
supply **предложение**

to support **поддерживать-поддержать**
surgeon **хирург**
sweater **свитер**
to sweep **подметать-подмести**
sweet **сладкая**
swimming pool **бассейн**
switchboard (office) **коммутатор**
swollen **опухшие**
symptoms **симптомы**
synthetic fabric **синтетическая ткань**

table **стол, столик**
table lamp **настольная лампа**
tablecloth **скатерть**
tablespoon **столовая ложка**
tachometer **тахометр**
tag, label (identification) **жетон (на ручную кладь)**
tailor **портной**
to take a bath **принимать-принять ванну**
to take a bus **садиться-сесть на (автобус), ехать на автобусе**
to take a seat **садиться-сесть за стол**
to take a taxi **брать-взять такси**
to take along **брать-взять с собой**
to take care of **обслуживать-обслужить**
to take measurements **снимать-снять мерки**
to take notes **записывать-записать**
to take out a loan **брать-взять ссуду**
to take out the garbage **выносить-вынести мусор**
to take time **за сколько, через сколько**
to take to **отвозить-отвезти**
to take x-ray, to x-ray **делать-сделать рентгеновский снимок, рентген**
takeoff **взлёт**
taking away, deprivation of **лишение**
to taste **пробовать-попробовать**
to taste good **вкусно**
tavern, bar, pub **пивная, бар, пивбар**
taxes **налоги**
taxi **такси**
taxi stand **стоянка такси**
teacher (male/female) **учитель/учительница**
teaspoon **чайная ложка**
telephone book **телефонная книга, телефонный справочник**
telephone booth **телефонная будка, телефон-автомат**
telephone call **телефонный звонок**
telephone number **номер телефона**
to tell, inform **сообщать-сообщить, информировать**
teller, bank employee **служащий банка**
temporarily **временно**
ten (eggs) **десяток**

terminal   **терминал**
textbook   **учебник**
theater   **театр**
theft   **воровство**
thief   **вор**
things   **предметы, вещи**
thirst   **жажда**
throat   **горло**
to throw, drop into   **бросать-бросить в**
Thursday   **четверг**
ticket   **билет**
ticket stub (luggage),   **багажная квитанция**
   baggage claim check
ticket window   **билетная касса**
tie (clothing)   **галстук**
tie (game)   **ничья; ничейный счёт**
tile   **кафель, кафельная плитка**
tiled   **выложенный кафелем**
time   **время**
to tint   **подкрашивать-подкрасить**
tip   **чаевые, на чай**
tire   **шина**
to (destination)   **в (пункт назначения)**
to examine   **осматривать-осмотреть**
to make a down payment   **давать-дать,**
                    заплатить залог
tobacco   **табак**
today   **сегодня**
today's performance   **сегодняшний спектакль**
toe (tip of a stocking or shoe)   **носок (чулка**
                    или обуви)
toes   **пальцы ног**
together   **вместе**
toilet   **унитаз**
toilet, lavatory   **туалет**
toilet paper   **туалетная бумага**
token   **жетон**
tomorrow   **завтра**
tonsils   **гланды**
too   **слишком**
too close   **слишком близко**
too salty, oversalted   **пересоленный**
toothbrush   **зубная щётка**
toothpaste   **зубная паста**
top balcony   **галёрка**
to toss and turn   **ворочаться**
tough   **жёсткий**
to tow   **буксировать-отбуксировать,**
        брать-взять на буксир
tow truck   **буксир**
towel rack   **вешалка для полотенец**
town   **город**
track   **путь**
traffic   **движение**
traffic jam   **пробка на дороге**
traffic light   **светофор**

tragedy   **трагедия**
trail   **лыжня**
train   **поезд**
train trip   **поездка на поезде**
tram   **трамвай**
tram stop   **трамвайная остановка, остановка**
                    трамвая
tranquilizer   **транквилизатор, успокаивающее**
                    лекарство
to transfer   **пересаживаться-пересесть**
transit, through passenger   **транзитный**
                    пассажир
traveler's checks   **дорожные чеки**
tray   **поднос**
to trim   **подравнивать-подровнять**
trip   **поездка**
trolley-bus   **троллейбус**
trolley-bus stop   **троллейбусная остановка,**
                остановка троллейбуса
trunk   **багажник**
to try   **пытаться-попытаться**
to try, taste   **пробовать-попробовать**
tuberculosis   **туберкулёз**
Tuesday   **вторник**
turbulence   **турбуленция**
to turn off   **поворачивать-повернуть;**
                выключать-выключить
to turn on   **включать-включить**
to turn to the left   **поворачивать-повернуть**
                налево
to turn to the right   **поворачивать-повернуть**
                направо
turned on   **включен(о)**
turning   **при повороте**
turnpike   **автострада**
twenty-four-hour period   **сутки**
twin beds   **односпальные кровати**
twin-bedded room   **номер с односпальной**
                кроватью
to twist, sprain   **вывихнуть, растянуть**

ulcer   **язва**
under   **под**
underclothes   **нижнее бельё**
underpants, panties   **трусы**
undershirt   **майка**
to undress   **снимать-снять одежду**
unified monthly,   **единый проездной**
   weekly pass   **билет**
unit   **звено**
unpredictable   **непредсказуемый**
unsatisfactory   **неудовлетворительный**
unstable   **неустойчивый**
upright (vertical)   **вертикальный**
urine   **моча**

to use   **использовать,**
              пользоваться-воспользоваться
usher   **билетёр**

vacation trip   **отпуск**
to vaccinate   **делать-сделать прививки**
to vacuum-clean   **пылесосить-пропылесосить**
vacuum cleaner   **пылесос**
value   **ценность**
variety show   **варьете**
veal   **телятина**
vegetables   **овощи**
vegetable stalls   **овощные ряды**
venereal diseases   **венерические болезни**
venetian blind   **жалюзи**
via/by airmail   **авиапочтой**
to vibrate   **вибрировать**
view   **просмотр**
visa   **виза**
vital organs   **жизненно важные органы**
voltage   **напряжение**
to vomit   **рвать-вырывать**
vomiting   **рвота**
vote   **голос**
to vote   **голосовать-проголосовать**
vote of confidence   **вотум доверия**
vote of no confidence   **вотум недоверия**

to wait   **ждать**
waiter   **официант**
waiting room   **зал ожидания**
waitress   **официантка**
to walk   **ходить-идти**
wall unit   **стенка**
warm   **тёплый, тепло**
warming   **потепление**
wash, dirty wash   **стирка, грязное бельё**
to wash   **мыть-помыть**
to wash (clothes)   **стирать-постирать**
to wash (out)   **мыть-помыть (вымыть)**
washcloth   **мочалка**
washing machine   **стиральная машина**
to watch television   **смотреть-посмотреть**
              телевизор
water in radiator   **вода в радиаторе**
to wax   **смазывать-смазать (лыжи)**
weak, light (wind)   **слабый (ветер)**
weather forecast   **прогноз погоды**
Wednesday   **среда**
week   **неделя**
weekday   **будний**

weekend   **выходной**
weekly charge (by the week)   **оплата за/в**
              неделю
to weigh   **взвешивать-взвесить**
well-done   **хорошо прожаренное**
wet   **мокрый**
what, what kind of   **какой**
wheel bearings   **подшипники колеса**
wheelchair   **инвалидная коляска**
which   **который**
whipped cream   **взбитые сливки**
whisk, beater   **веничек**
whiskey   **виски**
whistle   **свисток**
to whistle   **свистеть**
white wine   **белое вино**
wholesale   **оптом**
wholesaler   **оптовый торговец, оптовик**
wide   **широкий**
to win   **выигрывать-выиграть**
window   **окно**
windshield   **лобовое стекло**
windy   **ветреный, ветрено**
wine   **вино**
wine list   **перечень вин**
winter   **зима**
to wipe   **вытирать-вытереть**
to withdraw, take out money   **снимать-снять**
              деньги
woman's suit   **женский костюм**
won't regret it   **не пожалеете**
wool   **шерсть, шерстяной**
wool socks   **шерстяные носки**
word processing   **текстообработка**
to work   **работать**
worsted   **вязаный**
wound   **рана**
to wrap   **заворачивать-завернуть**
to wrinkle (clothes)   **мяться-измяться**
              (об одежде)
wrinkle-resistant   **немнущийся**
wrist   **кисть**

x-ray   **рентгеновский снимок**

year   **год**
yesterday   **вчера**

zip code   **индекс**
zipper   **змейка, молния**
zone   **зона**